2014—2015年
中国工业和信息化发展
系列蓝皮书

2014-2015年中国装备工业发展蓝皮书

The Blue Book on the Development of Equipment
Industry in China（2014-2015）

中国电子信息产业发展研究院　编著

主　编／ 王　鹏
副主编／ 左世全　王　影

人 民 出 版 社

责任编辑：邵永忠

封面设计：佳艺堂

责任校对：吕　飞

图书在版编目（CIP）数据

2014～2015年中国装备工业发展蓝皮书/王鹏 主编；

中国电子信息产业发展研究院 编著 .—北京：人民出版社，2015.7

ISBN 978-7-01-014985-1

Ⅰ.①2… Ⅱ.①王… ②中… Ⅲ.①制造工业—经济

发展—白皮书—中国— 2014～2015 Ⅳ.① F426.4

中国版本图书馆 CIP 数据核字（2015）第 141391 号

2014–2015年中国装备工业发展蓝皮书

2014–2015NIAN ZHONGGUO ZHUANGBEI GONGYE FAZHAN LANPISHU

中国电子信息产业发展研究院 编著

王　鹏 主编

人 民 出 版 社 出版发行

（100706 北京市东城区隆福寺街 99 号）

北京艺辉印刷有限公司印刷 新华书店经销

2015 年 7 月第 1 版 2015 年 7 月北京第 1 次印刷

开本：710 毫米 × 1000 毫米 1/16 印张：18.75

字数：315 千字

ISBN 978-7-01-014985-1 定价：88.00 元

邮购地址 100706 北京市东城区隆福寺街 99 号

人民东方图书销售中心 电话（010）65250042 65289539

代 序

大力实施中国制造2025 加快向制造强国迈进
——写在《中国工业和信息化发展系列蓝皮书》出版之际

制造业是国民经济的主体，是立国之本、兴国之器、强国之基。打造具有国际竞争力的制造业，是我国提升综合国力、保障国家安全、建设世界强国的必由之路。新中国成立特别是改革开放以来，我国制造业发展取得了长足进步，总体规模位居世界前列，自主创新能力显著增强，结构调整取得积极进展，综合实力和国际地位大幅提升，行业发展已站到新的历史起点上。但也要看到，我国制造业与世界先进水平相比还存在明显差距，提质增效升级的任务紧迫而艰巨。

当前，全球新一轮科技革命和产业变革酝酿新突破，世界制造业发展出现新动向，我国经济发展进入新常态，制造业发展的内在动力、比较优势和外部环境都在发生深刻变化，制造业已经到了由大变强的紧要关口。今后一段时期，必须抓住和用好难得的历史机遇，主动适应经济发展新常态，加快推进制造强国建设，为实现中华民族伟大复兴的中国梦提供坚实基础和强大动力。

2015 年 3 月，国务院审议通过了《中国制造 2025》。这是党中央、国务院着眼国际国内形势变化，立足我国制造业发展实际，做出的一项重大战略部署，其核心是加快推进制造业转型升级、提质增效，实现从制造大国向制造强国转变。我们要认真学习领会，切实抓好贯彻实施工作，在推动制造强国建设的历史进程中做出应有贡献。

一是实施创新驱动，提高国家制造业创新能力。把增强创新能力摆在制造强国建设的核心位置，提高关键环节和重点领域的创新能力，走创新驱动发展道路。加强关键核心技术研发，着力攻克一批对产业竞争力整体提升具有全局性影响、带动性强的关键共性技术。提高创新设计能力，在重点领域开展创新设计示范，推广以绿色、智能、协同为特征的先进设计技术。推进科技成果产业化，不断健全以技术交易市场为核心的技术转移和产业化服务体系，完善科技成果转化协同推进机制。完善国家制造业创新体系，加快建立以创新中心为核心载体、以公共服务平台和工程数据中心为重要支撑的制造业创新网络。

二是发展智能制造，推进数字化网络化智能化。把智能制造作为制造强国建设的主攻方向，深化信息网络技术应用，推动制造业生产方式、发展模式的深刻变革，走智能融合的发展道路。制定智能制造发展战略，进一步明确推进智能制造的目标、任务和重点。发展智能制造装备和产品，研发高档数控机床等智能制造装备和生产线，突破新型传感器等智能核心装置。推进制造过程智能化，建设重点领域智能工厂、数字化车间，实现智能管控。推动互联网在制造业领域的深化应用，加快工业互联网建设，发展基于互联网的新型制造模式，开展物联网技术研发和应用示范。

三是实施强基工程，夯实制造业基础能力。把强化基础作为制造强国建设的关键环节，着力解决一批重大关键技术和产品缺失问题，推动工业基础迈上新台阶。统筹推进"四基"发展，完善重点行业"四基"发展方向和实施路线图，制定工业强基专项规划和"四基"发展指导目录。加强"四基"创新能力建设，建立国家工业基础数据库，引导产业投资基金和创业投资基金投向"四基"领域重点项目。推动整机企业和"四基"企业协同发展，重点在数控机床、轨道交通装备、发电设备等领域，引导整机企业和"四基"企业、高校、科研院所产需对接，形成以市场促产业的新模式。

四是坚持以质取胜，推动质量品牌全面升级。把质量作为制造强国建设的生命线，全面夯实产品质量基础，提升企业品牌价值和"中国制造"整体形象，走以质取胜的发展道路。实施工业产品质量提升行动计划，支持企业以加强可靠性设计、试验及验证技术开发与应用，提升产品质量。推进制造业品牌建设，引导企业增强以质量和信誉为核心的品牌意识，树立品牌消费理念，提升品牌附加值和软实力，加大中国品牌宣传推广力度，树立中国制造品牌良好形象。

五是推行绿色制造，促进制造业低碳循环发展。把可持续发展作为制造强国建设的重要着力点，全面推行绿色发展、循环发展、低碳发展，走生态文明的发展道路。加快制造业绿色改造升级，全面推进钢铁、有色、化工等传统制造业绿色化改造，促进新材料、新能源、高端装备、生物产业绿色低碳发展。推进资源高效循环利用，提高绿色低碳能源使用比率，全面推行循环生产方式，提高大宗工业固体废弃物等的综合利用率。构建绿色制造体系，支持企业开发绿色产品，大力发展绿色工厂、绿色园区，积极打造绿色供应链，努力构建高效、清洁、低碳、循环的绿色制造体系。

六是着力结构调整，调整存量做优增量并举。把结构调整作为制造强国建设的突出重点，走提质增效的发展道路。推动优势和战略产业快速发展，重点发展新一代信息技术产业、高档数控机床和机器人、航空航天装备、海洋工程装备及高技术船舶、先进轨道交通装备、节能与新能源汽车、电力装备、新材料、生物医药及高性能医疗器械、农业机械装备等产业。促进大中小企业协调发展，支持企业间战略合作，培育一批竞争力强的企业集团，建设一批高水平中小企业集群。优化制造业发展布局，引导产业集聚发展，促进产业有序转移，调整优化重大生产力布局。积极发展服务型制造和生产性服务业，推动制造企业商业模式创新和业态创新。

七是扩大对外开放，提高制造业国际化发展水平。把提升开放发展水平作为制造强国建设的重要任务，积极参与和推动国际产业分工与合作，走开放发展的道路。提高利用外资和合作水平，进一步放开一般制造业，引导外资投向高端制造领域。提升跨国经营能力，支持优势企业通过全球资源利用、业务流程再造、产业链整合、资本市场运作等方式，加快提升国际竞争力。加快企业"走出去"，积极参与和推动国际产业合作与产业分工，落实丝绸之路经济带和 21 世纪海上丝绸之路等重大战略，鼓励高端装备、先进技术、优势产能向境外转移。

建设制造强国是一个光荣的历史使命，也是一项艰巨的战略任务，必须动员全社会力量、整合各方面资源，齐心协力，砥砺前行。同时，也要坚持有所为、有所不为，从国情出发，分步实施、重点突破、务求实效，让中国制造"十年磨一剑"，十年上一个新台阶！

工业和信息化部部长

2015 年 6 月

前　言

  装备工业是为国民经济发展和国防建设提供技术装备的基础性产业，是工业和制造业的核心与脊梁，是各行业技术进步、产业升级的重要保障，是国家综合实力和技术水平的集中体现。大力发展装备工业，对于加快我国工业化进程和工业现代化建设，实现到 2025 年从制造大国迈入制造强国行列具有重要意义。改革开放以来，我国装备工业发展取得明显进展，2009 年我国装备工业销售额超过日本和美国，跃居世界第一，成为全球装备制造第一大国并保持至今。与此同时，我国重大技术装备自主化水平显著提高，新兴装备制造业快速发展，已初步形成了高端装备制造的产业格局。可以说，我国装备工业的发展已实现了历史性的跨越，站在了新的更高的起点上。

一

  装备工业是改革开放 30 多年来我国经济高速增长的重要推动因素。装备工业占我国工业各项经济指标的比重高达 20% 以上，是带动经济快速增长的发动机。装备工业的持续较快发展仍将是保证我国经济在今后一个较长时期内继续保持较快增长的重要基础。2010 年我国成为世界第二大经济体，没有装备工业的持续快速增长，就不可能取得上述的发展成就。当前，我国仍处于工业化中期的关键时期，正加快向工业化中后期转变，工业化、现代化的历史使命尚未完成。无论是扩大就业、保障和改善民生、维护社会稳定，还是提升国家竞争力和综合国力，都需要发展装备工业。全面建成小康社会，实现中华民族伟大复兴，要走中国特色新型工业化道路，就要加快推进装备工业由大变强，以装备之强大，实现制造之强大；以装备之繁荣，托起中华民族伟大复兴之梦。

  装备工业是构成一个国家综合国力的坚实基础和基本保障。一个国家整体的竞争力，从根本上来说是取决于制造业的竞争力，装备工业不仅是制造业的主要部门

1

和重要支撑，同时也在整个国民经济中起着承上启下的作用。装备工业有助于优化其他各产业部门的生产要素、技术效率、产品构成和产业结构，有助于提高各产业部门的技术装备水平和生产工艺水平，还可大幅度地提高生产效率、减少要素投入比例、降低能源资源消耗、保护生态环境、促进经济发展方式转变和实现可持续发展。全球任何一个国家的经济崛起无不依靠装备工业，美国、日本、德国等世界经济大国无一不是世界装备工业强国。

装备工业是事关国家安全的战略性的产业。其发展水平反映出一个国家在技术、设计、工艺、材料、加工制造等方面的综合能力，是一个国家技术实力、经济实力和综合国力的集中体现和主要标志。没有强大的装备工业，不仅没有国际话语权，甚至连国家主权和尊严都难以保证。西方发达国家无不高度重视装备工业的发展，即使在信息技术飞速发展的今天，仍十分重视以装备工业为核心，大力促进装备工业与信息技术融合发展。同时，装备工业仅仅依靠进口技术装备不能解决产业结构升级问题，而且还会对国家安全、军事保密和信息安全构成极大威胁。

装备工业是实现经济增长转变的根本手段。我国经济发展方式正面临着由粗放向集约的转变，集约化的物质基础是开发先进、高效的技术装备。经济增长由高投入低产出的粗放型增长向低投入高产出的效益型增长转变的根本因素是生产手段的先进性和技术含量水平的高低，用先进装备改造传统产业是实现产业结构升级的根本手段。因此，为了抓住我国经济增长方式转变的关键就必须首先振兴我国工业，特别是为工业本身服务的装备制造业。

二

当前，我国装备工业发展的环境形势正在发生深刻变化，这为我国加快缩小差距并实现赶超发展创造了重大机遇，也为我国装备工业的快速发展带来了挑战。

第一，信息技术进步引领装备工业新一轮变革。当前，信息技术正不断改变着世界，未来制造业也将由信息技术主导，深度融合信息技术的数字化制造成为产品创新和技术创新的共性基础，它将促进智能化、数字化制造技术、制造模式和制造系统的不断应用和发展，推动产业形态深刻变革。

第二，发达国家纷纷发展智能制造。国际金融危机以来，世界经济格局发生深刻变化，世界主要发达国家重新重视实体经济，纷纷实施制造业振兴和"再工业化"战略，提出大力发展智能化制造，"德国工业4.0"成为国际装备智能化发展的风向标。各国出台的系列举措的思路是依靠科技创新，完成制造业升级，抢占全球制造业制高点，提高本国经济发展核心竞争力，其核心是数字化和智能化。

第三，我国低成本竞争优势不断削弱。我国已进入中等收入阶段，劳动力成本压力正逐步释放，而数字制造、智能制造技术可能带来的制造业革命将大大降低劳动力成本，使发达国家制造业重新获得竞争优势。我国制造业长期以来主要靠比较优势维系增长的局面可能不复存在。

第四，行业整合发展趋势明显。工业发达国家的装备工业均已达到相当高的水平，为提升国际竞争力，他们一致采取了企业兼并重组向大集团方向发展的路径。德国德马格公司先兼并了意大利茵西公司，后又被西马克公司兼并，系列兼并使得西马克公司在冶金设备的竞争中处于优势地位。日本NKK、住友重型机械和日立造船联合组建了JSP公司，旨在发挥各自的优势，确保在竞争中处于优势地位。

第五，国际市场开拓难度加大。在世界经济复苏缓慢、国际市场竞争日趋激烈、低成本比较优势渐失的背景下，我国装备工业持续多年的出口高速增长已开始引发日益剧烈的贸易摩擦，如美国每年都对我国装备进行"337调查"。贸易保护主义对我国装备工业发展的市场空间、出口模式、技术能力等提出了严峻挑战。

第六，装备制造服务化趋势明显。装备制造业服务化是指企业价值链由以制造为中心向以服务为中心的转变。装备制造业服务化的基本表现形式是"产品＋服务"。随着互联网＋的飞速推进，世界装备制造企业逐渐认识到服务的重要性，越来越多的装备制造企业通过提供服务来增加装备产品的附加值，有些企业甚至转变成为专业的服务提供商，装备制造业服务化已成为世界装备制造业发展的一个显著趋势。

综上所述，我国装备工业发展的内在动力、比较优势和外部环境都在发生深刻变化，必须紧紧抓住机遇，迎接挑战，牢牢把握装备工业转型升级的发展主线，遵循发展客观规律，适应市场需求变化，根据科技进步新变化新趋势，提高装备工业发展质量和效益，这是社会各界对我国装备工业发展的共同期盼，更是我国建设装备工业强国的根本出路。

三

装备工业实现由大变强的转变，是长期重大而艰巨的任务。完成这一任务，应把握以下几个重大问题。

第一，实施创新驱动的产业发展战略。装备工业的发展要建立在依靠技术进步和劳动者素质提高的基础上，应强化企业的主体地位，提高创新能力和设计水平，加强关键共性技术公共和公共服务平台建设，建立以企业技术创新为导向的激励机制，形成产、学、研、用相结合的协同创新体系，培养一批科技领军人才、工程科技人才和高技能人才。

第二，构建智能制造发展新机制。从产品、生产过程、生产模式三个层次入手，推进生产过程智能化、生产装备数字化，提高经营管理和生产服务的信息化水平，加快推动制造模式的转变。大力推进互联网＋装备制造及智能制造生产模式的集成创新和应用，发展新型制造方式。

第三，夯实装备工业发展的基础。我国装备所需的关键配套系统与设备、关键零部件与基础件长期以来受制于人，严重制约了主机的发展。因此，应大力提升装备基础件、基础制造工艺和基础材料的设计和研制能力，提高产品质量、可靠性和基础配套能力，依靠强基工程，逐步形成装备工业持续健康稳步发展的配套基础。

第四，促进装备制造服务化发展。装备的制造环节处于价值链低端，要提高装备生产的附加值，需要将服务型制造作为装备工业的重点发展方向，推动装备工业产业链各环节专业化、服务化。既要优先发展设计和研发等处于产品全生命周期的前端服务，也要重点发展产品使用监测、运营维护等后端服务，实现服务增值。

第五，加快装备走出去。加快装备走出去，是推动装备工业健康发展、转型升级和国际竞争力提升的重要举措。装备工业的走出去，不仅要继续扩大出口，而且要推动装备生产能力的国际转移，推进以跨国并购、设立研发中心等多种方式扩大对外投资，整合和利用全球创新资源，提升装备工业技术创新能力，提高企业国际竞争力和国际化经营水平。

第六，推动装备工业加快资源整合。当前，专业化协作分工、产业集群式发展已成为装备工业发展的基本趋向。实行社会化专业生产，要以调整装备工业内部资源的配置关系为重点，实现专业化企业协作。还要抓住经济全球化、经济一体化的机会，努力造就一批在国际产业分工中处于关键环节，具有较强国际竞争力和技术水平的装备制造大企业。

四

基于对上述装备工业经济和社会发展中一些重大问题的思考，赛迪智库装备工业研究所编撰了《2014—2015年中国装备工业发展蓝皮书》。本书系统剖析了我国装备工业发展的成就与问题，总结归纳了全球装备工业的发展趋势，并结合当前国内外经济环境形势，深入探讨了我国装备工业发展的趋势。全书分为综合篇、行业篇、区域篇、园区篇、企业篇、政策篇、热点篇、展望篇，共八个部分。

综合篇，从全球角度分析了2014年世界装备工业的总体发展现状、发展趋势以对主要国家和地区的进展与成就，对2014年中国装备工业发展状况、存在问题进行了专题分析。

行业篇，对我国装备2014年汽车行业、机械工业、航空工业、船舶工业等领域进行专题分析，研究探讨了各自领域整体发展状况、细分行业发展状况以及行业发展面临的问题。

区域篇，分别对东、中、西部地区总体及重点省份与城市2014年装备工业发展情况、发展特点、发展经验等进行了深入探讨与总结。

园区篇，选择有代表性的各重点行业新型工业化产业示范基地，就其2014年发展整体情况进行分析，总结归纳各园区发展的基本经验。

企业篇，以机械、汽车、航空、船舶等领域成长较快、发展较好且具有一定代表性的企业为对象，详细剖析各企业的发展情况、生产经营情况和经营发展战略。

政策篇，深入分析我国装备工业2014年发展的政策环境，重点解析装备工业领域发布的重大产业政策、意见、计划和方案。

热点篇，选取行业热点，就"德国工业4.0"、低空开放与通用航空发展、新能源汽车、工业机器人、智能制造、南北车合并等问题展开详细论述。

展望篇，对国内外行业研究机构预测性观点进行综述，并对2015年我国装备工业总体形势及各细分行业的发展趋势进行了展望。

加快装备工业转型升级、建设装备制造业强国是一项长期性、艰巨性的任务。在当前经济转型的背景下，装备工业面临着千载难逢的机遇和前所未有的挑战，既需珍惜实践中取得的来之不易的成果和经验，也要正视发展中积累的不容忽视的矛盾和问题，更当以百折不挠的意志和包容并兼的智慧推动装备工业的转型升级。我们坚信，坚持以科学发展观为指导，坚定信心、攻坚克难、开拓前进，就一定能开创我国装备工业由大变强的新局面。

工业和信息化部装备工业司司长

目 录

园 区 篇

企 业 篇

政 策 篇

热 点 篇

展　望　篇

附　　录

综合篇

第一章   2014年全球装备工业发展状况

第一节   产业现状

一、生产继续呈现回落态势

2014年，世界装备工业生产指数保持较低水平。2012年2月份到2013年6月份生产指数均在120以上。2014年2月份，世界装备工业生产指数为113.7，比上月回落0.8点，中国、韩国和印度较1月份分别回落21.6、0.9和0.6点，生产指数分别为134.2、106.0和121.9；与此相反，美国、日本和德国较1月份分别提高2.9、2.3和8.1点，生产指数分别为115.9、102.3和112.2；南非、巴西、英国和法国生产指数较1月份均有所提高，分别为111.5、96.0、97.6和95.2。4月份世界主要国家生产指数均有所回落，包括中国、德国、日本、美国、韩国、南非、印度、英国和法国等。

表1-1 2014年1—4月世界装备工业生产指数

月份	1	2	3	4
世界装备工业生产指数	114.5	113.7	127.2	119.1

数据来源：赛迪智库整理，2015年4月。

二、细分行业增长分化

从中、美、德三个国家主要分行业销售额规模看，汽车行业销售额最大，2014年4月份实现销售收入1843亿美元，同比增长7.4%；电工电器行业居第二位，销售收入948亿美元，同比增长7.9%；石化通用、重型矿山、仪器仪表和机床行业销售收入分别为 398 亿、383 亿、240 亿和 177 亿美元，同比增长率分别为 10.9%、3.2%、7.4% 和 9.3%。以汽车行业为例，我国汽车产销量分别实现 2372.3 万辆和 2349.2 万辆，同比累计增长 7.3% 和 6.9%；美国汽车销量实现连续五年增长，达到 1653 万辆；日本汽车销量实现连续三年增长，达到 556.29 万辆；韩国现代、起亚和通用韩国等五大车企在全球范围的销量实现小幅上涨；德国汽车销量也实现了小幅增长。

三、智能制造引领变革

（一）引起机电产品的全面创新

数字化智能化技术是实现机电产品创新的颠覆性共性使能技术，可以普遍运用于各种机电产品创新，丰富产品功能，提升成品性能，大幅提高机电产品的水平和市场竞争力。其中，作为典型的革命化产品代表之一是"傻瓜相机"，采用 CCD 器件代替了原始胶片感光实现了照片的数字化获取，同时采用人工智能技术实现人脸的识别，并自动选择感光与调焦参数，保证普通摄影者获得逼真而清晰的照片。更为重要的是以上技术与创新产品的出现，完全颠覆了传统的摄影器材产业，造成柯达等企业的摄影设备帝国地位风光不再。

（二）全面提升产品设计、加工和管理水平

数字化智能化同时也是制造技术创新的共性使能技术，可全面提升产品设计、加工和管理水平。在产品设计方面，应用智能化的设计手段、图形图像学等技术及先进的设计信息化系统（CAX、网络化协同设计、设计知识库等），支持产品研发设计过程各个环节的智能化提升和优化运行，大幅提高产品质量和一次研发成功率。

在加工工艺方面，广泛采用加工过程的仿真优化、自适应控制等数字化智能化技术，可极大提高各种制造工艺的精度和效率，大幅度提升整个制造业的工艺水平。

在制造装备及系统方面，智能制造装备、柔性制造单元、数字化车间乃至数字化工厂等智能化生产系统的广泛应用，将大幅度提升生产系统的功能、性能、柔性、自动化与智能化程度。

在管理方面，主要包括产品研发和设计管理、库存／采购／销售管理、生产管理、财务／人力资源管理、服务管理、知识管理和产品全生命周期管理等的智

能化,可实现产品的全生命周期优化及企业的资源最优利用与最佳模式运作,不仅可有效提高企业的市场反应速度和产品开发速度,同时可大幅度提高制造效益、降低产品成本和资源消耗,使制造业由资源高消耗和环境高污染转变为资源节约型和环境友好型,实现绿色制造。

(三)催生新型的生产模式和商业模式

在互联网、物联网、云计算、大数据等信息技术的强力支持下,智能制造企业可进一步进行更大跨度的资源集成,方便地实现远程定制、异地设计、协同生产、就地加工与服务,不仅使产品制造模式由批量生产向面向客户需求的定制化、个性化制造模式转变,同时,企业的生产组织模式及商业与服务模式等均发生根本性的变化。作为典型案例之一就是阿里巴巴打造的全球最大的采购批发平台,从根本上变革了传统的营销并采购模式,在有效提高产品服务质量的同时进一步降低产品成本、减少资源消耗。

(四)智能制造是美、德新工业革命的核心

美国 2012 年 3 月正式启动建设国家制造业创新网络,采用德国弗劳恩霍夫研究所的运行模式,支持新技术新工艺的应用研究,由联邦政府出资一半,地方政府、企业、高校、研究机构等出资一半左右,计划投资 10 亿美元,建设 15 个制造业创新研究所(IMIs)组成的全美制造业创新网络,从而使美国在全球制造业新一轮变革中抢占先机,继续保持领导者地位,2014 年 1 月在北卡罗来纳州成立"下一代电力电子制造研究所",由北卡罗莱纳州立大学领导 18 家公司、6 所大学和联邦政府机构共同构建。2014 年 2 月,奥巴马宣布由 UI 实验室联合体来领导位于芝加哥的"数字制造和设计创新研究所",UI 实验室汇集自业界,政府和学术界的 70 多家组织组成一个世界级的研发团队。2014 年 10 月启动先进制造业合作伙伴计划 2.0,将采取 3 大战略:加快创新步伐、强化人才保障和完善商业环境,拟实施 12 项措施。智能制造参考架构确立方面,美国正在起草工业互联网通用参考架构,2014 年 3 月,通用电气、IBM、思科、英特尔和 AT&T 五家企业联合发起成立了工业互联网联盟(IIC),现有成员企业 140 余家,联盟由马萨诸塞州波士顿的非营利性贸易协会进行管理,联盟的目标是制定通用标准,打破技术壁垒,实现不同厂商设备之间的数据共享。

为了在新一轮工业革命中占领先机,德国于 2013 年提出"工业 4.0"战略,

目标是通过采用物联网技术建设数字化工厂，实现企业的采购、生产、销售和服务的全产业链数字化。智能制造参考架构确立方面，《德国"工业4.0"标准化路线图》将制定 CPS 整个体系的参考架构作为"工业4.0"标准化工作的第一步，正在推动将"工业4.0"背景下出现的包括 CPS 参考架构在内的新概念加入到国际标准中，推进标准的国际化进程。

无论是美国先进制造业伙伴计划，还是德国"工业4.0"战略，其核心理念都是通过 CPS 实现智能制造，根本出发点是抢占新一轮产业竞争的制高点。

四、中国企业跨国并购活跃

近年来，我国装备制造业跨国并购企业逐渐增多，从以往的国有企业，已逐步变为国有和民营公司并举的局面，随着我国国内产业技术升级、国内企业开拓国外市场，一些具有领先技术优势和经销渠道的机械制造企业将成为我国企业海外并购的首选。2014年大陆企业海外并购交易数量激增较2013年增长36%至272宗，达到历史新高，交易金额569亿美元。

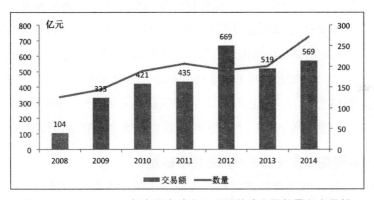

图1-1　2008—2014年中国大陆企业跨国并购交易数量和交易额

数据来源：普华永道，2015年1月。

国有企业、民营企业和财务投资者三大类投资者在海外并购交易活动中均表现活跃，其中民营企业海外并购交易数量继续领跑，而财务投资者参与的海外并购交易活动首次达规模级。2014年，辽宁三三工业完成对美国卡特彼勒的子公司——加拿大隧道工程公司的完全收购，南阳国宇并购欧洲最大动臂塔机制造商威尔伯特集团，中联重科并购荷兰国际知名升降机企业 Raxtar 公司35%的股权。2015年年初中国中车子公司南车时代电气斥资约12亿元人民币收购英国 SMD

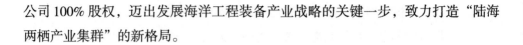

公司 100% 股权，迈出发展海洋工程装备产业战略的关键一步，致力打造"陆海两栖产业集群"的新格局。

第二节　发展趋势

一、产业技术竞争日趋激烈

在国民经济生产力构成中，制造技术的作用占 60% 以上，装备工业产品的高新技术含量已成为市场竞争取胜的关键，高新产业技术对推动整个社会技术进步和产业升级中具有不可替代的作用。当前广泛应用的高新产业技术包括信息技术、数控加工技术、自动化技术、发电和输配电技术、机器人技术、新材料技术、电力电子技术和新型环保装备技术等。

（一）美国高度重视制造业产业技术研究

2012 年 3 月，奥巴马政府提议建立"美国国家制造业创新网络（NNMI）"，计划投资 10 亿美元在制造工艺、先进材料及其加工工艺、高效能技术及其平台以及具体应用 4 个优先领域建设由 15 个区域性制造业创新研究所（IMIs）组成的全美制造业创新网络，从而推动高校、企业和政府部门形成合力，促进新技术、生产工艺的开发，从而使美国在全球制造业新一轮变革中抢占先机，继续保持领导者地位。2013 年 7 月，奥巴马宣布将研究所数量从 15 个增加到 45 个，计划实施年限从 4 年增加到 10 年。目前，已正式成立 5 个，宣布即将成立 4 个。

（二）多国高度重视机器人产业技术研发

2014 年 6 月，欧委会和欧洲机器人协会下属 180 个公司及研发机构共同启动全球最大的民用机器人研发计划"SPARC"。计划到 2020 年，欧委会将投资 7 亿欧元，协会投资 21 亿欧元，共同推动机器人研发。英国 2014 年发布机器人战略 RAS2020，目的是其机器人产业能够和全球领先的国家竞争，在 2025 年产值达到 1200 亿美元，占全球市场 10%。2014 年 8 月，韩国贸易工业和能源部宣布了第二个智能机器人开发五年计划，将对机器人产业投资 26 亿美元，以大幅提高机器人销量和企业数量，到 2018 年分别从当前的 22 亿美元和 402 家增加到 79 亿美元和 600 家。

二、高端装备制造业国际合作不断加强

由于技术资金等限制，高端装备制造业通常采取国际合作的形式。轨道交通装备方面，30 多个国家与我国签订高铁合作协议。航空装备、卫星及其应用产业方面，越来越多的国家参与到航天项目的国际合作中，如我国政府已与 30 多个国家和机构签署 80 多项多边与双边航天合作协议；欧洲航天局的年度预算约为 40 亿欧元，欧洲各国通过欧洲航天局和欧洲气象卫星应用组织等，协作开发伽利略全球卫星导航系统及全球环境与安全检测计划等项目。海洋工程装备方面，新加坡吉宝集团谋划在墨西哥建设新船厂，计划与墨西哥国家石油公司合作；我国宏华集团有限公司认购中墨能源基金 1.5 亿美元份额，泰富重装集团有限公司与巴西 Galaxia 公司签署 4 亿美元的海工装备合作建造协议，惠生海洋工程有限公司将与澳大利亚 Worley Parsons 集团合作开发澳洲的浮式生产平台项目；挪威 Vard 公司成立了加拿大子公司 Vard Marine，侧重船舶及海工装备的设计与销售。

三、新兴经济体市场表现将出现分化

2014 年新兴经济体增速在全球保持领先水平，新兴经济体表现将进一步分化，部分新兴经济体经济形势存在"硬着陆"风险。2014 年前 2 季度新兴经济体整体经济增长率低于 5%，经过十多年的高速发展，新兴经济体普遍面临一个减速调整期，主要是因为结构改革滞后、内生动力不足、外需拓展空间不大和发达国家政策影响等。当前，俄罗斯经济依旧疲软，印度债务风险较高，巴西经济增长疲弱和通胀居高不下并存。受到外部需求下降和外资流出影响，美联储削减量化宽松货币政策规模可能在某种程度上加速新兴经济体经济增长表现的分化。"金砖五国"经济形势将呈现增长放缓甚至停滞态势，而菲律宾和泰国等东南亚国家将会快速增长。

第三节 主要国家和地区概况

一、美国

（一）制造业回流拉动机床工具销量增长

据美国机械制造技术协会 (AMT) 的统计数据显示，2014 年美国金属加工机床订单总额为 50.8 亿美元，同比增长 3.1%。其中，金切机床订单总额为 49.4 亿

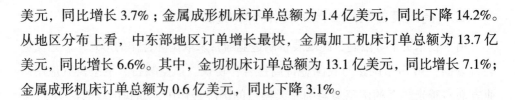

美元，同比增长 3.7%；金属成形机床订单总额为 1.4 亿美元，同比下降 14.2%。从地区分布上看，中东部地区订单增长最快，金属加工机床订单总额为 13.7 亿美元，同比增长 6.6%。其中，金切机床订单总额为 13.1 亿美元，同比增长 7.1%；金属成形机床订单总额为 0.6 亿美元，同比下降 3.1%。

（二）汽车销量连续五年实现增长

2014 年，美国轻型车销量同比增长 6%，至 1653 万辆，得益于燃油价格不断下降、贷款环境宽松、普通家庭财务状况改善和就业率上升等因素，汽车销量实现连续五年增长。皮卡、微面、跨界车和 SUV 等销售大增，菲亚特克莱斯勒的 Jeep 车型销量劲增 41%。美国汽车经销商行业大幅调整，6 月，Lithia Motors 公司以约 3 亿美元的价格收购 DCH Automotive 公司，之后巴菲特预计以超过 4 亿美元收购美国第五大汽车经销集团 Van Tuyl Group 集团。

二、德国

（一）产销量创历史新高

装备制造业是德国第五大工业行业，50% 以上的机械设备均为出口。2014 年德国装备制造业取得历史最好成绩。据德国机械设备制造业联合会（VDMA）报告，由于对美国、中国及欧盟伙伴国业务增长，2014 年德国装备制造业产值和销售额分别为 1990 亿欧元和 2120 亿欧元，均超过 2008 年达到的最高水平，2014 年前 10 个月产值增长 1%。据 VDMA 预计 2015 年产值将增长 2%。

（二）机床行业订单先增后跌

德国机床制造商协会（VDW）发布报告称，2014 年前三季度的机床行业订单量，较 2013 全年相比上升了 1%，国内订单增长了 8%，国外订单需求减少了 3%。2014 年第三季度机床行业订单同比下降了 8%。德国机床行业整体呈现疲软态势，并未实现预期的大幅度好转。不过欧洲机床市场订单量增幅较大，2014 年第三季度增长了 12%。其中包括一些东欧国家，特别是波兰、匈牙利和捷克，有较高的订单增长率。

（三）乘用车销量小幅增长

据德国机动车辆管理局 KBA 数据，2014 年，德国车市曾在 4 月、6 月、8 月和 11 月遭遇不同程度下滑，其余月份均实现增长，最高增幅为 1 月份的 7.2%。

2014 年新车成交量比 2013 年提高了 3.1%，达到 355 万辆，2014 年在德国生产的新车数量比 2013 年提高了 3%，达到 562 万辆，其中有 430 万辆新车被出口。12 月份国内售出 229.7 万辆新车，比 2013 年同期的 215.3 万辆实现 6.7% 的增长。12 月份，大众品牌乘用车销量最高达到 4.9 万辆，同比提升 1.1%；2014 年大众在其本土市场的销量同比上涨 2.2%，达 65.6 万辆。豪华车方面，德国国内市场 12 月份销量前三位分别是奔驰、宝马和奥迪，同比增长率分别为 8.8%、8.7% 和 6.2% 至 20280、19913 和 17364 辆。

2014 年德国汽车制造商在欧盟国家售出了 466 万辆汽车，而在我国市场，销量占比从 2009 年的 18% 增长到 2014 年的 32%，售出了 444 万辆汽车。

三、日本

（一）汽车产销量继续增长

2014 年，日本新车销量同比增长 3.5%，达到 556.29 万辆，连续三年实现同比增长。其中非微型车销量同比微增 0.8%，达到 329.01 万辆，微型车（排量在 660 毫升以下）销量增长强劲，在日本国内市场份额首次突破 40%，同比增长 7.6%，达到创纪录的 227.3 万辆，很大原因在于 2014 年日本政府将消费税从 5% 上调至 8%，汽车业遭受严重打击，但微型车价格相对较低，燃油经济性较高。其中铃木汽车以 70.9 万辆的年销量居第一位。

（二）机床生产呈现高速增长

2014 年日本机床订单总额为 15094 亿日元，同比增长 135.1%。其中，数控机床订单总额为 14742 亿日元，同比增长 135.7%。日本国内、国外需求分别为 4964 亿、10130 亿日元，同比增长率分别为 123.8%、141.4%。机床行业订单量大幅增长主要得益于日本政府保持量化宽松政策和有利于本国装备制造业的各项产业政策。在持续量化宽松政策的影响下，美元对日元汇率从 2014 年年初开始持续走高，对出口占 67% 的日本机床工业来说，日元的大幅持续贬值有效增强其在全球市场的竞争力。另一方面，日本政府对于本国装备制造业出台促进产业发展的政策，如针对采购机床进行技改投入企业的减税和加速折旧等政策极大地刺激了国内需求的释放，也带动了日本国内机床消费的增长。

四、韩国

（一）五大车企销量有升有降

据韩联社报道，2014年韩国五大车企（现代、起亚、通用韩国、雷诺三星及双龙）在全球范围的销量实现小幅上涨。五大车企2014年全球销量比2013年861万辆提升了3.9%，达到895万辆。其中五大车企在国内外分别销售145万和749万辆，同比上涨5.8%和3.5%。其中雷诺三星实现了强劲增长，现代、起亚集团全球销量仍然保持了上升态势，而通用韩国、双龙汽车销量出现下滑。

表1-2　2014年韩国五大车企全球销量

企业	现代	起亚	通用韩国	雷诺三星	双龙
2014年全球销量（万辆）	496	304	63	17	14
同比增长	4.9%	7.6%	−19.2%	29.6%	−3.2%

数据来源：盖世汽车网，2015年2月。

（二）造船业形势依然低迷

近年来，全球造船业呈疲软态势，2014年全球船舶新接订单量为3969万修正总吨，相比2013年减少34.7%。韩国的新接船舶订单量则减少36%，手持订单量比2013年有所下降，造船完工量也出现小幅下降。

表1-3　2014年韩国造船业情况

年份		2013年	2014年
造船完工量	万载重吨/占比	3336	2591
		31.0%	28.5%
	万修正总吨/占比	1252	1203
		34.2%	34.6%
新接订单量	万载重吨/占比	4419	3078
		30.5%	28.0%
	万修正总吨/占比	1608	1178
		33.0%	29.7%
手持订单量	万载重吨/占比	7641	8274
		26.9%	26.1%
	万修正总吨/占比	3203	3328
		30.8%	28.9%

数据来源：英国克拉克松研究公司，2014年12月。

第二章　2014年中国装备工业发展状况

装备工业是为国民经济各行业提供技术装备的战略性产业,其技术资金密集、产业关联度高、吸纳就业能力强,是各行业技术进步、产业升级的重要保障和国家综合实力的集中体现。近年来,我国工业持续快速发展,总体规模大幅提升,综合实力不断增强,产业规模连续位居世界首位,多种产品产量位居世界第一,已形成门类齐全、具有较大规模和一定技术水平的产业体系,正实现制造大国向制造强国的转变。

第一节　产业现状

随着工业化进程加快,中国装备工业经历了从小到大,从修配到制造,从制造单机到成套设备,逐步发展成为一个门类比较齐全、布局比较合理、技术水平和成套水平不断提高,且具有相当规模的产业,2009年中国装备工业的总体产业规模超过美、日、德,居世界各国之首。

近年来,中国装备工业开始进入了一个高速发展期,行业规模、产品水平、产业结构和国际竞争力出现较大幅度的提升。近五年年均增长约17%,占全球装备制造业的比重超过1/3,稳居世界第一。我国多数装备产品产量位居世界第一,发电设备产量、造船完工量、汽车产量、机床产量等都占据全球第一市场份额;形成了以广东、辽宁、江苏、湖南、浙江为代表的、颇有影响力的装备制造企业集聚地,并打造出一批大型企业集团和专业化装备生产企业。企业的自主创新能力显著增强,"蛟龙"载人深潜器取得重大突破,ARJ21涡扇支线飞机取得适航证,大型客机研制工作进展顺利，百万千瓦级超超临界火电机组、核电机组和水电机组、1000千伏特高压交流输电设备和 ±800千伏特高压直流输电设备、4000吨级履带起重机、高速龙门五轴加工中心、8万吨模锻压力机、大功率交流传动机车、自主品牌中高速船用柴油机等一大批重大技术装备研制成功，并成功投放市场，装备保障能力明显增强。

但是，我国装备与先进国家相比，还有较大差距。主要表现在：一是自主创新能力薄弱，研发设计水平较低，关键共性技术研发不足，缺乏试验检测手段；二是基础配套能力不足，核心技术、关键零部件、关键材料受制于人，基础制造工艺落后；三是产业结构不合理，低端产能出现过剩问题，但缺少高技术高附加值产能，生产性服务业发展也滞后；四是发展质量效益不高，装备工业增加值率低于发达国家平均水平6—8个百分点。

2014年，在世界经济复苏不均衡、国内经济进入新常态的形势下，中国装备制造业增速逐月小幅回落，下行压力不断显现，但仍保持平稳较快增长，在调整中加快转型升级。

一、生产增速放缓趋稳

2014年以来，发达国家经济复苏有所减弱，新兴经济体面临的困难增加，地缘政治及突发事件风险上升。国内经济在国家一系列稳增长、促改革、调结构、惠民生的政策作用下，运行总体平稳、稳中有进。受国内外经济的综合影响，我国装备工业保持了平稳运行。2014年，全国规模以上装备制造企业工业增加值同比增长10%，增速比全国工业平均水平高1.7个百分点。但从7月位于11.4%的最高位增速之后，大幅下降到8月份的9%，随后运行趋稳，保持在10%的增速以下。分大类行业工业增加值来看，2014年，通用设备制造业增加值同比增长9.1%，专用设备制造业增长6.9%，电气机械和器材制造业增长9.4%，仪器仪表制造业增长9.4%，汽车制造业增长11.8%，铁路、船舶、航空航天和其他运输设备制造业增长12.7%。

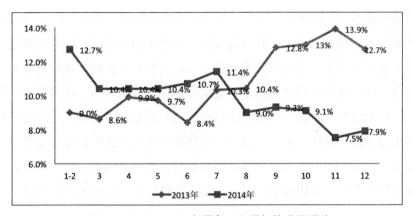

图2-1　2013—2014年装备工业增加值分月增速

数据来源：赛迪智库装备工业研究所，2015 年 4 月。

二、装备走出去步伐加快

2014 年以来，世界经济复苏依然曲折，我国装备工业外贸风险仍在，导致装备产品出口出现了较大的波动，前半年出口增速稳步提高到 7 月份的 10.4%，8 月随着装备工业整体的下滑也出现较大幅度的下降，到 11 月增速仅有 3.54%；12 月，随着国家对装备走出去的推动，随后国务院常务会大力部署推进装备走出去和国际产能合作，推动装备工业出口增速跃升到了 10% 以上。2014 年全年，我国装备工业完成出口交货值同比增长 6.75%，增速比全国工业平均水平高 0.35个百分点，包括电子信息设备在内的装备制造业出口额达 6.87 万亿元，占全部工业产品出口的 56.8%（除电子信息装备外占 17.1%）。

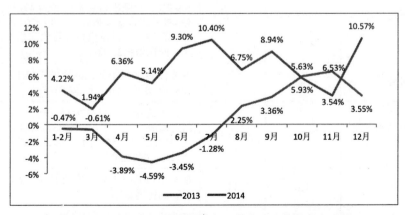

图2-2　2013—2014年我国装备工业出口交货值分月增速

数据来源：国家统计局，2015 年 4 月。

尽管波动明显，但装备产品出口结构实现稳步升级。电力、石化、轨道交通、冶金等装备出口快速增长，一批装备成功开拓发达国家市场，风电、铁路、通用飞机等实现了对瑞典、美国等欧美国家出口。装备对外投资步伐明显加快，以工程总承包、援建项目带动产业链上下游配套走出去不断增多，跨国并购、绿地投资建厂、建立境外工业园、设立分支机构、建立研发中心、成立合资公司等全球布局越来越迅猛，铁路、电力、油气、通信等领域对外合作取得重要成果，也积累了丰富的经验。中国装备已具备影响世界的品牌实力和条件，一批重大技术装备能够按照国际标准和规则生产制造，装备国际标准转化率达70%以上。

表2-1 2014年我国装备工业分行业出口情况

行业名称	2014年（亿美元）	同比增长（%）	备注
轨道交通装备	267.7亿元	22.6%	中国北车2014年出口成交额30亿美元，同比增68.6%；中国南车新签出口订单37亿美元
能源电力装备	301		火电149亿美元，水电73亿美元，输变电57亿美元，太阳能8亿美元，风电11亿美元，其他3亿美元
信息通信设备	1976	11.5	手机出口1154亿美元，增长21.3%。除了手机，其他前五位出口产品：笔记本电脑（758亿美元，-31.6%）、集成电路（609亿美元，-30.6%）、液晶显示板（318亿美元，-11.4%）和手持式无线电话用零件（311亿美元，-12.6%）
石油石化装备	1967.5	9.1	化工行业出口额为1621亿美元，增长11%；橡胶制品出口总额523.1亿美元，比上年增长9.2%；化肥出口总量达2959.4万吨，增幅52.4%，出口金额增长42.0%；2014年1—11月，石油石化设备出口交货值完成730.15亿元，同比增长27.42%
工程机械	198	1.4	零部件69.35亿美元，同比增长15.1%；整机128.6亿美元，同比下降4.81%
船舶和海洋工程装备	237.8	-14.1	三大主流船型出口额为154.9亿美元，占比超过六成半；完工出口船3311万载重吨，承接出口船订单5551万载重吨，年底手持出口船订单1.428亿载重吨
汽车	826	11	整车出口共95万台，零部件出口687.7亿美元，同比增长8%
航空航天			工业总产值900亿元，增长8.7%

数据来源：赛迪智库装备工业研究所，2015年4月。

三、主要产品产量增幅差异较大

2014 年，在装备工业整体快速发展的形势下，我国大多数装备产品产量出现了快速增长，据行业管理部门统计监测，在重点监测的装备产品中，有 51 种累计产量保持增长，占比约 73%。但不同行业产品的产量增幅差异较大，行业增长分化加剧。如多功能乘用车产量实现大幅增长达 42.6%，铁路货车却同比下降达 33.6%。具体行业内部也出现产量增幅明显差异的情况。如电工电器行业，2014 年，发电设备产量同比增长 9.2%，增速较 2013 年加快 14 个百分点。其中，水轮发电机组产量同比下降 7%，风力发电机组产量同比增长 13.8%；在输变电设备中，电力电缆产量同比增长 8.9%，变压器产量同比增长仅为 0.5%。工程机械行业，2014 年，挖掘机、装载机等与基本建设投资相关的产品产量分别同比下降 13.8%、13.3%，压实机械等与交通道路建设相关的产品产量同比增长 13.9%，水泥专用设备、混凝土机械等与建筑业相关的产品产量分别同比下降 0.7%、增长 0.7%，电动叉车、内燃叉车等与物流产业相关的产品产量分别同比增长 22.1%、2.5%。汽车行业，多功能乘用车和运动型多用途乘用车高速增长，客车和载货汽车出现同比下降。

表 2-2　2014 年装备工业部分产品产量及增速

产品名称	单位	产量	同比增长(%)
橡胶轮胎外胎	万条	111388.8	6.3
金属切削工具	万件	957892.9	17.7
金属集装箱	万立方米	13014.5	22.1
锻件	万吨	1230.6	11.8
电站锅炉	万蒸发量吨	47.8	1.5
工业锅炉	蒸发量吨	558118.1	−12.6
发动机	万千瓦	214105.4	6.2
其中：汽车用发动机	万千瓦	182878.5	7.9
电站用汽轮机	万千瓦	8125.7	12.1
燃气轮机	万千瓦	422.5	−33.1
电站水轮机	万千瓦	936.1	13.3
金属切削机床	万台	85.8	3.0
其中：数控金属切削机床	万台	25.9	14.6
金属成形机床	万台	34.8	6.7

（续表）

产品名称	单位	产量	同比增长(%)
铸造机械	万台	92.2	−6.6
电焊机	万台	742.1	1.2
起重机	万吨	1095.3	6.8
电动车辆（电动叉车）	万台	17.1	22.1
内燃叉车	万台	24.9	2.5
输送机械（输送机和提升机）	万吨	250.1	13.9
泵	万台	12402.6	5.7
气体压缩机	万台	33648.5	6.6
阀门	万吨	1031.9	0.0
齿轮	万吨	301.7	14.3
风机	万台	1783.6	6.8
气体分离及液化设备	台	70394.0	1.8
电动手提式工具	万台	25597.3	3.4
包装专用设备	台	102600.0	8.2
复印和胶版印制设备	万台	712.9	9.5
减速机	万台	600.6	2.6
矿山专用设备	万吨	786.2	1.0
石油钻井设备	台套	243675.0	−5.0
挖掘、铲土运输机械	台	371205.0	−13.2
其中：挖掘机	台	125301.0	−13.8
装载机	台	163165.0	−13.3
压实机械	台	54098.0	13.9
水泥专用设备	吨	946030.9	−0.7
混凝土机械	台	513209.0	0.7
金属冶炼设备	吨	1150111.1	−3.5
金属轧制设备	吨	619341.3	−12.0
饲料生产专用设备	台	647039.0	1.0
印刷专用设备	吨	152185.0	−12.1
大型拖拉机	台	69876.0	6.6
中型拖拉机	台	573840.0	−9.3
小型拖拉机	万台	167.8	−13.9
收获机械	台	925355.0	8.4
环境污染防治专用设备	台（套）	588589.0	5.3

（续表）

产品名称	单位	产量	同比增长(%)
其中：大气污染防治设备	台	307238.0	11.9
汽车	万辆	2389.5	7.1
其中：基本型乘用车（轿车）	万辆	1253.1	3.9
多功能乘用车（MPV）	万辆	186.0	42.6
运动型多用途乘用车（SUV）	万辆	419.0	35.0
客车	万辆	158.7	−14.8
载货汽车	万辆	312.9	−6.8
铁路机车	辆	1658.0	15.5
动车组	辆	2150.0	31.7
铁路客车	辆	3438.0	−5.3
铁路货车	辆	34416.0	−33.6
民用钢质船舶	万载重吨	4874.0	5.5
发电机组（发电设备）	万千瓦	15360.3	9.2
其中：水轮发电机组	万千瓦	2410.0	−7.0
汽轮发电机	万千瓦	9031.0	10.6
风力发电机组	万千瓦	2311.6	13.8
交流电动机	万千瓦	30134.4	4.4
变压器	万千伏安	170076.5	0.5
电力电缆	万千米	5570.4	8.9
锂离子电池	万只（自然只）	528652.5	0.0
电工仪器仪表	万台	15346.7	1.3
汽车仪器仪表	万台	5353.2	2.0

数据来源：wind，赛迪智库，2015 年 4 月。

四、固定资产投资回落

在国家严格控制高污染、高耗能等行业的固定资产投资的背景下，同时受制于产能过剩、内需不旺、盈利较难、实际利率高等因素，近三年制造业投资增速持续下降，连创 10 年来的新低。2014 年，制造业投资增长 13.5%，同比回落 5 个百分点。

一些地方为追求发展速度，纷纷将投资重点转向装备制造业，但装备工业在面临内需持续低迷、出口增长乏力等诸多困难时，被高速增长掩盖的各种问题、矛盾相继暴露出来，以往依靠人口红利、以牺牲环境为代价、以投资带动的粗放式经济增长出现困难，外延型高速增长已难以为继，虽然2014年上半年装备工业固定资产投资增速连续回升，但进入下半年后固定资产投资又呈持续下滑态势。

2014年全年完成固定资产投资同比增长12.7%，增速较全社会固定资产投资低3个百分点。其中，内燃机、工程机械、重型矿山机械、汽车等行业的固定资产投资增速均低于10%。

五、经济效益呈分化态势

2014年，装备工业整体效益较2013年同期有所回升，保持较快增长势头，全国规模以上装备制造企业完成主营业务收入22.3万亿元，同比增长9.7%，增速比全国工业平均水平高2.7个百分点；由于财务费用、销售费用的增速较低，装备工业企业完成利润1.56万亿元，同比增长11.2%，增速比全国工业平均水平高7.9个百分点，主营业务收入利润率为7%，比全国工业平均水平高1.1个百分点。具体分行业来看，光伏设备及元器件制造、输配电及控制设备制造、金属切削机床制造、海洋工程专用设备制造、铁路运输设备制造、连续搬运设备制造、电车制造、内燃机及配件制造等行业经济效益回升明显，其中光伏设备及元器件制造利润同比增长达125.7%。利润同比下滑明显的重点行业主要包括：冶金专用设备制造下降377.5%，船舶修理下降66.7%，汽轮机及辅助机制造下降61.7%、水轮机及辅助机制造下降25.5%、拖拉机制造下降20.6%等。

六、转型升级效果逐步显现

为应对国内外市场需求条件的变化，近年来，我国装备制造企业积极加强自主创新，加快调整产品结构，转型升级和提质增效的成效逐步显现，智能制造装备、先进轨道交通装备、海洋工程装备、新能源汽车等新兴产业快速发展。

据统计，目前我国高端装备制造业产值占装备制造业比重已超过10%，海洋工程装备接单量占据世界一定市场份额，新能源汽车、智能化仪器仪表、工业机器人、增材制造等新兴产业发展取得明显成效。以新能源汽车为例，2014年，我国共有300多款新能源汽车新车型上市，累计生产8.39万辆，同比增长近4倍。铁路装备方面，2014年，在普通铁路客车和铁路货车同比下降的情形下，动车组产品产量出现31.7%的高增长。机床方面，2014年，金切机床产量同比仅增长3%，但数控金切机床产量同比增长达14.6%。电工电器方面，代表世界水电新坐标的溪洛渡和向家坝等巨型水电站工程、当今世界火电机组最高单机容量的 110 万千瓦超超临界空冷机组工程、世界上输电距离最远的直流工程—哈密南—郑州 ±800 千伏特高压直流输电工程、世界首个五端柔性直流输电工程、新版 "电力天路" ——川藏联网工程等相继均实现完工，成为电工电器行业稳定增长的重要力量。

各地方也不断加快装备工业转型升级，如湖北省在 3D 打印、数控机床、智能电网、风电设备、节能环保装备等领域取得了较为明显的突破，部分领域甚至打破外国垄断。辽宁省金切机床的产量数控化率达到 50.6%，产品结构加快调整。浙江省装备工业不断向绿色化、智能化、高端化趋势发展，其安全和自动化监控设备、风力发电机组、环保装备等产品产量增长较快，同比增幅均超过 20%。

七、智能制造装备发展加速

2014 年，经济结构调整、劳动力成本上升继续推动制造业产业升级，智能制造装备需求动力强劲。以云计算、人工智能、3D 打印等为代表的新一轮技术加快发展，以 "互联网 +" 为标志的信息技术开始进入传统装备制造业，其着力点就是实现装备工业的智能制造转型，这加快加大了对智能制造装备的需求。

智能制造装备产业规模呈现出快速扩大的态势，湖北、湖南相继推出了《加快全省智能制造装备产业发展行动方案》、《关于加快推进智能制造装备产业发展的意见》等政策措施，重点就工业机器人、增材制造、高档数控机床、智能化仪器仪表等智能制造装备及智能控制技术、系统集成软件等进行了前瞻部署，加快了智能制造装备产业的发展步伐。从子行业的发展来看，与智慧城市建设相关的装备，如智能交通设备、物联网设备等将随着制定智慧城市发展专项规划城市的增多而迎来快速的发展。

一系列推动智能制造发展的政策还在不断出台实施，如 "智能制造试点示范专项行动"、"关于推进工业机器人产业发展的指导意见" 等，实施的政策累计效应不断增加，带动了智能化重大成套设备产业的快速发展，使智能制造装备的产业化水平迈上新的台阶。

八、装备强国建设全面推进

2014 年初，全国装备工业工作会议进行了全行业改革创新、开拓进取，加快推进产业转型升级，全面建设装备制造业强国的总体工作部署，提出 "坚持 '创新驱动、高端引领、基础支撑、绿色发展'的方针，分步骤分阶段完成从装备制造业大国向装备制造业强国的战略转变"。重点任务是"抓好建立和完善产业技术创新体系、积极构建两化深度融合发展新机制、着力强化制造基础、全面推进质量品牌建设、积极推行绿色制造、加快培育具有全球竞争力的企业群体、加快发展现代制造服务业、大力推进中国装备走出去"等，并提出了高档数控机床、电力装备、工业机器人及智能装备、航空装备、船舶和海洋工程装备、先进轨道交通装备、节能与新能源汽车等重点高端装备的结构调整方向，同时提出"冶金石化装备、重型矿山装备、航天应用装备、电子信息通信装备、建材装备、轻工装备、纺织装备、工程机械、农业机械等行业也要加大结构调整力度"。

从装备工业的实际情况来看，目前我国装备工业正处于"由大到强"的关键时期。我国已进入世界装备工业大国行列，但还不是强国，装备工业的产品、技术等水平与先进发达国家相比还有较大的差距，且面临严峻复杂的问题，深层次结构性矛盾突出。当今世界，全球经济与竞争格局正在发生深刻变化，国际金融危机将世界经济带入一个新的发展阶段，全球产业结构加速调整；新一轮科技革命和产业变革逐渐兴起，世界经济格局加快重塑。我国经济发展面临着与以往显著不同的环境，正进入中高速增长的转型发展时期。国际国内形势的这些变化，给我国装备工业带来了前所未有的风险和挑战。我国装备工业必须加快产业结构调整和转型升级，全面推进装备强国建设。

第二节 存在问题

虽然我国装备工业已取得了显著的成就，在某些领域，中国排头兵企业已经初步具备了与世界同类企业竞争的能力，但仍然存在很多问题。

一、整体技术水平仍不足

一是缺乏自主创新，对外依存度大。目前，我国多数装备制造企业的技术创新仍然处于跟踪模仿阶段，部分企业仅仅是基于发达国家的技术平台从事应用创新。虽然装备工业企业创新活动不断向产业链底层延伸，但是设计技术还没有突破，自主创新能力亟待提高。其根本原因在于，一方面自主创新往往周期长、投入大而见效慢，我国装备工业企业研发投入占营业收入的比例远低于发达国家水平，近几年一直徘徊在 2% 左右，而发达国家达到了 4%—5% 的水平；另一方面，我国装备工业对于基础性、关键性领域的投入严重不足，高水平科技人才匮乏，严重制约了自主创新能力的持续快速提升，目前我国装备工业科技活动人员占同期从业人员的比重仅 3% 左右，而工业发达国家达到了 5% 以上的水平。我国装备工业自主创新的不足，造成了关键工艺技术和核心零部件主要依赖国外引进。特别是具有国际先进水平的大型成套设备严重依赖进口，如航空航天、数控机床、国防军工及战略性新兴产业所急需的高端装备等。一些重大技术装备虽然实现了国内制造，但仍缺乏自主设计，核心技术并未实际掌握，如大型抽水蓄能机组、重型燃气轮机等。重要的产品和工艺技术依赖进口，反过来又制约了装备工业的自主创新，长期陷入恶性循环。

二是基础技术、基础工艺和基础部件发展滞后。基础部件是装备制造业不可或缺的重要组成部分，其质量、性能和可靠性等决定着重大装备和主机产品的性能、质量和可靠性，是我国装备工业实现由大到强的关键。当前我国关键基础部件主要还是进口，技术受制于人。我国机床、仪器仪表领域的基础产品以中低档居多，大部分质量性能不高，大型高精度、超精密机床和数控机床与国外相比，在精度、工艺结构和可靠性等方面还有一定差距；占核电机组设备投资 1/4 的泵阀主要依赖进口，70% 以上为高档数控机床配套的高档功能部件依赖进口，海洋工程装备配套设备 80% 需要进口，航空发动机、飞机机载设备、飞机材料、起落架系统等 90% 需要进口，大型工程机械所需的 30Mpa 以上液压件全部都要进口。基础部件依赖进口折射出我国基础技术、基础工艺也发展滞后。基础材料方面，塑料模具标准件材料较差、质量不稳定，仪表材料可靠性不足，先进复合材料品种又少。基础工艺方面，如我国热处理行业仍普遍存在大而不强、量多品质差的现象，精密塑性成形技术与工业发达国家相比，总体落后 15—20 年。

三是前瞻性技术研发还严重不足。我国装备工业与发达国家的差距，主要在于核心关键技术的缺乏与具有引领变革的前瞻性技术研发的不足。另外，在研发理念和路线上主要是跟仿，自主创新且拥有自主知识产权的品牌不多，大部分装备工业企业仍处于产业价值链的低端，80%—90% 的装备工业出口商品是没有自主品牌的贴牌加工。高端产品研发进入了"研仿—落后—再研仿—再落后"的怪圈。加之，产品研发、生产、检测、使用分属不同行业，缺乏行业交流，信息不对称，使得各环节衔接不到位，特别是具备自主知识产权的首台套重大技术装备

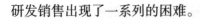

研发销售出现了一系列的困难。

二、企业经营压力还较大

一是市场需求不足。受市场需求低迷影响，装备制造企业订单普遍减少，任务不足，全国装备工业重点联系企业订单量增幅逐渐收窄。二是成本上升压力增大。2014 年，装备工业企业应收账款同比增长 7.33%，虽然增幅也有所放缓，但收到货款中承兑汇票比重呈上升趋势，预付款落实难、产品回款难给企业生产经营带来很大困难，再兑现和筹资让企业管理费用等急剧上升，超过主营业务收入增幅。同时材料成本、人工成本、融资成本、能源资源及环保成本也不断上升，主营业务成本高于主营业务收入增幅 0.3 个百分点。三是企业生产经营困难。工业固定资产投资回落，产品价格指数持续低位运行，产成品库存持续高位，银行对于装备制造企业"只收不贷"或"多收少贷"等行为时有发生，都严重影响了装备制造企业的生产经营活动。

三、海外市场开拓更艰巨

当前我国装备持续多年的出口高速增长已开始引发日益剧烈的贸易摩擦，贸易环境趋于恶化，我国装备产品出口增速回升缓慢。虽然 2014 年前三季度装备工业完成出口交货值增速持续回升，但进入四季度出口交货值增速又再次出现下滑。2014 年，汽车整车出口同比下降 6.9%，其中乘用车出口同比下降达 10.6%；100 吨以上的汽车起重机、矿用自卸车等专用车出口下降幅度也较大。与此同时，我国装备制造企业出口贸易壁垒和摩擦不断增多。不仅遭遇欧美技术性、绿色环保、标准等壁垒，而且与包括印度、巴西、墨西哥在内的新兴经济体间贸易摩擦也不断增多。如美国对我国 53 英尺干货集装箱进行"双反"调查，印度也对我国风力发电机组铸件进行反补贴调查等。尽管未来面临装备走出去的巨大机遇和良好环境，但我国装备工业开拓海外市场仍需克服种种不合理的贸易壁垒和摩擦障碍。

四、装备自主化推进较难

一是自主品牌汽车 2014 年面临国外汽车品牌激烈的竞争，自主品牌汽车推进困难，特别是新能源汽车方面，自主品牌的发展压力较大。二是高端装备方面，虽然国家重点工程质量要求高，项目资金也较为充裕，采购时会倾向高端装备。但由于具有自主知识产权的首台套高端装备往往缺乏应用业绩，需求方为减少风险，尽量规避使用。如大型煤化工空分设备方面，我国已经具备了 8 万、10 万、12 万特大型空分设备的生产能力，但面对国内市场 100 多台套的需求，主要龙头企业也只能争取到一两台套。国内用户企业的不信任使国产"首台套"装备应用推广及产业化都较为困难。

目前，工业和信息化部、中国进出口银行已联合发布《关于加大重大技术装备融资支持力度的若干意见》，以融资支持推动重大技术装备自主创新和产业化。同时我国已经出台了首台套重大技术装备保险补偿机制，由保险公司针对重大技术装备特殊风险定制综合险，装备制造企业投保，中央财政按照不超过 3% 的费率和年度保费的 80% 给予投保企业补贴，利用财政资金杠杆作用，发挥保险功能，降低用户风险，加快重大技术装备推广应用。在这些政策的推动下，我国装备自主化推进有望加快。

行 业 篇

第三章 机械行业

第一节 行业运行基本情况

2014 年，我国机械行业虽然受到了煤炭、钢铁、房地产等行业下行的影响，经受了严峻考验，但通过转型升级、结构调整，主要经济指标仍保持了一定增长，基本保持着"稳中有进"的发展态势。[1]

一、行业增速稳中有降

2014 年我国机械行业主要经济指标仍保持适度增长，但增速略有下滑。1—12 月，我国机械工业增加值同比增长 10%，虽高于同期全国工业平均增速 1.7 个百分点，但较 2013 年增速回落 0.9 个百分点。在统计的 49 个行业中，有 18 个行业的增加值增速高于 2013 年同期，占比 36.73%，有 30 个行业的增加值增速较 2013 年同期有所回落，占比 61.22%，其中汽车整车制造、电子电工机械专用设备制造和印刷、制药、日化生产专用设备制造等行业降幅在 5 个百分点以上。

二、效益水平略有回落

2014 年，全年累计实现主营业务收入 22.2 万亿元，同比增长 9.4%，高于同期全国工业增速 2.45 个百分点，但较 2013 年增速回落 4.4 个百分点。全年累计实现利润总额 1.56 万亿元，同比增长 10.6%，较 2013 年增速回落 5 个百分点。全年主营业务收入利润率为 7.02%，较 2013 年增长 0.08 个百分点。企业亏损面达 10.8%，较 2013 年增长 1.24 个百分点，亏损额同比增长 9.9%。

---

[1] 本章机械行业的统计口径包括汽车行业，数据来自机经网。

三、主要产品产量实现增长

2014 年，我国主要机械产品大部分实现了产量增长。在统计的 64 种主要机械产品中，有 46 种实现了产量增长，占比 71.9%，其中增速达两位数的有 15 种，18 种产品产量有所下降，占比 28.1%。具体来说，农机、石化通用机械、机床工具、汽车、电工电器等主要产品需求均有不同程度的增长，产销形势较好，其中大型拖拉机产量 6.99 万台，同比增长 6.6%，数控机床产量 26.09 万台，同比增长 14.78%，发电设备产量 1.33 亿千瓦，同比增长 5.2%，汽车产量 2372 万辆，同比增长 7.3%。而工程机械、重型矿山机械、文化办公设备行业的部分产品产销疲软，其中挖掘机、装载机、金属冶炼设备和金属轧制设备产量分别比上年同期下降 13.82%、13.28%、3.49% 和 11.96%，数码照相机更是同比大幅下降 49.20%。

表 3-1　2014 年机械行业主要产品产量增速

主要产品	产量增速	主要产品	产量增速
收获机械	8.4%	数码照相机	−49.2%
大型拖拉机	6.6%	复印和胶版印刷设备	9.5%
饲料生产专用设备	1.0%	金属切削机床	3.1%
中型拖拉机	−9.3%	数控金属切削机床	14.8%
小型拖拉机	−14.0%	金属成形机床	6.2%
大气污染防治设备	11.9%	金属切削工具	17.7%
泵、风机、气体压缩机	5.0%	铸造机械	−6.5%
印刷专用设备	−12.1%	多功能乘用车	43.1%
石油钻井设备	−5.0%	运动型多用途乘用车	35.0%
挖掘机	−13.8%	基本型乘用车	3.9%
装载机	−13.3%	载货汽车	−6.8%
压实机械	13.9%	客车	−14.9%
输送机械	13.9%	汽轮发电机	10.6%
金属冶炼设备	−3.5%	风力发电机组	13.8%
金属轧制设备	−12.0%	水轮发电机组	−7.0%

数据来源：中国机械工业联合会，2015 年 2 月。

四、进出口增速显著回升

我国机械工业国际竞争力不断加强，对外贸易表现良好。2014 年累计实现进出口总额 7255 亿美元，同比增长 8.07%，较 2013 年加快 1.8 个百分点，其中出口额 4022.88 亿美元，同比增长 8.01%，进口额 3231.97 亿美元，同比增长 8.16%。在统计的 92 种进出口产品中，实现增长的出口产品有 60 种、进口产品也有 60 种，其中出口最多的 3 种产品为汽车零部件、低压电器和电线电缆，进口最多的 3 种产品为汽车、四轮驱动轻型越野车和汽车零部件。国有、民营、三资企业进出口总额分别为 929.67 亿美元、1991.35 亿美元和 4333.83 亿美元，同比增速分别为 -1.39%、13.97% 和 7.73%，民营企业表现突出，出口额达 1489 亿美元，同比增长 14.35%。

五、结构调整初显成效

随着转型升级的不断推进，机械行业机构调整已初显成效。环保设备、制冷空调、汽车等利于民生的行业以及仪器仪表、基础件等有助于提高全行业整体水平的行业增速已超越全行业平均增速，市场需求已成为行业结构调整的导向；同时，现代制造服务业以及工业互联网正在以前所未有的速度飞快发展。大型核电设备、特高压输变电成套装备、轨道交通装备、通信设备、天然气长输管线加压站设备等高端装备的国产化率明显提高，高端数控系统、液压系统、轴承、特种专用材料等的自主创新不断取得新进展。对外贸易结构不断优化，2014 年，附加值较高的一般贸易出口额达 2383 亿美元，同比增长 11.2%，较附加值相对较低的加工贸易出口增速快 9.21 个百分点。

第二节　各子行业运行分析

一、工程机械

（一）主要产品产销低迷

2014 年，工程机械产品市场需求增长动力持续不足，主要产品产销低迷，仅少数市场需求热点产品仍保持一定幅度的增长。与基本建设相关的挖掘机、装载机、水泥专用设备等产量同比有所下降，而与交通建设、物流相关的压实机、电动叉车、内燃叉车等产品产量同比有较大幅度增长。在销售方面，汽车起重机年销量 14096 台，同比下降 27.8%，随车起重机年销量达 11042 台，同比增长 18.2%，装载机年销量 15.06 万台，同比下降 17%，工业车辆（主要指叉车）年销量 35.96 万台，同比上涨 9.39%。

表 3-2　2014 年工程机械主要产品产量增速

主要产品	产量增速
挖掘机	−13.8%
装载机	−13.3%
压实机	13.9%
水泥专用设备	−0.7%
混凝土机械	0.7%
电动叉车	22.1%
内燃叉车	2.5%

数据来源：赛迪智库整理，2015 年 2 月。

（二）行业利润普遍下滑

受到近年来宏观经济增速回落、固定资产投资持续放缓的影响，工程机械产品市场需求疲软，2014 年，各大工程机械公司营业收入与净利润普遍有较大幅度下降，降幅甚至达 80%。2014 年，三一重工股份有限公司净利润同比下降 60%—70%，中联重科净利润同比下降 70%—80%，徐工机械净利润同比下降 65%—75%，柳工前三个季度的净利润同比下降 36.51%。

（三）对外贸易形势向好

2014 年，我国工程机械进口形势较 2013 年有明显改善，上半年累计进口额逐月增加，但增幅下降明显，由年初的 25.3% 下降至年中 0.38%。截至 6 月底，累计进口由增转降，到 12 月底降幅已扩大至 9.50%。2014 年，工程机械产品进口额 43.85 亿美元，其中零部件进口 18.37 亿美元，占比 42.9%，同比下降 3.92%，进口整机 24.48 亿美元，占比 57.1%，同比下降 13.3%。

2014 年，我国工程机械出口继续保持微增长态势，各季度均保持小幅增长，增幅略有波动，其中 1 季度增长 3.83%，1—2 季度增长 0.87%，1—3 季度增长 0.99%，全年共增长 1.33%。全年出口额 197.95 亿美元，其中零部件出口 69.35 亿美元，占比 35%，同比增长 15.1%，整机出口 128.6 亿美元，占比 65%，同比下降 4.81%。塔式起重机、叉车、电梯及扶梯、风动工具等产品出口增幅较大，出口降幅较大产品情况如表 3-3 所示。

表 3-3　2014 年工程机械出口下滑产品情况

产品种类	出口额下降（亿美元）	增速（％）
履带式挖掘机	1.8	−14.0
凿岩机及隧道掘进机	1.7	−40.4
前铲装载机	1.6	−9.3
汽车起重机	0.8	−11.4
履带式起重机	0.5	−18.0

数据来源：中国工程机械工业协会，2015 年 4 月。

二、农业机械

（一）农机行业增长速度有所下降

由于产业结构的深度调整，2014 年农机行业主营业务收入 3952.28 亿元，同比增长 8.55%，增速较 2013 年下滑明显，且低于 2014 年机械行业的增幅，并且利润出现多年来少有的负增长，增速为 −3.42%，占行业产出约四成多的拖拉机和收获机械产量都出现了下滑。2014 年农机行业累计进出口总额达到 130.48 亿美元，同比增长 9.38%，高于同期机械工业累计进出口总额同比增长率（8.07%）。农机工业进出口总额分别为 24.82 亿和 105.66 亿美元，分别下降 2.75% 和增长 12.68%。其中联合收割机累计进出口额分别下降 55.29% 和增长 31.23%，拖拉机累计进出口额分别增长 1.44% 和 24.58%。

表 3-4　2013 和 2014 年装备制造业、农机行业主营业务收入增速

产品种类	出口额下降（亿美元）	增速（％）
履带式挖掘机	1.8	−14.0
凿岩机及隧道掘进机	1.7	−40.4
前铲装载机	1.6	−9.3
汽车起重机	0.8	−11.4
履带式起重机	0.5	−18.0

数据来源：中国机械工业联合会统计数据，2015 年 3 月。

（二）经营压力明显增大

2014 年实现利润总额 228.15 亿元，同比下降 3.57%。农机行业亏损额增加了 138.78%，亏损企业个数增加了 27.21%。行业销售费用增加 11.41%，主营业务收入利润率低于过去两年，为 5.62%。

表 3-5　2013 和 2014 年装备制造业、农机行业实现利润增速

时间	2013年	2014年
装备制造业实现利润增速(%)	15.56	10.61
农机行业实现利润增速(%)	9.42	−3.57

数据来源：中国机械工业联合会统计数据，2015 年 3 月。

（三）主要产品产量有升有降

2014 年，从主要统计的产品看，农机行业主要产品产量有升有落。其中收获机械增速最快，为 8.41%，其中玉米收获机增速达到 39.9%。中、小型拖拉机产量均为负增长，小型拖拉机下降幅度最大为 13.9%，其次是中型拖拉机降幅为 9.3%。

表 3-6　2014 年农业机械主要产品产量及同比增幅

产品名称	产量（万台）	同比增幅（%）
大型拖拉机	6.99	6.6
中型拖拉机	57.38	−9.3
小型拖拉机	168	−13.9
谷物收获机	35.71	12.5
玉米收获机	11.45	39.9

数据来源：机经网统计数据，2015 年 3 月。

（四）并购和投资继续保持活跃态势

2014 年中联重科完成了对奇瑞重工的收购，推进其 2013 年制定的进军农机工业的战略规划；中农资集团收购了植保和粮食烘干两大板块业务；新疆机械研究院公司完成对山东荣成海山公司的收购；一拖车桥公司与德国采埃孚公司成立合资公司；福田雷沃公司对提升生产装备的智能化水平进行投资；洛阳一拖公司进行大额投资建立数字化、信息服务中心。

三、机床工具

（一）主要产品产销低位波动

2014年，机床工具行业市场需求持续低迷，金属加工机床订单量持续下滑，在手订单同比下降0.6%，新增订单同比下降2.7%。受此影响，机床工具生产逐渐收缩，库存呈现小幅下降，金属加工机床产量同比下降2.0%，全行业存货量同比下降6.5%。全行业产品销售略有增长，全年销售收入同比增长2.0%，其中金属加工机床产品销售收入同比增长0.7%。

（二）行业利润低位回升

2014年，机床工具行业利润低位回升，全行业利润总额同比增长11.4%，其中金属加工机床较2013年同期利润总额增长8.1%，金属切削机床利润增幅较大，同比增长14.9%，金属成形机床利润则同比增长2.9%。虽然行业利润以两位数速度回升，但企业亏损面仍处于较高位置。全行业中，亏损企业占比31.9%，金属加工机床企业亏损面为36.7%。

（三）进出口增长迅速

2014年，机床工具行业进出口均保持了较快速的增长，全年进出口总额294.1亿美元，其中出口116.3亿美元，占比39.5%，较2013年同期增长22.1%，进口177.8亿美元，同比增加10.8%。金属加工机床出口共34.0亿美元，同比上涨18.8%，进口108.3亿美元，同比上涨7.6%；其中金属切削机床出口22.7亿美元，同比上涨20.6%，进口88.4亿美元，同比上涨11.1%；金属成形机床出口11.2亿美元，同比上涨15.3%，进口19.9亿美元，同比下降5.8%。

四、仪器仪表

（一）销售收入增长率下滑明显

2014年1—12月，仪器仪表行业销售收入为8185.6亿元，同比增长6.6%，增幅较2013年降低10个百分点。2010—2014年间，仪器仪表行业销售收入波动上涨，销售收入增长率在2011年达到24.4%，是近年最高水平，2012年行业销售收入较2011年下滑了9.6个百分点，自2013年行业销售收入恢复增长，当年实现销售收入7681.9亿元，较2012年增长17.6%。

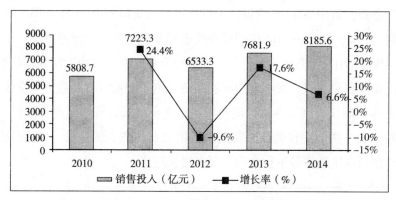

图3-1　2010—2014年仪器仪表行业销售收入及增长率

数据来源：wind，2015年1月。

（二）利润总额小幅上涨

2014年1—12月，仪器仪表行业实现利润总额686.7亿元，同比增长6.1%，增幅较2013年下降了13.2个百分点；毛利率水平总体平稳，较2013年同期小幅上涨0.2%。2010—2014年，仪器仪表行业利润总体呈增长趋势，增速下滑明显，由2011年的31.8%，下降到了2014年的6.1%，受融资成本大幅上涨，劳动力成本持续上升因素影响，仪器仪表行业2014年利润增幅较销售收入增幅低0.5个百分点。

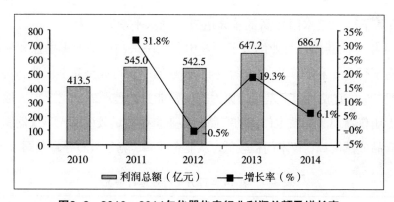

图3-2　2010—2014年仪器仪表行业利润总额及增长率

数据来源：wind，2015年1月。

（三）出口交货值增速下滑

2014年1—12月，仪器仪表行业实现出口交货值1286.7亿元，同比增长7.4%，增幅较2013年下降3.1个百分点。2011—2014年，仪器仪表行业出口交货值总体呈下降态势，其中 2012 年仪器仪表行业出口交货值较 2011 年大幅下跌，下跌幅度达到 54.3%，2012—2014 年间仪器仪表行业出口交货值缓速增长，出口交货值总体规模较 2011 年仍有较大差距。各子行业中，农林牧渔专用仪器仪表制造、地质勘探和地震专用仪、教学专用仪器制造、电子测量仪器制造、光学仪器制造行业、其他仪器仪表制造业累计同比增速出现负增长，环境监测专用仪器仪表、专用仪器仪表、供应用仪器仪表及其他通用仪器仪表、试验机、试验分析仪器、工业自动控制系统装置等子行业均出现正增长趋势。

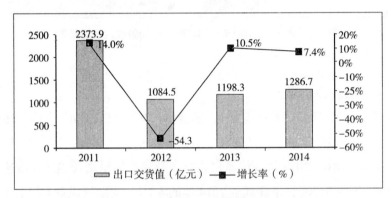

图3-3　2011—2014年仪器仪表行业出口交货值及增长率

数据来源：wind，2015 年 1 月。

（四）子行业技术门槛高低差异造成利润水平差距较大

2014 年，仪器仪表行业细分子行业中利润率最高的是地震勘探和地震专用仪器制造子行业，利润率为 11.5%，利润率较低的子行业是光学仪器制造，利润率均不足 7%。造成利润率差距的原因除经营能力的差距外，主要因为地震勘探和地震专用仪器属于高技术门槛的产品，从业企业数量较少，光学仪器制造子行业由于产品成熟度高，技术门槛较低，从业企业多，竞争激烈导致利润水平较低。

表 3-7　2014 年部分子行业运行情况

	企业数（个）	主营业务收入（亿元）	利润总额（亿元）	利润率（%）
工业自动控制系统装置制造	1104	3304.4	289.5	8.8
电工仪器仪表制造	347	587.1	45.2	7.7
绘图、计算及测量仪器制造	170	248.8	19.8	8.0
实验分析仪器制造	210	284.9	26.5	9.3

（续表）

	企业数（个）	主营业务收入（亿元）	利润总额（亿元）	利润率（%）
试验机制造	103	118.5	10.4	8.8
供应用仪表及其他通用仪器制造	362	651.7	62.9	9.7
环境监测专用仪器仪表制造	93	196.4	15.4	7.8
农林牧渔专用仪器仪表制造	13	36.9	2.5	6.8
地质勘探和地震专用仪器制造	62	148.3	17.1	11.5
教学专用仪器制造	60	54.3	4.5	8.3
电子测量仪器制造	150	289.5	29	10.0
其他专用仪器制造	148	283.6	26	9.2
钟表与计时仪器制造	230	326.5	23.5	7.2
光学仪器制造	495	741.5	49.6	6.7

数据来源：wind，2015年1月。

五、电工电器

（一）产销增速放缓

2014年1—12月，电工电器行业产销增速逐季度放缓，行业总体运行基本稳定。行业产能过剩问题依然突出，在市场需求空间增长有限以及产品同质化严重因素影响下，企业间竞争加剧，造成绝大多数电工电器类产品价格走低，企业应收款回收难度加大。

（二）出口交货值实现增长

2014年1—12月，电工电器行业完成出口交货值5774.8亿元，较2013年增长6.8%，终止了2013年较2012年出口交货值下滑0.46%的态势。从主要出口产品的情况看，2014年，发电机组同比增长9.16%，其中风力发电机组增长达到13.81%；燃气轮机同比下降了33.12%，工业锅炉产品同比下降12.6%。

（三）输配电及控制设备子行业增长较快

2014年，输配电及控制设备制造子行业销售收入为19494.1亿元，较2013年增长13.9%，但增速较2013年下滑7.8个百分点。自2010年以来，输配电及控制设备制造子行业的销售收入整体呈持续上涨趋势，2014年的销售收入总额为近5年最高，但增速是同期最低。利润方面，2014年输配电及控制设备制造子行业利润总额为1177.17亿元，同比增长23.7%。

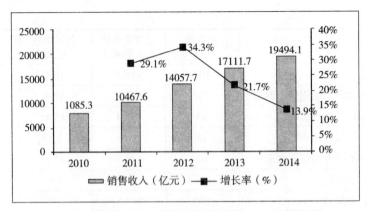

图3-4　输配电及控制设备制造行业销售收入及增长率

数据来源：wind，2015年1月。

六、重型矿山机械

（一）产品产量分化加剧

2014年，我国重型矿山机械产品产量分化进一步加剧，起重机、矿山专用设备、输送机械产品产量增速表现良好，与上年同期相比均有增长，表现较为突出的输送机械产量增速高达13.87%。金属冶炼设备和金属轧制设备产品产量呈现不同程度的下滑，其中金属冶炼设备产品产量较2013年同期下滑3.49%，金属轧制设备产品产量下滑严重，较2013年同期下滑11.96%。

（二）出口增速逐步回升

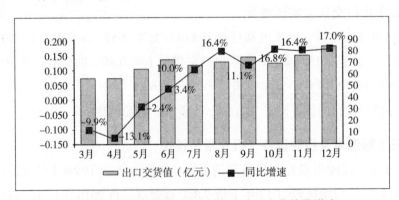

图3-5　2014年重型矿山机械行业出口交货值及增速

数据来源：中国机械工业联合会，2015年4月。

2014年，我国重型矿山机械行业全年累计完成出口交货值800.86亿元，累计同比增速5.78%。各子行业中除起重机和生产专用车辆出现负增长外，其他子行业均实现了同比正增长。截至5月底前，全国重型矿山机械各月出口交货值虽为负增长，但降幅逐渐收窄，6月出口交货值增速由负转正，随后均保持了两位数的大幅增长。

第三节 行业发展面临的问题

一、成本上涨挤压利润空间

2014年，机械工业所需的原材料、燃料等价格虽然处于低位，但由于全球技术更新速度越来越快，企业为应对激烈市场竞争对技术更新的投入将持续上涨，导致技术成本大幅增加。随着环境问题日趋严重，我国制定了严格的节能减排措施，这无疑增加了机械制造企业的环境资源成本。此外，由于我国人力资源成本的不断上升，企业的销售费用、管理费用、财务费用均随之上涨，较2013年同期分别上涨7.79%、9.72%、8.34%。2014年，机械工业主营业务成本同比上涨9.98%，进一步挤压我国机械制造企业利润的上升空间。

二、资金周转压力上升

2014年，机械工业库存及应收账款上涨的情况未有改观，全年应收账款34617.4亿元，较2013年同期增长7.33%，存货24673.10亿元，较2013年同期增长9.73%，其中产成品存货7780.30亿元，较2013年同期增长15.71%，企业流动资金被大量占用，资金周转压力日趋加大。

三、产品出口难度加大

2014年，我国机械工业实现贸易顺差790.91亿美元，65%的产品实现了出口增长，但是随着我国机械产品的成功"走出去"，国际贸易摩擦也随之增加，我国机械产品在出口过程中要遭遇发达国家核心专利、技术标准、绿色环保等多种贸易壁垒的限制，不断涌现的贸易摩擦加大了我国产品出口难度。

四、部分核心技术仍受制于人

虽然我国机械产品的自主化率不断提高，但部分产品的核心技术与国际一流

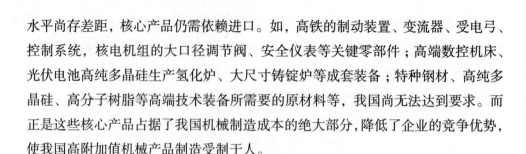

水平尚存差距，核心产品仍需依赖进口。如，高铁的制动装置、变流器、受电弓、控制系统，核电机组的大口径调节阀、安全仪表等关键零部件；高端数控机床、光伏电池高纯多晶硅生产氢化炉、大尺寸铸锭炉等成套装备；特种钢材、高纯多晶硅、高分子树脂等高端技术装备所需要的原材料等，我国尚无法达到要求。而正是这些核心产品占据了我国机械制造成本的绝大部分，降低了企业的竞争优势，使我国高附加值机械产品制造受制于人。

五、高级技术人才缺口较大

我国机械行业对高级技术人才的需求持续增加，但现有人才供给很难满足需求，人才短缺问题还在不断加剧。在我国，高级技术人才老化趋势明显，青年高级技术人才稀缺，许多企业出现人才"断层"。而且，随着工业转型升级推进，企业的生产经营模式已发生了深刻改变，大量智能化技术渗透生产经营的各个环节，高端装备制造、节能环保、新能源、新一代信息技术、现代制造服务等新兴产业对现代化、复合型的高级技术人才需求大增，我国目前的人才结构尚难以满足，人才缺口相对较大。

第四章　汽车行业

第一节　行业运行基本情况

一、产销增速显著回落

据中国汽车工业协会统计数据显示，2014年1—12月，汽车产销量分别实现2372.3万辆和2349.2万辆，同比累计增长7.3%和6.9%，产销量增速较2013年同期分别下降7.5个和7个百分点。从全年各月汽车销量情况看，12月份汽车销量最高，达到241万辆，同比增长12.9%，2月份销量最低，为159.6万辆，环比下降26%，同比增长17.8%。

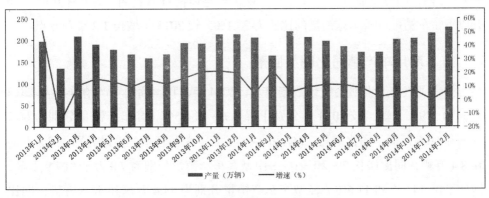

图4-1　汽车月产量及同比增长情况

数据来源：中国汽车工业协会，2015年1月。

二、乘用车拉动汽车产销总体增长

据中国汽车工业协会统计数据显示，2014年，我国乘用车产销分别为

1991.9 万辆和 1970.1 万辆，同比分别增长 10.2% 和 9.9%，高于汽车产销增速 2.9 个和 3 个百分点，较 2013 年增幅分别下降 6.3 个和 5.8 个百分点。在乘用车细分类别中，2014 年，轿车销量为 1237 万辆，同比增长 3.1%；多功能乘用车 (MPV) 销售 191.4 万辆，同比增长 46.8%；运动型多用途乘用车（SUV）销售 407.8 万辆，同比增长 36.4%；交叉型乘用车销售 133.2 万辆，同比下降 18.1%。

三、细分乘用车车型市场份额变化显著

受市场需求发生变化的影响，乘用车销量结构发生变化，主要表现为 SUV 车型销量迅猛增长，占比大幅提升；轿车占比逐步下降。根据中国汽车工业协会公布的数据，2014 年，SUV 车型的销量由 2008 年的 45 万辆增长到 408 万辆，占乘用车销量的比例由 2008 年的 7% 增长到 2014 年的 20.7%；同期，轿车销量占乘用车销量的比例由 2008 年的 74% 下降到 2014 年的 62.8%。2014 年，轿车销售前十位品牌均为外国品牌，累计销量为 303.3 万辆，前十名中国品牌轿车累计销量为 106.9 万辆，较排名前十位的外国品牌少 196.4 万辆。

四、1.6升及以下轿车销量小幅增长

据中国汽车工业协会统计数据显示，2014 年，我国 1.6 升以下轿车累计销售 904.3 万辆，同比增长 4.8 个百分点，较轿车整体销量增速高 1.7 个百分点，1.6 升以下轿车销量占轿车总销量的比例为 73.1%，较 2013 年增长 1.2 个百分点。

五、商用车产销同比明显回落

据中国汽车工业协会统计数据显示，2014 年，我国商用车产销分别为 380.2 万辆和 379.1 万辆，较 2013 年分别下降 5.7% 和 6.5%。客车产销量分别为 60.7 万辆和 60.6 万辆，同比增长 7.6% 和 8.4%；其中大型客车产销量分别为 8.3 万辆和 8.4 万辆，同比增长 2% 和 3.1%；中型客车产销量分别为 7.8 万辆和 7.9 万辆，同比下降 14.3% 和 11.6%；轻型客车产销量分别为 44.4 万辆和 44.3 万辆，同比增长 13.9% 和 14.1%。货车产销量分别为 319.4 万辆和 318.4 万辆，同比分别下降 7.9% 和 8.9%；其中，重型货车受经济下行影响，在固定资产投资、基础设施建设以及房地产行业进行调整的影响下，产销量分别为 74.7 万辆和 74.4 万辆，同比下降 1.7% 和 3.9%；中型货车产销量同为 24.8 万辆，产销同比下降 13.1% 和 13.6%；轻型货车产销量分别为 166.1 万辆和 166.3 万辆，同比下降 12.3% 和

12.9%；微型货车产销量分别为 53.9 万辆和 53 万辆，同比增长 2.2% 和 0.5%。

六、进出口量增长两极分化

我国汽车出口的主要车型为轿车、载货车和客车，据中国汽车工业协会统计数据显示，2014 年累计出口 91 万辆，较 2013 年下降 6.9%，其中乘用车出口 53.3 万辆，同比下降 10.6%，商用车出口 37.7 万辆，同比下降 1%。出口出现下降的原因主要有三个方面，一是受部分出口目的国局势不稳影响，我国向乌克兰、俄罗斯、伊拉克等市场的出口量分别较 2013 年下降了 72.6%、31.2% 和 17%；二是汇率影响，国际主要货币对美元贬值削弱了我国汽车产品出口的竞争力。三是产品国际竞争力不强，技术、品牌、营销实力等与汽车产业发达国家相比有较大的差距。进口方面，根据海关数据，进口车型主要为越野车、轿车和小型客车，2014 年我国累计进口整车 142.6 万辆，比 2013 年增长 19.3%，增幅提升 13.7 个百分点，进口金额 609.17 亿美元，同比增长 24.39%，增幅比上年提升 21.40 个百分点。

七、新能源汽车产销高速增长

2014 年我国新能源汽车从产品的导入期进入成长期，新能源汽车呈现出良好的发展态势，产销量迅速攀升。根据中国汽车工业协会公布的数据，2014 年，新能源汽车产销分别达到 7.8 万和 7.5 万辆，同比分别增长 3.5 倍和 3.2 倍；其中，纯电动汽车生产 4.9 万辆，销售 4.5 万辆，同比分别增长 2.4 倍和 2.1 倍，纯电动乘用车生产 3.78 万辆，同比增长 3 倍；插电式混合动力汽车产销基本相同，均为 2.9 万辆，同比分别增长 8.1 倍和 8.8 倍，插电式混合动力乘用车生产 1.67 万辆，同比增长近 22 倍。企业层面，比亚迪、北汽集团、上汽集团、长安集团、奇瑞汽车、江淮汽车都成功实现了批量销售，其中比亚迪"秦"和 E6 车型供不应求，月销售在千台以上。

八、产业集中度进一步提高，企业经济效益指标增长较快

根据中国汽车工业协会的统计，2014 年，我国汽车市场前 6 位企业的销量之和达 1859.33 万辆，占全国汽车总销量的 79.2%，汽车产业集中度同比增长 2.6%。6 家企业销量分别为，上汽销量达到 558.4 万辆，东风 380.3 万辆、一汽 308.6 万辆、长安 254.8 万辆、北汽 240.1 万辆、广汽 117.2 万辆。17 家重点企业统计数据显示，

2014年1—11月累计完成工业总产值2.5万亿元，较上年同期增长10.6%；累计实现营业收入2.8万亿元，较上年同期增长10%；实现利税4905亿元，较上年同期增长8.6%。

九、整车库存增长明显

根据中国汽车工业协会的统计，2014年我国汽车行业企业库存量增长较快，库存量由年初的90.2万辆，增长到年末的114.7万辆，增长了27.1%，其中乘用车年末库存92.9万辆，增长29.6%，商用车年末库存21.79万辆，增长17.4%。

表4-1　2014年汽车库存情况

	年初库存（万辆）	年末库存（万辆）	增长率（%）
汽车	90.3	114.7	27.1
乘用车	71.7	92.9	29.6
商用车	18.6	21.8	17.4

数据来源：中国汽车工业协会，2015年1月。

十、汽车与互联网产业的相互渗透持续加速

互联网已经改变了零售、出版、旅游等传统产业，随着互联网与传统行业融合速度的加快，在移动互联网的高速发展的背景下，互联网金融、互联网教育、互联网电视等具有鲜明互联网基因与传统产业跨界融合的产品不断出现，特斯拉的出现标志着汽车与互联网融合达到了一个前所未有的高度，谷歌在无人驾驶汽车研发长达十余年的投入，预示着汽车与互联网融合在未来的发展趋势。2014年中国汽车产业加快与移动互联网跨界融合的趋势进一步显现，百度、阿里巴巴、腾讯、360、乐视等互联网企业启动或加强与汽车企业的联合，从营销、车载终端、车载应用等不同领域切入汽车产业。2014年4月，百度发布了CarNet智能互联车载产品，能够将用户的智能手机和车载系统无缝结合，并启动了无人汽车的研发，进军智能车载领域；阿里巴巴与上汽集团结盟，在"互联网汽车"领域开展战略合作，并发布了汽车电商计划，进入汽车销售领域，同时整合阿里小贷和余额宝共同推出了分期购车业务；腾讯在2014年5月份推出了腾讯路宝App2.0和路宝盒子，实现对车辆进行安全检查的功能。

十一、汽车租赁高速增长

随着城镇化率水平的提高和居民收入的增长，汽车逐渐成为出行的主要方式，根据前几年发布的《中国城市居民出行方式性选择调查报告》显示，有32.5%的居民选用私家轿车出行，有73.9%的居民愿意选择新的出行方式，其中60%以上的居民愿意用私家车作为新的出行方式。随着时间推移、经济发展，居民购车意愿的提升和购车需求的增长成为必然，巨大的人口基数和居民日益增长的购车需求，导致中国私人用车保有量快速增长，造成了交通拥堵和环境的恶化，越来越多的城市实施了限行限购政策，限制了汽车消费需求。在购车需求被抑制、公共交通系统仍不够完善的情况下，汽车租赁成为最优的选择。统计数据显示，2013年中国租车市场规模达到343.4亿元，同比增长19.2%，在线租车市场规模为81.6亿元；2014年第一、二个季度在线租车市场规模已经达到72.3亿，已接近2013年全年在线租车的市场规模，在一定程度上反映了2014年中国租车市场规模快速增长的趋势。

第二节　行业发展面临的问题

一、自主品牌乘用车市场占有率仍持续下滑

在乘用车市场中，自主品牌的市场占有率一直处于领先地位，但从2010年下半年开始，自主品牌的市场份额就一直减少，已经由2010年上半年的47.4%下降到2014年的38.4%，占有率比2013年同期下降2.1个百分点。特别是在轿车市场中，自主品牌的市场份额由2010年上半年的31.68%持续下降到2014年的22.4%，同比下降5.5个百分点。

表4-2　2010—2014年乘用车销量情况表

	2010年	2011年	2012年	2013年	2014年
自主品牌	45.6%	42.2%	41.4%	40.3%	38.4%
日系	19.5%	19.4%	19.0%	16.4%	15.7%
德系	14.4%	16.5%	17.9%	18.8%	20%
美系	10.3%	11.0%	11.2%	12.4%	12.8%
韩系	7.5%	8.1%	7.8%	8.8%	8.9%
法系	2.7%	2.8%	2.7%	3.1%	3.7%

数据来源：中国汽车工业协会，2015年1月。

表4-3　2010—2014年轿车销量情况表

	2010年	2011年	2012年	2013年	2014年
自主品牌	30.9%	29.1%	27.2%	27.5%	22.4%
日系	22.7%	21.6%	21.4%	18.1%	17.5%
德系	19.4%	21.3%	22.6%	24.3%	27%
美系	14.3%	15.0%	15.6%	15.8%	16.5%
韩系	8.8%	9.0%	9.1%	9.7%	11%
法系	3.9%	4.0%	4.0%	4.2%	4.9%

数据来源：中国汽车工业协会，2015年1月。

　　自主品牌乘用车市场占有率持续走低，在技术水平、产品质量和品牌影响等方面都落后于合资企业，市场形势整体上不容乐观。主要原因，一是家庭购车的消费实力提升过程中，自主品牌的产品技术水平和质量提升相对较慢，造成消费者趋向选择合资品牌；二是近年合资企业加大了低价位汽车在中国市场的投放力度和速度，并推出合资自主品牌，合资品牌汽车的价格不断下探，同时加快了三四线城市的销售网点布局，自主品牌汽车的市场空间不断被挤压；三是随着更多城市已经或者即将加入限行限购的行列，使得消费者首次购置车辆更加倾向于选择合资品牌产品，因限购产生的被动型消费升级，以及普遍存在的交通拥堵和停车困难等问题，都给自主品牌汽车销量带来了巨大的压力。

二、自主品牌汽车企业利润水平普遍较低

　　自主品牌乘用车以价格作为市场竞争的主要手段，在面对合资品牌的价格挤压时，为提高销量，不断降低产品价格，导致利润率普遍较低，与日韩汽车企业相比，自主品牌汽车企业的获利能力仍有较大的提升空间。以入围2014年《财富》世界500强的6家中国汽车企业为例，利润率最高的企业是上汽集团和一汽集团，达到4.3%，利润率最低的企业是吉利控股，其利润率为0.5%；同期入围世界500强的丰田汽车、现代汽车、起亚汽车的利润率分别为7.1%、9.8%和8.0%。

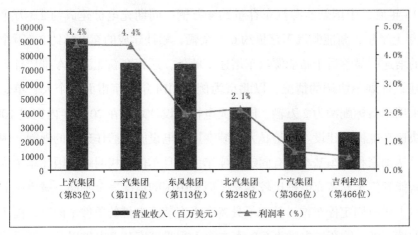

图4-2　2014年入围世界500强的中国汽车企业利润率

数据来源：2014年《财富》世界500强排行榜，2014年7月。

三、汽车消费环境压力进一步加大

截止到2014年9月，中国汽车保有量已经达到了1.54亿辆，汽车千人保有量达到113辆，根据欧美日韩汽车产业发达地区和国家在汽车千人保有量达到100辆之后的汽车产业发展经验，中国汽车工业将进入长约10年的中速发展期，增长速度约为GDP增长率的1.5倍左右，未来增速较2009—2013年间高达18%以上的复合增长率有所下降，保有量的增长速度会放缓，汽车保有量将长期保持稳定增长的趋势已定，汽车保有量的提升将会造成交通拥堵愈发普遍，汽车尾气排放对环境的影响会愈发明显，也会造成我国石油对外依存度的进一步提高。为了缓解交通拥堵，降低对环境的影响，北京、上海、广州、天津、杭州、贵阳等城市已经出台了限行限购政策，加剧了汽车供给和需求之间的矛盾；重庆、西安、南京、苏州、成都、廊坊等地正在酝酿或已经实施了部分区域的限行政策，限行和限购政策存在全国范围蔓延的可能性，一旦大范围实施，必将对国内汽车市场造成巨大冲击。

四、充电设施建设滞后制约纯电动汽车的发展

2014年中国新能源汽车迎来了爆发式增长，其中9月份新能源汽车的产量超过1万辆，新能源汽车在2015年仍将跳跃式增长，但是充电设施不够完善将制约新能源汽车尤其是电动汽车的增长。一是公共充电设施建设速度落后。截止

到 2013 年底，中国新能源汽车存量约 4 万辆，同期充电桩建成约 2.3 万个；到 2014 年上半年，新能源汽车存量约 6 万余辆，累计建成的充电站约 2.5 万个，充电桩的增速明显落后于新能源汽车增速；此外，还存在新能源汽车推广计划和充电桩建设计划不协调的情况，以北京为例，2014 年北京市面向个人、单位的新能源乘用车指标配额为 2 万辆，同期充电桩建设计划是在 2014 年内完成 1000 个公用快速充电桩的建设。二是私人安装专用充电设施受居住条件的限制，困难重重。发达国家私家车基本都有固定的停车位，且车位产权明晰，因此车主为所拥有的新能源汽车安装充电桩比较容易；但是中国的情况完全不同，城市中的车主 80% 以上没有固定停车位，基本不具备个人安装充电桩的条件；同时，由于供电管理的特殊性，购买纯电动汽车的车主个人很难就安装充电桩以及保障后续正常充电与小区物业和供电部门协调妥善，这个问题有可能会成为今后制约纯电动汽车发展的最大障碍。

第五章 航空行业

航空制造业属于资金、技术和资源高度密集的产业，是现代高新技术的高度集成，产业链长、辐射面宽、连带效应强，具有高研发费用，高度的分工协作与学习效应，高风险、高收益及一体化与国际合作密切等特征；同时也具备显著的规模经济性和突出的范围经济性。航空工业是国家国防安全的重要基础，也体现了国家的工业发展水平。近年来，我国民用航空工业快速发展，已具备一定规模，初步形成了门类比较齐全的科研生产教育体系，民用飞机的品种和产量迅速增长，科技和产业国际合作不断深化。

第一节 行业运行基本情况

一、型号研发取得明显进展

我国自主设计研制的国产大型客机 C919 已完成了立项论证、技术经济可行性论证和预发展等阶段的研制工作，目前已交付前机身、中机身、中央翼，进入了结构总装阶段，之后还需经历气密性、结构测试和内部设备安装。截至 2014 年底，C919 订单数已超过 430 架。为国产大型客机 C919 提供动力的 LEAP-X1C 型发动机在 2014 年也已进行挂机测试并空中测试成功。近期 ARJ21 取得民航局型号合格证，使我国探索出了一条"自主研制、国际合作、适航为准"的民机技术路线，为 C919 大型客机项目顺利开展积累了有效的经验。大型宽体客机研制方面，在中央财政的支持下，稳步推进前期论证工作，初步确定市场定位，完成了立项准备。数字化技术、制造技术，复合材料结构设计、制造和验证，超临界机翼和先进增升装置的设计和验证等五项关键技术取得实际应用。大型民用飞机适航符合性设计技术与适航符合性验证技术、全权电传飞控系统设计综合与验证、先进铝锂合金应用于主承力结构的设计、制造和验证、先进需求管理和系统综合技术应用等七个关键技术领域取得重要突破。研发设计、总装制造、市场营销、客户服务、适航取证和供应商管理六大核心能力建设取得重大进展。

通用航空方面,目前我国自主研制的在册机型有 16 种,包括多种型号直升机、多用途飞机、农林专用飞机、小型通用飞机和教练机。其中,哈飞的运 12 系列和 AC312 直升机、石飞运 5B 和小鹰 500、特飞所 A2C 特种飞机、昌飞 AC311 和 AC313 直升机等是在产在销的主力机型,H425 直升机、运 12 飞机、彩虹无人机等成功开拓国际市场,6 吨级先进多用途中型直升机、大型灭火和水上救援两栖飞机(蛟龙 600)、海鸥 300 轻型水陆两栖飞机、农 5B 农林专用飞机、锐翔电动飞机、天骄和领航(领世)系列公务机等重点产品研制取得阶段性成果。

表 5-1 近年来我国通用飞机生产情况

企业名称	飞机型号	历年累计	2013	2012	2011	2010	2009
哈飞集团	运12系列	160	10	5	7	2	6
	AC312民用系列	46	12	7	2	4	6
	H410	3	1	1	—	—	—
	H425	5	5	—	—	—	—
石飞公司	小鹰500	64	5	—	20	15	10
	运5B	118	15	12	5	6	7
	塞斯纳208B	5	5	—	—	—	—
山东滨奥	DA40 TDI	79	16	17	23	13	7
特种飞行器研究所	A2C超轻型水上飞机	65	13	12	11	6	4
江西昌河	AC313	4	4	—	—	—	—
	AC311	4	4	—	—	—	—
合计		553	90	54	68	46	40

数据来源:《中国民用航空工业统计年鉴 2014》。

二、企业发展取得突破

我国航空制造主要围绕中航工业集团、中国商飞公司以及地方航空制造企业的几大飞机制造基地布局。2014 年,中航工业以 564.7 亿美元营业收入进入《财富》世界 500 强第 178 位;中国商飞主要从事民用航空产品制造,占全国比例较小;其他地方航空制造企业,主要参与以中航工业、中航商飞总装为主的配套生产及维修等。同时，许多企业通过自行研制生产或引进国外总装线、收购国外先进机型或者知名制造商进入通航制造领域，特别是一些民营企业大力发展通用航空产业。

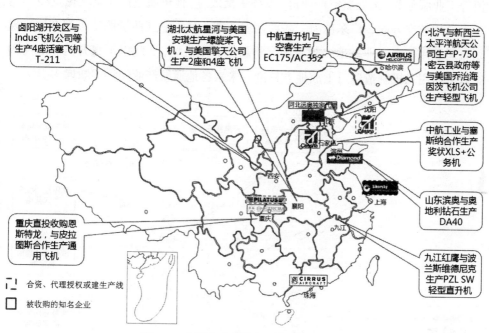

图5-1 主要企业合作生产通用飞机情况

数据来源：赛迪智库，2015 年 4 月。

三、产业布局更加完善

经过几十年的培育发展，目前中国航空产业初步显现集聚特征。初步形成以陕西、珠三角、东北地区为中心，以北京、天津、四川等研发、制造为支撑的航空制造产业格局。其中，既有在国家三线建设、中航工业布局下发展起来的传统航空工业强省，如陕西、辽宁、江西、四川、黑龙江、贵州等，也有近年来抓住机遇快速发展的新兴航空城市，如上海、天津、广东等，受空客 A320 总装线、国产大飞机、中航通飞总部等带动，实现了快速发展。目前，发改委已批准设立了 10 个航空航天高科技产业基地，工业和信息化部也批准了上海、西安、天津、珠海 4 个航空领域新型工业化产业示范基地。未来我国民用干支线飞机制造逐渐形成以上海、天津、陕西为基地，依托中航工业、上海商飞等骨干企业发展民用

49

飞机产业集群。同时,我国将强化航空机载系统集成体系能力建设,提高航空设备的综合化水平。鼓励各地各类企业"按照专业化方式,积极发展航空设备和系统、航空零部件、航空材料和元器件等相关配套产业,以及航空租赁、维修、物流等工业服务业,拓展航空产业链,发挥集聚效应,促进航空产业集聚化发展"[1]。

通用航空方面,广东珠海、陕西西安、湖北襄阳、江西景德镇等都在加快规划布局通用航空产业基地,随着国家将新建通用机场、3吨以下直升机和6吨/9座以下通用飞机制造项目下放地方核准,未来各地通航产业园将不断增多。

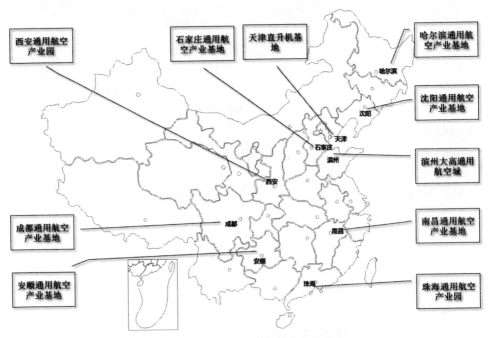

图5-2　我国主要的通用航空产业基地

数据来源:赛迪智库,2015年4月。

第二节　行业发展面临的问题

一、面临国际垄断形势和激烈竞争

(一)航空制造的垄断依然存在

由于国家战略意义、高附加值及庞大市场需求,欧、美、巴西、加拿大、中、日、

[1] 《民用航空工业中长期发展规划(2013—2020年)》。

俄纷纷发展布局航空制造。但全球以波音和空客为双寡头的垄断竞争格局依然存在，波音和空客凭借其完整的飞机产品链、完备的产品研制和客户服务能力、精益化批量生产和交付效率、稳固的资金链以及全球战略同盟体系，始终占据着大飞机制造的主系统集成商地位及资源和技术优势，其军民用飞机产品占有国际市场 80%—90% 的份额。大飞机用航空涡扇发动机方面，GE、罗罗和普惠三足鼎立。机载设备方面，美国的霍尼韦尔、罗克维尔·柯林斯、汉胜以及古德里奇等公司占据着市场的主体地位。机场及空管设备市场，也主要是由欧美企业占据主导。

（二）各国技术创新不断推进

航空制造国际垄断企业在技术研发上不断投入巨资，充分利用先进制造技术和信息技术，提升核心能力，不断在技术进步和产品／服务升级换代的互动中取得长足的进步，航空制造特别是大飞机制造的市场进入的门槛越来越高。我国自行研制飞机，必须实现更大跨度的技术进步，采用新技术比例超过红线和关键技术攻关延续至详细设计阶段等现象成为常态。主要厂商还基于技术优势，通过转包非关键技术零部件加工和组装来节约成本，进一步增强国际竞争力；通过吸引中国参与新的国际合作等方式，压制我国航空产业，其实际则是紧握知识产权，既打击了竞争对手、占据市场，又实现了风险转移和低成本制造。而且，各国也十分重视以研发提升航空制造发展实力。如美国国防部通过军品合同采购、RDT&E（研发、测试和评估）活动资助实现对大型民机新技术突破的支持，欧盟中的英国、法国、德国、西班牙对空客研发的每一种新机型给予承担其 33%—100% 的研发经费开支支持。

表 5-2　与 C919 大飞机竞争机型比较

	A320	B737	C919	C系列
国家	欧洲	美国	中国	加拿大
首飞时间（年）	1988	1967	2015E	2013
典型机型	A320-200	B737-800	C919	CS300
客座数（个）	150/164/180	162/189	156/168	135/150/160
空重（吨）	42.6	41.41	—	—
最大起飞重量（吨）	78	79.01	72.5/77.3	65.32
满载航距（千米）	5950	5665	4075/5555	5463
巡航速度（马赫）	0.78	0.785	0.7-0.8	0.78
2014年在役规模（架）	5614	5643	—	—

资料来源：海通证券，赛迪智库整理，2014 年 12 月。

51

二、我国航空起步较晚，技术水平不足

（一）产业规模偏小

我国虽然在历史上已有过几次大飞机制造的过程，但由于各种原因，大飞机发展的机遇被错失。总体上看，我国大飞机的发展分为仿制和测绘、自行研制、国际合作、改型研制及自主开发与国际合作的新阶段。2006年，《国家中长期科学和技术发展纲要》确定了大型飞机重大科技专项，随后C919大型客机项目正式立项，我国开创了研制大型民用飞机和发展有竞争力的大飞机产业的局面。

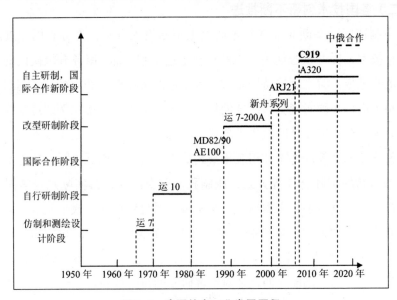

图5-3　我国航空工业发展历程

数据来源：赛迪智库，2015年4月。

在全球一体化的背景下，我国航空产业已逐步形成全球生产体系，各国在原材料、零部件、机载设备采购以及飞机部装、总装都开始了全球化的布局，各种形式的合作成为增强竞争的重要手段。但是，整体而言，我国航空制造依然规模偏小，如航空转包生产，与日本、韩国相比仍然落后。同样，通用航空产业方面，我国百万人拥有的通用飞机仅为美国的1.7‰、南非的5.4‰、巴西的1.2%，机场数只有美国的2%，2014年通用飞机（不含直升机）交付量占全球不到1%。

（二）核心技术和材料还不足

美国兰德公司在其《中国商业航空政策有效性分析》一文中提出，中国大飞

机产业的主要劣势就是核心技术和材料未掌握，能够自给的部件价值占大飞机的不到40%，特别是航空发动机叶片等材料和技术缺乏。而且，我国大飞机设计、制造、试验和测试技术也不足，基础研究、应用技术研究和探索研究缺乏，技术储备、专业技术人才队伍不足，自主配套体系不完整，关键材料和元器件仍依赖进口，飞机航电系统、发动机等几乎是100%进口。此外，航空产业适航符合性设计和验证的技术能力也不强。

自主研制的在册通用飞机种类和数量分别仅占国内市场份额的约10%和20%，并且一半以上是20世纪40年代设计的运5。企业缺少先进整机设计、研制及关键部件、材料工艺技术，国产飞机产品质量、可靠性较低。如我国自主研制的直升机寿命一般只有5000—6000小时，而国外达到2万小时；在一些低耗油率、高可靠性的中小型飞机发动机上存在严重的技术断档甚至无国外进口渠道，使通用飞机发展受制，产品使用和维护成本很高。国内制造水平跟不上市场增长步伐，导致进口急剧增加，适合普通消费的2吨以下飞机甚至成倍增长。同时，由于进入步伐太快，大多数新进入企业均是依托国外企业的成熟产品进行低技术含量的组装生产，甚至一些引进机型是国外已经淘汰的。我国企业严重缺少技术转移合作及自主知识产权，特别是不具备先进、成熟、成系列的通用飞机设计生产能力。

（三）大飞机缺乏商业成功的实践经验

综观我国历次大飞机的研制生产，运10技术不足、MD90没有自主知识产权、AE100合作搁浅等，无疑都是由于我国缺乏大飞机商业成功的实践经验。虽然ARJ21的适航取证已经为大飞机研制成功创造了良好的条件，但大飞机技术能力体系的形成和发展及其产品研制和生产具有很大不确定性，大飞机市场开发与营销、产品研制与生产、产品支援与客户服务的全面实践缺乏，有效支持大飞机产业发展的适航审定和持续适航管理的能力和经验也欠缺，主要企业质量保证体系、运行支持体系和持续适航体系还有待加强，主制造商—供应商等新型生产经营模式也有待验证。此外，由于我国大飞机尚未进入市场，被市场接受并通过检验等依然任重道远。

三、产业链还不健全，投资冲动风险增加

由于缺少全球性的物流和营销网络，我国航空产业维修、培训、租赁、研发

设计、航空工业旅游、飞机回收处理等上下游产业链高端环节发展较为滞后，产业链的不完善使得我国整个航空产业链上的价值流失较为严重，以飞机维修为例，每年60%的市场价值流失到国外，C919还受到波音空客二手飞机的冲击。同时，由于缺乏机场及配套保障等设施建设，管理体制改革和发展滞后，机场保障、空域开放、维修服务、基础设施等明显跟不上，人才贮备、技术经验积累也明显不足，很多地方由于缺乏有效的监管，出现了通用飞机的"黑飞"现象，特别是无人机已引发了一系列的社会安全问题。此外，产业链的不完善使得我国飞机生产出来以后很难得到应用，造成生产成本回收无保障，企业积极性和效率低下。

在国家一系列鼓励政策的带动下，我国航空产业基地出现加速布局的态势，特别是通用航空产业基地。全国已有20余个省区市制定了通用航空产业发展规划或通用机场布局规划，各地涌现了140多个通用航空产业园。目前我国已有的通用航空产业园产能，据估算已超过我国通用航空的发展需求。一些园区发展无序，过度投资建设和引进项目，落地产品单一低端，盲目铺摊产业链，给产业发展带来了严重的风险和隐患。如近年来我国地方和社会资本投资直升机制造业的热度高涨，地方和社会资本投资直升机制造业的显著特点是，由海外人员牵线，推荐若干国外直升机产品（基本上是停产、半停产或库存积压的产品），由外方提供技术（大多为生产性技术文件和技术培训）、中方提供土地和资金，成立合资公司。即先购买外方生产的直升机大部件在中国组装，再逐渐实现在中国生产部分零部件。

第六章 船舶行业

第一节 行业运行基本情况

受世界经济复苏放缓、国内经济下行压力加大和造船产能过剩等不利因素的影响，2014 年，我国船舶工业经济运行仍然处于低位。在如此严峻的形势下，国家领导人多次对全国船舶工业企业进行考察和调研，针对目前船舶工业发展中存在的产能过剩、盈利难等问题有针对性地进行调控。先后出台了《船舶工业加快结构调整促进转型升级实施方案（2013—2015 年）》《关于海运业健康发展若干意见》《老旧运输船舶和单壳油轮报废更新实施方案》《高技术船舶科研项目指南（2014）》《海洋工程装备科研项目指南（2014）》《海洋工程装备工程实施方案》等政策文件，为船舶工业可持续发展营造了良好的政策环境。

一、造船三大指标稳居世界第一

2014 年，全国造船完工量为 3629 万载重吨，同比下降 16.3%，降幅比上年收窄 10.8 个百分点，同期世界造船完工量 9086 万载重吨，同比下降 15.5%，全国造船完工量（载重吨）占世界市场份额的 39.9%，同比下降 0.4 个百分点。

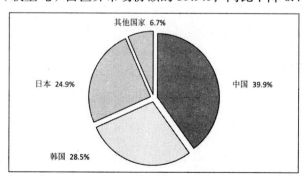

图6-1 2014年主要国家造船完工量（载重吨）占世界总量的份额

数据来源：赛迪智库，2015 年 4 月。

2014 年，全国承接新船订单量为 5995 万载重吨，同比下降 25.9%，同期世界承接新船订单量 12892 万载重吨，同比下降 24.2%，全国承接新船订单量（载重吨）占世界市场份额的 46.5%，同比下降 1.1 个百分点。我国新船订单量总体保持高位，但各季度成交量分别为 2584 万、1496 万、1168 万和 747 万载重吨，呈递减趋势。2014 年第一季度，新船订单量延续了 2013 年底的较好行情，但从全年数据来看，第二、三、四季度的后市需求下降非常明显。主要原因：一方面，世界经济复苏放缓，国际航运市场供过于求的基本矛盾没有根本解决，导致订单量逐渐缩减；另一方面，国际油价的大幅下降也抑制了节能型船舶的生产需求，同时船东对老旧船舶拆解的周期延长，与此同时，船东普遍提高了航运船只的航速，增加了船只运力，降低了对新订购船只的迫切需求。

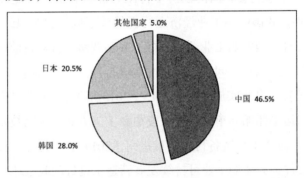

图6-2　2014年主要国家新接订单量（载重吨）占世界总量的份额

数据来源：赛迪智库，2015 年 4 月。

截至 12 月底，全国手持船舶订单量为 14972 万载重吨，同比增加了 15.1%，同期世界手持船舶订单量 31688 万载重吨，同比增加 11.5%，全国手持船舶订单量（载重吨）占世界市场份额的 47.2%，同比增加了 1.4 个百分点。

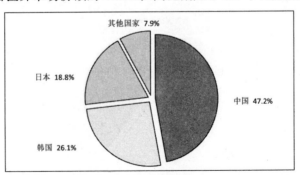

图6-3　2014年主要国家手持订单量（载重吨）占世界总量的份额

数据来源：赛迪智库，2015 年 4 月。

由统计数据可以看出，全国造船完工量和承接新船订单量有所下降，占世界份额也有微小的降幅，但是全国手持订单量同比增加，同时占世界份额也有所上升。

表6-1　2014年世界造船三大指标市场份额

指标/国家		世界	中国	韩国	日本
2014年造船完工量	万载重吨/占比	9086	3629	2591	2264
		100.0%	39.9%	28.5%	24.9%
	万修正总吨/占比	3474	1153	1203	657
		100.0%	33.2%	34.6%	18.9%
2014年新接订单量	万载重吨/占比	10975	5102	3078	2255
		100.0%	46.5%	28.0%	20.5%
	万修正总吨/占比	3969	1531	1178	784
		100.0%	38.6%	29.7%	19.7%
2014年手持订单量	万载重吨/占比	31688	14972	8274	5957
		100.0%	47.2%	26.1%	18.8%
	万修正总吨/占比	11512	4565	3328	1969
		100.0%	39.7%	28.9%	17.1%

数据来源：英国克拉克松研究公司，并根据中国的统计数据进行了修正，2014年12月。

二、行业经济效益有所回升

2014年，全国规模以上船舶工业企业共1491家，实现主营业务收入6334亿元，同比增长11.8%。其中，船舶制造企业实现主营业务收入4011亿元，同比增长11.4%；船舶配套企业实现主营业务收入1034亿元，同比增长11.1%；船舶修理企业实现主营业务收入250.7亿元，同比下降1.9%。按企业规模来看，大型企业实现主营业务收入3160亿元，同比增长9.8%；中型企业实现主营业务收入1573亿元，同比增长10.7%；小型企业实现主营业务收入1601亿元，同比增长16.9%。

2014年，全国规模以上船舶工业企业实现利润总额261.1亿元，同比增长7%。其中，船舶制造企业实现利润总额153.2亿元，同比增长0.8%；船舶配套企业实现利润总额53.7亿元，同比增长10.2%；船舶修理企业实现利润总额2.2亿元，同比下降67.3%。按企业规模来看，大型企业实现利润总额124.2亿元，同比下降 2.9%；中型企业实现利润总额 59.5 亿元，同比增长 0.8%；小型企业实现利润总额 77.4 亿元，同比增长 35.7%。

由统计数据可以看出，船舶行业总体经济效益有所回升，但船舶修理企业盈利有明显下降；从企业规模来看，小型企业的盈利能力超过大、中型企业。

三、出口降幅有所收窄

2014 年，全国完工出口船舶 3311 万载重吨，同比下降 7.3%；承接出口船舶订单 5551 万载重吨，同比下降 14.3%；截至 12 月底，手持出口船舶订单 14280 万载重吨，同比增长 23.7%。出口船舶的造船完工量、新接订单量、手持订单量分别占全国总额的 84.8 %、92.6% 和 95.9%。

2014 年，我国船舶出口金额为 237.8 亿美元，同比下降 14.1%，降幅收窄 11.2 个百分点。按出口船舶产品分，散货船出口金额为 81.1 亿美元，占比 34.1%；集装箱船出口金额为 51.1 亿美元，占比 21.5%；油船出口金额为 22.7 亿美元，占比 9.5%；灯船、消防船、起重船等不以航行为主的船舶出口金额为 26.2 亿美元，占比 11%；浮动或潜水式钻探或生产平台出口金额为 20.3 亿美元，占比 8.5%；拖轮及顶推船出口金额为 12.9 亿美元，占比 5.4%。按出口地区分，向亚洲地区出口船舶金额为 140.5 亿美元，占比 59.1%；向非洲地区出口船舶金额为 10.6 亿美元，占比 4.5%；向欧洲地区出口船舶金额为 40.2 亿美元，占比 16.9%；向拉丁美洲地区出口船舶金额为 31.6 亿美元，占比 13.3%；向大洋洲地区出口船舶金额为 12.5 亿美元，占比 5.3%。

由统计数据可以看出，我国出口船舶产品中散货船、集装箱船和油船仍占总量中相当大的比例；亚洲地区仍然是我国最大的船舶出口市场。

第二节　行业发展面临的问题

一、产能过剩尚未得到根本遏制

近年来，产能过剩问题一直困扰我国船舶工业的发展，究其主要原因是我国船舶工业产能利用率较低，与世界范围船舶行业产能利用率合理水平差距比较大。化解过剩产能可以缓解市场压力，加快企业转型升级，提高产业集中度；同时，能够优化产业结构和产品结构，提高企业国际竞争力。但是船舶企业转型升级是一个任重道远的过程。企业转型生产其他产品很难应用现有的船厂船坞、船台、码头、大型吊机、专用生产线等设施、设备，大部分中小企业也缺少足够的技术研发能力进行技术升级和产品结构调整。

在国务院《关于化解产能严重过剩矛盾的指导意见》的文件精神指导下，我国船舶行业应采取严控增量、加大兼并重组力度、引导部分产能向海洋工程装备领域转移、进一步优化产品结构、建立落后产能退出机制、建立符合规范条件企业公告管理制度和支持重点骨干企业发展，优化产业结构等七大举措进行船舶行业过剩产能的化解。2014 年是我国遏制船舶行业产能过剩卓有成效的一年。在这一年内，我国船舶工业淘汰落后产能千万余吨，引导有技术和资金条件的船企逐渐向海洋工程装备领域转移造船产能约 500 万吨，同时，为了响应国家对化解船舶行业过剩产能的要求，全国范围内停建了一批规划内的大型造船项目。2014 年全国船舶行业一共淘汰、消化、整合、转移了近 2000 万吨过剩产能。但是我国船舶行业的产能利用率相对较低的问题没有根本解决，且受全球经济复苏缓慢、国际市场低迷的影响，我国船舶工业化解过剩产能问题仍然存有较大的空间。

二、船舶企业盈利困难

受全球经济复苏脚步放缓、世界范围内对船只的需求持续不振等不利因素的影响，2014 年，新订购船只价格难以维持上涨的趋势，处于低位徘徊。此外，我国造船工人年均工资比 2004 年增长了 2 倍，对于劳动密集型的船舶工业来讲，劳动力成本的上升会缩小我国船舶行业与日韩等船舶行业强国的成本优势，压缩企业盈利空间，同时人民币升值等因素的共同作用也削弱了我国船舶企业的国际竞争力。

国际油价持续大幅下跌对船舶工业的盈利也有不利影响。我国企业承接的海工装备订单普遍存在价格较低、首付款比率低、部分订单船东无租约等问题，在当前油价暴跌、市场低迷的情况下，弃单的风险明显加大，直接增加了我国船舶企业的运营成本，影响船舶企业的盈利。同时，近几年以来，在船舶供应过剩情况下，商船新造订单量还是持续不断，主要是为了填补老龄船舶与亲环境船舶之间的更新需求。对于造船企业来说，亲环境船具有较高的附加价值，但随着国际油价下跌，燃料用油的价格也随之下降，最终导致亲环境船舶需求量萎缩，船舶企业收入仍然主要靠常规船只，由技术附加值带来的利润也会减少。

由统计数据显示，2014年船舶工业各个行业中利润下滑幅度最大的是船舶修理行业。国际航运市场的持续低迷，导致我国承接的船舶修理业务中大部分为打砂、换板、特涂等附加值不高的、单船修理工程量小的低端工程，而附加值较高的舵系、尾轴、机械工程等修理项目明显减少。我国修船行业竞争激烈，企业间往往采取低成本方式相互竞争，加之人工成本不断上涨，这也导致了修船企业的利润空间受到严重挤压。

高昂的融资成本是压缩我国船舶企业的盈利空间的另外一大因素。虽然自国际金融危机以来，国家新出台的金融政策均朝着促使银行资金流向实体经济的方向努力，但是银行、地方政府等融资平台缺乏利率弹性，同时由于船舶行业产能过剩率大导致杠杆率偏高并且行业资金需求量巨大，导致船舶行业的融资成本非常高。虽然船舶行业新的融资方式的兴起，例如船舶融资租赁这种已经成为船舶行业名列第二的新兴融资方式，但目前船舶行业绝大部分融资金额仍旧来自银行、地方政府等融资平台。统计数据显示，2014年，船舶制造业财务费用达到54.3亿元，同比增长29.1%，高于主营业务收入17.7个百分点，并且未来一段时期内即将完工交付的船舶订单船价偏低，船舶行业整体盈利难将成为困扰企业发展的首要问题。按不同行业来看，目前船舶行业的盈利主要来自物流配套、资本运作、非船产品等业务，船舶产品生产业务利润已经非常低。

三、技术创新能力不足

2014年，国际海事组织通过了多项决议，批准了数十份决议及通函，这些决议和通函在未来都将体现在船舶制造、流通等领域。其中多项国际新规则将在未来两三年内强制执行，包括：《国际散装运输液化气体船舶构造和设备规则》（IGC规则）修正案、适用于SOLAS船舶的极地规则和客船提升分舱指数的相关研究等。可以预见在未来几年，国际船舶市场竞争将上升到比量更比质的新高度，竞争将变得更加残酷。这就要求船舶企业加大产品设计和研发的投入，以科学方法调研和考察用户需求，并且在细节方面做到更好。而这些恰恰是我国船舶企业目前比较欠缺的，因此，我国船舶企业将面临更加严峻的挑战。

目前，我国船舶行业处于从"量的积累"向"质的提升"发展的过程，而提升船舶配套产品本土化装船率是"质的提升"的关键指标，也是使我国成为造船强国的必然要求。我国船舶配套业自主研发能力相对薄弱，关键系统、设备等长期依赖进口，与日、韩等造船强国相比，关键部件的本土化率处于较低水平。因此，我国船舶企业亟须开展产业升级、技术创新，加强新技术研发投入，缩短新产品更新换代周期；加强船舶产业链上各个环节的研发力度，拓宽"产学研用"合作渠道，努力提高本土化装船率；完善全球售后服务体系，提升全球售后服务能力。

区域篇

第七章 东部地区

第一节 2014年整体发展形势

一、运行状况

(一)总体运行平稳

产业规模不断扩大,总体平稳运行。山东省、江苏省和辽宁省继续保持较高速增长,主营业务收入增速分别为13.2%、9.9%和9.6%。其中山东省上半年装备工业累计完成主营业务收入18772.37亿元,同比增长13.2%,增速高于全省工业2.4个百分点,主营业务收入、利税和利润占全省工业的比重分别达到27.4%、25.9%和27.9%,较上年同期分别提高0.7个、1.1个和1.3个百分点。

(二)细分行业利润增长率有升有降

2014年东部地区装备工业9大子行业利润总额增长率有升有降,其中铁路、船舶、航空航天和其他运输设备制造业分化更加明显,北京市和上海市分别增长了93.27%、128.24%,而浙江省下降了72.35%。

表7-1 2014年东部地区装备工业利润同比增长率(%)

行业	北京	天津	辽宁	上海	江苏	浙江	山东	广东
金属制品业	−34.31	28.58	−19.55	−8.98	9.93	−1.08	8.92	16.18
通用设备制造业	24.70	9.47	−16.77	−0.38	13.31	6.04	8.92	16.29
专用设备制造业	−12.43	14.36	−21.60	−0.25	11.49	5.66	8.92	16.59
汽车制造业	11.13	−9.55	61.36	23.49	15.52	25.06	8.92	10.33

（续表）

行业	北京	天津	辽宁	上海	江苏	浙江	山东	广东
铁路、船舶、航空航天和其他运输设备制造业	93.27	28.88	-3.71	128.24	22.88	-72.35	8.92	7.00
电气机械和器材制造业	-3.38	5.28	-8.28	26.15	17.23	14.71	8.92	24.19
计算机、通信和其他电子设备制造业	8.79	-7.00	7.88	44.00	23.93	11.51	8.92	18.79

数据来源：国研网统计数据库，2015 年 1 月。

（三）地区结构继续向预期方向调整

随着西部开发、中部崛起、东部率先的区域发展总体战略的实施，中西部地区开发开放步伐加快，2014 年 1—12 月，中西部地区装备制造业发展速度继续快于东部地区。同时东部比重降低，中西部比重继续上升。

表 7-2 东部、西部、中部 2014 年装备制造业发展速度

地区	东部	西部	中部
主营收入增速	8.29%	12.29%	11.40%
利润增速	10.63%	14.46%	9.20%

数据来源：中国机械工业联合会统计数据，2015 年 3 月。

二、发展特点

（一）东部地区转型升级趋势明显

虽然工业增速下滑，但是产业结构在优化，东部地区工业结构调整和转型升级趋势明显。特别是装备制造业、战略性新兴产业增加值增长较快、比重提高。2008 年以后，上海市经济增速就告别了保持 16 年的两位数增长，并从以往高于全国两个百分点转为低于 0.5 个至 1 个百分点。与此同时，上海持续加大产业结构调整力度，早谋划、早部署动力"转换"，经济发展的质量效益明显提升。江苏省近年着力优化产业结构，产业整体水平持续提升。2015 年一季度，江苏高新技术产业增速高于规模以上工业增速 3 个百分点以上；高能耗产业产值较2014 年回落约 3.5 个百分点。结构调整为工业利润稳定增长奠定了基础，1 至 2 月，江苏规模以上工业企业实现利润达到全国的七分之一，同比增长 12.9%。

（二）高端装备制造业发展势头良好

得益于政策支持和东部地区本身地理、交通和科技等优势，东部地区高端装备制造业发展良好。如上海市，以机器人为代表的智能装备行业发展态势良好，已形成全国最大的机器人产业集聚区，机器人已成为上海市智能制造装备行业发展的重要方向。受企业用工减少、劳动生产率提高的影响，上海市机器人行业快速发展。发那科、ABB等企业均快速增长；新时达电气股份公司完成首条机器人生产线开发，完成首台使用自主控制软件的机器人样机；微松机器人公司完成"基于模块化理念设计、针对智能手机屏柔性组装测试生产流程"的机器人化生产线解决方案，首套设备顺利下线。浙江省智能化、自动化重大成套装备开发取得较大进展。上半年，全省共确认64项装备首台（套）产品，其中浙江菲达环保科技股份有限公司"燃煤电站PM2.5控制湿式电除尘器"、浙江日发精密机械股份有限公司"蜂窝芯材加工用高架桥式五轴联动加工中心"等5项为国内首台（套）产品，在重大工程中替代进口产品。

（三）与中西部将协调发展

2014年东部地区地域优势继续减弱，如中部地区的河南省装备制造业主营业务收入同比增长17.8%，达到16188.3亿元，超过同期全国、江苏、广东、山东、浙江和上海的装备制造业主营业务收入同比增长率，分别为9.5%、8.9%、8.2%、13.1%、6.5%和4.6%。我国装备工业将围绕长江经济带、"一带一路"的建设，从集中向某一区域转移变为沿长江、丝绸之路合理布局，依托黄金水道铁路联运等交通基础优势，形成东中西配套、联动互通的产业格局，进而带动东中西产业协调发展。

三、发展经验

（一）创新驱动为转型升级注入活力

通过做大做强战略性新产业，增创制造业发展新优势，积极发展互联网经济，着力推动大众创业、万众创新，创新驱动为东部经济增长提供新的增长动力。如常州武进五洋纺机公司"智能全成形服饰"生产基地，车间所有机器都实现了三维立体编织，一次成型，衣服没有拼接，用工量减少一半以上，订单需求量大幅提升。未来将通过引进一流装备和推动技术研发，力争在2020年前建成智能化工厂。

（二）根据自身优势形成产业聚集

北京和上海拥有我国最集中、最优秀的大学和科研机构，集聚大批科研人才，有较强的自主创新能力，正向高端装备研发、营销中心发展，目前北京是全国航空、卫星、数控机床等行业的研发中心，江苏、辽宁和山东依托其优越的沿海地理优势，在原有装备工业基础上已逐步发展成为海洋工程装备、数控机床以及轨道交通装备的产业聚集区，例如青岛加快推动海洋装备制造业发展，目前已初步形成海洋装备制造产业集群，拥有海洋工程装备、船舶电力推进、造修船和船用柴油机等产业链。

第二节　重点省份与城市发展情况

一、北京市

（一）装备工业明显支撑全市工业增长

2014年，全市规模以上工业企业实现主营业务收入19439.6亿元，比上年同期增长5.3%。全市规模以上工业增加值按可比价格计算，比上年增长6.2%。其中，战略性新兴产业增长17.9%，快于规模以上工业平均增速11.7个百分点。装备工业对全市工业增长发挥了明显的支撑作用，计算机、通信和其他电子设备制造业增长17%，汽车制造业增长12.3%，加上医药制造业3个行业对全市工业增长的贡献率达到74.2%。

2014年，北京市装备产业规模以上企业实现产值6220.5亿元，比上年同期增长5.0%。其中，汽车制造业实现利润323.5亿元，比上年同期增长11.1%；能源装备、高端制造装备和节能环保装备产值2351.0亿元，比去年同期下降0.6%。

（二）丰台区形成轨道交通产业集聚

丰台区轨道交通产业拥有北车二七、南车二七、中铁股份、通号集团、中国铁道科学研究院等颇具历史背景与行业影响力的大型国有企业与研究单位。截至2013年底，该园区共聚集重点轨道交通企业120余家，其中，收入500万元以上企业57家，收入亿元以上企业38家，收入10亿元以上企业11家，收入100亿元以上企业2家，上市企业8家，国家高新技术企业38家。丰台区轨道交通产业在智能控制领域优势较为明显。通号集团及其下属企业全路通等在我国通信

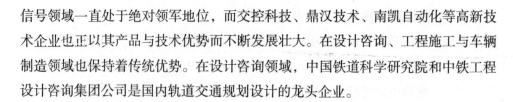
信号领域一直处于绝对领军地位，而交控科技、鼎汉技术、南凯自动化等高新技术企业也正以其产品与技术优势而不断发展壮大。在设计咨询、工程施工与车辆制造领域也保持着传统优势。在设计咨询领域，中国铁道科学研究院和中铁工程设计咨询集团公司是国内轨道交通规划设计的龙头企业。

（三）推动电动汽车的应用

2015年1月，由经信委、发改委、科委、交通委、住建委以及财政局等部门指导，北京新能源汽车产业协会、北京新能源汽车发展促进中心共同主办的"北京蓝我先行"电动汽车进社区系列活动启动，福田汽车的纯电动微循环商用车可享受北京市新能源汽车单独摇号和补贴政策。"北京蓝我先行"北京市电动汽车进社区系列活动将于2015年分三阶段举行，倡导北京市民同呼吸、共责任、齐努力，共同参与电动汽车推广应用活动，共同推动北京市电动汽车产业发展和推广应用。

二、天津市

（一）产业规模快速增长

2014年，天津市装备工业总产值10965.3亿元，同比增长8.1%，占全市工业比重的39.1%，对全市工业的贡献率达到42.9%，主营业务收入11419.7亿元，同比增长8.3%，实现利税881.7亿元，同比增长5.0%；其中，汽车、机械装备、现代冶金三个主要行业的工业总产值分别为：1987亿、2564亿、6414亿，增幅分别为6.9%、11.8%、7.0%。

（二）天津北辰经济技术开发区装备制造产业链条不断完善

依托国家产业示范基地优势，发挥龙头企业带动作用，实现由单个企业发展向产业集群协同发展的转变，培育形成了区域支撑带动作用明显的装备制造产业集群。经过多年的结构调整和发展创新，形成了发电及输变电设备、新型建材水泥成套设备、印刷包装专用设备、动力传动设备及智能装备五大装备制造产业集群，并着力于装备制造产业上下游产品配套及产业链条延伸。

（三）未来三年将重点发展机器人产业

目前天津市已拥有百余家机器人相关企业，整体产业规模达25亿元，已初步形成武清区、开发区和临港工业区三个具有明显技术优势的科技园区，其中武清区已设立专业的机器人园区，临港工业区已聚集 10 余家机器人企业。为了支持机器人产业攻克一批核心技术和关键技术，2013 年还面向全国征集机器人重大科技专项项目，总立项数将达到 40 项以上，首批支持 18 项，对入选项目给予最高 200 万元的补助。还成立了智能机器人产业技术创新战略联盟，联盟由国内从事机器人及零部件技术研究、产品生产及集成应用的相关产学研用单位组成，首批缔结会员 52 家。

"天津市高端装备产业发展三年行动计划"指出，本市未来三年将依托天津的企业、高校和研究院所，重点发展工业机器人、服务机器人、特种机器人以及机器人零部件、机器人用先进材料与加工技术等。在工业机器人方面，将重点发展高速搬运机器人、重载码垛机器人、喷涂机器人、焊接机器人、关节型机器人、AGV、模块化及 UL 机器人、全方位移动机械臂等；在服务机器人方面，将重点发展医疗手术机器人、家政服务机器人、智能两轮车机器人、教育娱乐机器人等；在特种机器人方面，则重点发展水下机器人、防控排爆机器人、建筑机器人等；在机器人零部件方面，重点发展 RV 减速器、三环减速器、网络化控制器、机器人腕关节、机器人手臂、机器视觉系统等；同时将加快发展纳米材料、碳纤维材料、复合材料、难加工材料等机器人用先进材料与加工技术，加快建设数字化设计平台，开发网络数字化社区，为产业化提供技术支撑，超前部署基于物联网、虚拟现实、大数据等新兴技术，以及多门类科学交叉融合的"下一代机器人"技术储备。

三、辽宁省

（一）经济效益下滑趋势明显

2014 年，辽宁省规模以上装备制造业完成主营业务收入 15475.5 亿元，同比增长 0.6%，低于全国 8.9 个百分点，增速同比下降 8.5 个百分点；实现利税 1386.5 亿元，同比增长 1.4%，低于全国 9.7 个百分点，增速同比下降 12.4 个百分点；实现利润 882.6 亿元，同比增长 2.8%，低于全国 9.6 个百分点，增速同比下降 10.4 个百分点。

（二）工业增加值增速放缓

2014 年 1—8 月，辽宁省规模以上装备制造企业工业增加值同比增长 10.2%，其中 8 月当月同比增长 8.9%，累计增速和当月增速分别较上月回落 0.5 个和 1.9 个百分点，较上年同期分别提高 0.7 个和 6.4 个百分点，比全省工业平均水平分

别提高 2.6 个和 6.1 个百分点。

（三）行业间发展不平衡，汽车行业带动作用突出

目前,辽宁省各装备制造行业普遍处于产品结构升级的转型期、调整期。其中,汽车、轨道交通设备、基础零部件、电工电器等行业发展情况较好,重机、工程机械、船舶等行业仍未摆脱低迷走势。

辽宁省汽车行业占全省装备工业的比重约为 20%。2014 年 1—8 月,汽车主营业务收入同比增长 18%,利润同比增长 78.2%,利税同比增长 46.5%,对全行业利润、利税增长的贡献率分别为 67.6% 和 59.5%；主营业务收入利润率为11%,高出全行业 5.3 个百分点,是拉动全省装备工业利润、利税增长的主力。非汽车行业的主营业务收入同比增长 7.8%,利润同比增长 14.8%,利税同比增长16.2%,整体景气度好于全省工业平均水平。

（四）多数主要产品产量保持增长，产品结构显现积极变化

2014 年 1—8 月,在辽宁省重点统计监测的 44 类主要装备产品中,汽车、金属切削机床等 31 类产品产量保持增长,占比为 70.5%；民用钢质船舶、气体压缩机等 13 类产品产量同比下降。

为应对需求下降的挑战,辽宁省装备制造企业积极推动产品结构升级。以机床行业为例,1—8 月,金属切削机床的产量数控化率达到 50.6%,较上年同期提高 10.3 个百分点,产品结构调整成效明显。

四、山东省

（一）总体平稳健康发展

2014 年,山东省装备工业完成主营业务收入 39918.8 亿元,同比增长13.1%；实现利税 3807.6 亿元,同比增长 10.1%；实现利润 2495.7 亿元,同比增长 8.2%,增速分别高于全省工业 3.3 个、4.5 个和 3.6 个百分点。主营业务收入、利税和利润占全省工业的比重分别达到 27.8%、26.7% 和 28.5%,较上年同期分别提高 0.9 个、1.1 个和 1.1 个百分点,支柱地位进一步强化。

（二）重点行业平稳增长

2014 年上半年,山东省汽车、机床工具、农业机械、重型矿山机械等装备制造业等重点行业平稳增长。其中新能源汽车产业实现快速增长。上半年,全省

共生产各类新能源汽车 10.9 万辆，同比增长 34.1%，销售各类新能源汽车 11.4 万辆，同比增长 10%。

表7-3   2014上半年重点行业保持平稳健康增长态势

行业	主营业务收入（亿元）、同比增长率（%）	实现利税（亿元）、同比增长率（%）	实现利润（亿元）、同比增长率（%）
汽车	2915.2、11.6	258.2、18.5	172.8、16
机床工具	625.7、15.2	62.7、11	38.7、5.6
农业机械	862.2、11.2	97.1、13.1	69.9、14
重型矿山机械	1136.1、11.6	117.3、9.3	75.6、9.8
电工电器	1466.9、9.5	134.9、11.5	86.3、8.6
石化通用机械	1320.6、7.8	131.1、11.8	89、14.9
机械基础件	1138.9、10.4	129.1、12.6	85.2、14.1

数据来源：山东省经济和信息化委员会统计数据，2014年9月。

（三）对外贸易快速增长

2014 年上半年，山东省机电高新技术产品进出口快速增长，成为拉动全省外贸增长的主要动力。（1）全省机电产品进出口完成 405.7 亿美元，同比增长 18.1%；其中，出口 256.4 亿美元，同比增长 15.1%；进口 149.4 亿美元，同比增长 23.7%。（2）大型成套设备和高新技术产品出口增势强劲。轨道交通装备、船舶及海工装备、石油装备、发电设备、汽车及零部件出口增幅分别为 300%、71.6%、63.3%、12.5% 和 11.7%，五大类产品出口合计较上年同期增加 12.9 亿美元，对机电产品出口增长的贡献率达到 38%。（3）在高新技术类产品中，自动数据处理设备出口额同比增长 48.3%，通信设备出口额同比增长 51.3%，两大类产品出口合计较上年同期增加 20.6 亿美元，拉动机电产品出口增长 9.3 个百分点。

五、上海市

（一）产业运行保持稳定增长

2014 年，上海市装备工业总产值达 12411.8.8 亿元，同比增长 6.3%，增速高于全市工业平均水平 6.2 个百分点；完成出口交货值 1966.3 亿元，同比增长 2%，增速高于全市工业平均水平 3.2 个百分点；实现利润总额 1602.2 亿元，同比增长 19.4%，增速高于全市工业平均水平 9.2 个百分点。

（二）高端装备制造业保持良好发展势头

（1）以机器人为代表的智能装备行业发展态势良好。目前，上海市已形成全国最大的机器人产业集聚区并快速发展。（2）高端能源装备行业开始复苏。受到可再生能源基金补贴提高、光伏应用市场逐步扩大等因素影响，太阳能光伏行业实现恢复性增长。（3）新能源汽车推广应用进程明显提速。2014年实现产值64.7亿元，同比增长56%。（4）轨道交通装备行业高速增长。同时带动产业链上的信号系统、自动化控制等领域的快速发展。（5）船舶装备行业呈复苏迹象。实现产值506.2亿元，同比增长10.2%。上海市船舶装备制造企业已形成各自的相对优势。其中，沪东中华造船集团高端产品比例已经达到92%。（6）航空装备行业订单不断增加。航空装备行业实现产值40.9亿元，同比增长45.9%。大订单拉动航空装备业绩迅速增长。

（三）重点行业转型升级效果逐步显现

（1）汽车制造业，铁路、船舶、航空航天和其他运输设备制造业继续保持两位数增长，但增速略有下降。2014年，上海市汽车制造业产值达到5319亿元，比上年同期增长10.1%。铁路、船舶、航空航天和其他运输设备制造业产值达到795.7亿元，比上年同期增长11.6%。（2）电气机械和器材制造业、通用设备制造业和仪器仪表制造业保持低速增长。电气机械和器材制造业、通用设备制造业和仪器仪表制造业产值分别为2255.1亿、2610.4亿和328.4亿元，同比增长分别为4.1%、3.1%和3.1%。

（四）专用设备制造业产业结构继续优化，实现稳定运行

2014年，上海市专用设备制造业产值达到1062.2亿元，增速由正转负，同比下降1.8%，产业结构进一步优化。从细分行业看，食品、饮料、烟草及饲料生产专用设备制造业产值为51.9亿元，同比下降5.2%；印刷、制药、日化及日用品生产专用设备制造业产值为103.6亿元，同比下降2.3%；纺织、服装和皮革加工专用设备制造业受市场萎缩影响，产值为61.8亿元，同比下降9.3%。

六、江苏省

（一）总体运行平稳

2014年，江苏省装备工业尤其是机械行业运行比较平稳，各项指标都好于

或快于全省工业平均水平。全行业完成现价产值 59558.2 亿元，同比增长 8.9%；完成出口交货值 15194.3 亿元，同比下降 0.4%；完成主营业务收入 57903.3 亿元，同比增长 9.0%；实现利润 3805.7 亿元，同比增长 17.4%；实现利税 5769.8 亿元，同比增长 16.0%。

（二）行业分化加剧

除高端装备制造业在各级政策支持下保持较快增长外，其他行业受市场和自身竞争力影响，增速参差不齐。船舶、光伏等行业经过产能压缩调整后都有了明显好转迹象，而工程机械、农机、纺机等行业仍存在产能过剩和需求不足并行矛盾，市场竞争进一步加剧。

表 7-4　2014 年 1—8 月细分行业运行情况

行业	现价产值同比增长	出口交货值同比增长	主营业务收入同比增长	利润同比增长	利税同比增长
通用设备制造业	12.4%	5.4%	13.5%	18.8%	18.7%
专用设备制造业	12.6%	9.8%	13.1%	13.1%	14.2%
船舶行业	5.7%	8.6%	8.8%	20%	21.6%
汽车行业	14%	12.7%	15.4%	21.4%	19.6%
电气机械和器材制造业	11.1%	9.9%	12%	33.4%	28.9%

数据来源：江苏省经济和信息化委员会统计数据，2014 年 11 月。

（三）高端装备制造业继续保持良好发展势头

2014 年 1—8 月，高端装备制造业发展势头良好。（1）航空航天装备制造业完成主营业务收入虽仅同比增长 4.8%，但实现利润同比增长 35.7%，实现利税同比增长 30.2%。（2）轨道交通装备行业完成现价产值 350.5 亿元，同比增长 30.3%；完成销售产值 347.7 亿元，同比增长 29.1 %；出口额达到 22 亿，同比增长 11.5%，增幅较上年同期大幅提高。（3）海洋工程装备行业继续保持高速发展势头，产值增幅高达 43.7%。（4）智能制造装备行业完成销售收入同比增长 18% 以上，其中金切机床行业同比增长 25.9%，成形机床行业同比增长 17.1%。据不完全统计，工业机器人行业预计前三季度完成销售收入 68.5 亿元，同比增长 25.7%；实现利税 10.2 亿元，同比增长 19%。

七、浙江省

（一）总体发展势头良好

2014年前三季度，全省装备工业总产值达到15861亿元，同比增长8.2%，增幅较全省工业高2个百分点；装备工业增加值达到3094.7亿元，同比增长9.3%，增幅较全省工业高2.7个百分点，对全省工业增长的贡献率为45.5%，拉动全省工业增长3个百分点；装备工业占全省工业增加值的比重为34.3%，较上年同期提高0.7个百分点。

（二）"机器换人"带动智能成套装备开发

2014年以来，浙江省装备制造企业积极开发"机器换人"所需智能化成套装备，成效显著。前三季度，全省智能制造装备产量同比增长15.3%，涌现出不少典型示范企业。例如，杭州永创智能设备股份有限公司加强技术创新和自主研发，加快液态食品灌装全自动生产线、医药全自动智能包装生产线、蓄电池行业包装生产线等成套装备开发与生产，为企业带来了良好的经济效益。前三季度该企业已实现销售收入4亿元，同比增长27.1%；实现利润4050万元，同比增长16.7%。浙江日发精密机械股份有限公司加快轴承行业柔性自动线开发与生产，产品不仅畅销国内轴承生产企业，还远销美国、意大利、法国、日本等。前三季度该企业已实现销售收入2.5亿元，同比增长80%；实现利润3600万元，同比增长100%。

（三）新兴领域增长较快

汽车制造业上升较快，前三季度工业增加值同比增长17.3%，出口交货值同比增长16.9%，利润同比增长14.9%。（1）一批汽车项目投产有效拉动产业发展。例如，上海大众宁波汽车项目已顺利投产，预计全年可实现销售收入200亿元。（2）浙江西子航空工业有限公司在航空零部件开发方面取得重大突破，目前已成为C919大飞机项目一级机体供应商，并为中国商飞、中航工业、波音、空客、塞斯纳、庞巴迪等国内外航空制造商提供优质的生产和服务。

八、广东省

（一）产业规模日益壮大

2014年，广东省装备工业增加值达到7196.55亿元，同比增长8.77%；主营业务收入完成29184.19亿元，同比增长9.17%，高于全省工业1.07个百分点。七大类行业均实现了不同程度的增长，其中，金属制品业增加值同比增长10.7%，专用设备制造业增加值同比增长12.2%，汽车制造业同比增长10%。电气机械和器材制造业增加值同比增长9%，占装备工业主营业务收入的40%，比重仍居第一位。

（二）汽车产业成为广东省支柱产业之一

2014年，广东省汽车产业共生产汽车整车219.59万辆，占全国的9%，同比增长7.9%，汽车制造业增长较快，贡献率不断提高，对全行业的贡献率达到19.25%，汽车工业成为稳增长的主要因素之一。其中广汽集团汽车产量121.85万台，同比增长20.95%。广东省现有广汽丰田、广汽本田、广汽乘用车、东风日产、比亚迪、一汽大众、长安标致雪铁龙、北汽集团等多家整车生产企业，已形成日系、欧系、自主品牌汽车并行发展的良好态势。

（三）企业自主创新能力明显增强

以企业为主体强化产学研合作，攻克了一批先进装备制造业的核心技术。（1）国内首架具有自主知识产权的全复合材料涡桨公务机"领世AG300"在中航通飞华南公司研制并试飞成功。（2）国内新一代CRH6型城际动车组在江门南车轨道交通装备产业基地下线并实现量产。（3）中山明阳风电5—6兆瓦风机样机已下线。（4）广州数控设备有限公司的普及型数控机床控制系统产量全国第一，占全国市场的40%。（5）广船国际的灵便型液货船占领国内市场半壁江山。（6）深圳比亚迪、广汽乘用车等自主品牌汽车生产企业研发出多款拥有自主知识产权的整车、电动汽车以及发动机等关键零部件。（7）传统优势装备产品国内市场占有率和影响力稳步提升，陶瓷机械、塑料机械、木工机械等专用设备产品的国内市场占有率位居第一，印刷包装机械、玻璃机械、压力机械等专用设备产品国内市场占有率均超过20%。

（四）特色产业集聚发展能力明显增强

特色产业集聚快速发展，形成了多个产业集群。（1）珠海形成了通用航空和海洋工程装备产业基地。（2）东莞成为五金模具、电气机械、计算机制造产业基地。（3）中山成为风力发电、包装印刷设备产业基地。（4）江门成为轨道交通装备和食品加工机械产业基地，肇庆成为精密铸造产业基地。（5）肇庆、梅州、韶关等地成为汽配产业基地。（6）汕头成为轻工成套设备加工产业基地。（7）韶关成为通用及专用机械配件加工产业基地。

第八章　中部地区

第一节　2014年整体发展形势

一、运行状况

（一）区域经济发展不均衡

2014年，中部地区六省一共实现装备工业主营业务收入58714.1亿元。从细分行业领域来看，排名前三位的行业领域分别是电气机械和器材制造业、汽车制造业和计算机、通信和其他电子设备制造业，分别占装备工业主营业务总收入的21.0%、19.4%和15.8%。从六个省的各种情况来看，河南省装备工业主营业务收入为16331.0亿元，占中部地区装备工业主营业务总收入的27.8%，稳居第一，占比值相比2013年增加了1.1个百分点；安徽省装备工业主营业务收入为12268.0亿元，占中部地区装备工业主营业务总收入的21.0%，超越湖北省上升至第二位；湖北省装备工业主营业务收入为11906.3亿元，占中部地区装备工业主营业务总收入的20.3%，下降至第三位，三省装备工业主营业务收入总额加在一起占据了中部地区总量的69.0%，占比值相比2013年提高了0.2个百分点。江西省和山西省两省装备工业主营业务收入总额之和占六省装备工业主营业务总收入的14.0%，占比值相比2013年降低了1个百分点。区域经济发展不均衡的态势进一步加剧。

表 8-1　2014 年中部地区装备工业主营业务收入（亿元）

行业	湖北	湖南	安徽	河南	山西	江西	中部地区合计
金属制品业	1278.1	895.0	1166.2	1625.7	104.0	666.1	5735.1
通用设备制造业	1161.1	1375.3	1797.5	2740.3	168.4	652.6	7895.2
专用设备制造业	937.2	2617.0	1236.3	3221.2	353.5	450.9	8816.1
汽车制造业	4917.5	1039.6	2022.1	2228.6	83.7	1085.9	11377.4
铁路、船舶、航空航天和其他运输设备制造业	359.7	768.3	233.4	672.2	123.3	151.0	2308.0
电气机械和器材制造业	1614.6	1423.8	4120.1	2654.9	124.1	2377.7	12315.1
计算机、通信和其他电子设备制造业	1512.1	1623.3	1530.3	2876.6	591.1	1153.4	9286.8
仪器仪表制造业	125.9	252.0	162.1	311.6	26.8	102.1	980.4
2014年装备工业合计	11906.3	9994.3	12268.0	16331.0	1575.0	6639.5	58714.1

数据来源：国研网统计数据库，2014 年 12 月。

2014 年，中部地区六省一共实现装备工业利润总额 3563.8 亿元。从各行业利润分布来看，占比排名前三位的细分行业领域分别是汽车制造业、电气机械和器材制造业以及通用设备制造业，占装备工业利润总额的比值分别为 22.4%、21.8% 和 14.3%，其中汽车制造业利润总额占比下降了 0.5 个百分点。从六个省分别情况来看，河南省装备工业利润总额 1180.2 亿元，占比 33.1%，仍然稳居中部六省第一，但是占比值相比 2013 年下降了 0.4 个百分点；安徽省装备工业利润总额 703.3 亿元，占比 19.7%，超过湖北省成为第二名；湖北省装备工业利润总额 695.4 亿元，占比 19.5%，降至第三名，该三省装备工业利润总额加在一起占据了中部地区总量的 72.4%，接近 3/4，但是占比值相比 2013 年下降了 0.1 个百分点。江西省的装备工业利润总额为 470.5 亿元，已经超越湖南省成为第四名。山西省装备工业利润总额为 53.9 亿元，占比 1.5%，相比于 2013 年的 0.2% 有较明显的增加。

表 8-2　2014 年中部地区装备工业利润总额（亿元）

行业	湖北	湖南	安徽	河南	山西	江西	中部地区合计
金属制品业	54.1	52.9	66.4	127.4	2.1	44.2	347.1

（续表）

行业	湖北	湖南	安徽	河南	山西	江西	中部地区合计
通用设备制造业	65.7	70.8	101.8	210.0	11.4	50.6	510.3
专用设备制造业	45.1	110.5	68.8	221.3	6.2	36.3	488.1
汽车制造业	400.0	34.1	87.0	202.8	−0.4	74.7	798.3
铁路、船舶、航空航天和其他运输设备制造业	0.4	64.8	3.9	64.4	5.8	9.2	148.6
电气机械和器材制造业	87.8	48.6	257.9	207.3	3.5	172.1	777.2
计算机、通信和其他电子设备制造业	31.6	61.7	101.1	118.7	21.2	73.8	408.2
仪器仪表制造业	10.6	17.2	16.4	28.3	4.1	9.5	86.0
2014年装备工业合计	695.4	460.5	703.3	1180.2	53.9	470.5	3563.8

数据来源：国研网统计数据库，2014年12月。

（二）产品出口维持高速增长

2014年，中部地区六省一共实现装备工业出口交货值6439.2亿元。从细分行业领域来看，计算机、通信和其他电子设备制造业稳居各行业中部地区出口交货值的第一名，实现出口交货值4456.0亿元，占装备工业总出口交货值的69.2%，占比值相比2013年增加了0.7个百分点，计算机、通信和其他电子设备制造业在中部六省的出口中仍然稳居第一位，超过其他行业总和的2倍，充分说明该行业产品出口较多，产品的国际市场竞争力不断提升，该领域的龙头企业已经融入全球产业链，国际化路线获得成功；排名第二的电气机械和器材制造业占比由2013年的10.0%提升至11.8%，增加了1.8个百分点。从六个省的各个情况来看，排名前三的省份分别为河南省、安徽省和湖北省，其中河南省装备工业的出口交货值为2588.7亿元，占比为58.1%，相比2013年增加了18.7个百分点，超过了中部六省装备工业出口交货值总额的一半。

表 8-3 2014 年中部地区装备工业出口交货值（亿元）

行业	湖北	湖南	安徽	河南	山西	江西	中部地区合计
金属制品业	27.4	16.7	24.8	5.7	12.2	30.4	117.1
通用设备制造业	46.5	24.9	76.0	13.8	1.6	53.1	215.7
专用设备制造业	34.0	120.0	31.5	75.5	17.7	23.9	302.6
汽车制造业	79.9	31.0	179.2	96.8	6.0	71.5	464.3
铁路、船舶、航空航天和其他运输设备制造业	21.5	27.0	8.1	8.7	1.1	14.7	81.0
电气机械和器材制造业	99.8	41.5	249.5	103.9	1.4	265.5	761.6
计算机、通信和其他电子设备制造业	459.0	426.5	587.3	2274.7	424.2	284.3	4456.0
仪器仪表制造业	6.2	3.0	9.6	9.7	0.5	11.9	40.8
2014年装备工业合计	774.2	690.4	1166.0	2588.7	464.6	755.4	6439.2

数据来源：国研网统计数据库，2014 年 12 月。

　　2014 年，中部地区六省的装备工业出口交货值同比增长普遍处于上升趋势，且高于全国平均水平。其中比较突出的有湖北省的金属制品业，同比增长62.0%，专用设备制造业，同比增长 92.4%；湖南省的通用设备制造业，同比增长 42.7%；安徽省的计算机、通信和其他电子设备制造业，同比增长 126.2%；河南省的电气机械和器材制造业，同比增长 745.2%；专用设备制造业，同比增长 105.6%；山西省的铁路、船舶、航空航天和其他运输设备制造业，同比增长207.0%；江西省的计算机、通信和其他电子设备制造业，同比增长 44.0%，等等。但一些省份的部分细分领域的出口交货值同比有较大幅的下降，如湖北省的铁路、船舶、航空航天和其他运输设备制造业，同比下降了 28.9%；湖南省的仪器仪表制造业，同比下降了 63.5%；山西省的电气机械和器材制造业，同比下降了24.3% 等等，主要是由国际宏观经济的影响造成的。

表 8-4 2014 年中部地区装备工业出口交货值同比增长（%）

行业	湖北	湖南	安徽	河南	山西	江西	全国
金属制品业	62.0	−0.6	0.1	47.0	−0.2	17.3	8.7

（续表）

行业	湖北	湖南	安徽	河南	山西	江西	全国
通用设备制造业	19.3	42.7	8.0	16.1	9.7	−7.0	2.4
专用设备制造业	92.4	9.8	3.1	105.6	21.7	−1.1	9.1
汽车制造业	25.6	25.2	2.3	30.9	29.8	11.4	9.0
铁路、船舶、航空航天和其他运输设备制造业	−28.9	32.3	37.3	−2.6	207.0	30.2	5.2
电气机械和器材制造业	32.2	1.3	34.0	745.2	−24.3	43.0	6.1
计算机、通信和其他电子设备制造业	30.3	33.1	126.2	18.5	14.6	44.0	5.8
仪器仪表制造业	7.7	−63.5	28.4	11.9	−6.3	43.0	6.3

数据来源：国研网统计数据库，2014 年 12 月。

从上述数据来看，中部地区的装备制造业发展稳步提升。由工业增加值、主营业务收入和出口交货值等指标可以看出，中部六省的装备制造业在工业中的比重逐渐增加。中部地区的装备制造业凭借加强产学研结合、兴建工业园区和政府支持等因素获得了快速发展，在区域经济发展中扮演着越来越重要的角色。同时，在全国区域范围内，中部地区的装备制造业发展势头同样非常迅速，多项指标大幅度超过全国平均值。同时，为了响应国家的"走出去"国际发展战略，中部地区装备制造业提升产品质量，增强国际竞争力，逐渐改变了高端、高技术先进装备制造业较为落后的发展局面，产品出口势头发展良好，国际战略较为成功。

二、发展特点

湖北省的汽车制造业 2014 年主营业务收入达到 4917.5 亿元，远超中部地区其他省份。2014 年汽车制造业主营业务收入同比增长 10.9%，维持健康的发展态势。龙头企业东风汽车借力东风日产、东风雪铁龙等合资品牌的良好发展势头，在自主产品领域获得了长足发展。基本乘用车领域，风神、启辰、风行等品牌逐渐深入人心；商用车领域，客车、重卡等车型发展更为成熟。值得一提的是，东风 EQ611HEV 混合动力客车为东风汽车在新能源汽车领域打开了一片天地。

湖南省的铁路、船舶、航空航天和其他运输设备制造业 2014 年主营业务收入 768.3 亿元，为中部六省之首。2014 年铁路、船舶、航空航天和其他运输设备制造业主营业务收入同比增长21.2%，发展势头迅猛。南车株机作为中国南车集团的核心企业，交付了大量电力机车、城轨车辆、城际动车组、新技术轨道车辆、重要零部件等高技术产品，创造了价值，建立了形象，始终走在轨道交通装备行业的最前列。

2014年安徽省的电气机械和器材制造业主营业务收入4120.1亿元，远超中部地区其他省份，同比增长8.8%，维持平稳发展水平。柯力电气、恒瑞电气、德力西电气等企业把握住市场脉搏，把控高精尖技术，大力推动了安徽省的电气机械和器材制造业发展。

河南省是装备制造业传统强省，通用设备制造业、专用设备制造业和计算机、通信和其他电子设备制造业的主营业务收入均居中部六省第一名，分别达到2740.3亿、3221.2亿和2876.6亿元。河南省装备工业下一步的发展方向是新一代信息技术、新能源汽车、高端装备制造等战略性新兴产业。

江西省装备制造业总体体量较小，但是产品出口形势非常乐观。其中电气机械和器材制造业、仪器仪表制造业出口交货值265.5亿、11.9亿元，位居中部六省第一名。这个现象体现了江西省国际化战略的极大成功，同时折射出江西省装备制造产品技术先进、质量过硬，获得了国际市场的认可。

山西省装备制造业总体体量和出口交货量均列中部六省最后一名。但是值得注意的是，2014年山西省铁路、船舶、航空航天和其他运输设备制造业出口交货值同比增长207.0%，迎来了突飞猛进的发展。

三、发展经验

（一）把握国家政策机遇 [1]

国务院印发《关于大力实施促进中部地区崛起战略的若干意见》，发改委发布《促进中部地区崛起规划》，将促进中部地区崛起列为重点发展方向。中部地区妥善利用国家的政策倾向，巩固现代装备制造及高技术产业基地的地位，同时加强产学研结合，利用中部六省高校和科研院所的创新资源，集聚研发力量和创新智力，依托现有和知识储备和产业优势，招揽科技人才和高技术、高素质产业工人，为新技术的创新、推广奠定良好基础。随着中部地区装备工业规模和效益

---

[1] 工信部：《〈产业转移指导目录（2012年本）〉系列解读（4）——中部地区》，2013年1月14日，见http://www.miit.gov.cn/n11293472/n11293877/n13876698/n14985844/15127024.html。

持续增长，优势领域不断壮大发展，汽车及其零部件、轨道交通、高技术船舶、输变电设备、重型矿山装备、农机装备等重点行业整体竞争力位居全国前列，技术创新能力不断增强，优势企业加快规模发展，产业集群逐步稳健发展。

（二）着重培育优势骨干企业

近年来，中部地区各省都非常注重高端装备领域优势骨干企业的培养和发展壮大，涌现出了一批竞争力较强的企业和企业集团，资源逐步向优势企业集中。如湖北省在高端激光加工装备、超重型机床、中高档数控机床、冶金专用设备总承包等细分领域涌现了华工科技、武重、华中数控、中冶南方等一批骨干企业。其中，华工科技围绕智能制造进行布局和转型升级，通过产学研用结合和应用示范引领，公司的高端产品已经创下了20多项全球、全国第一，在与国际巨头的短兵相接中，华工科技打破垄断，成为国内乃至世界颇具实力的激光企业。

湖南省在工业机器人、3D打印、高档数控机床、智能仪器仪表等新兴智能装备领域涌现了诸如常态机器人、华曙高科、宇环数控等智能制造装备主机生产、系统集成骨干企业，并依托国家重点工程和重大科技专项的实施，一批受制于人的智能制造装备领域的核心技术实现了突破。江西省通过不断努力和积累，在电气机械行业涌现了江西电缆、泰豪科技、江西变电等骨干企业；在汽车尤其是新能源汽车行业涌现了江铃集团、昌河汽车、南昌百路佳客车、上饶博能客车、赣州玖发新能源等骨干企业；在航空制造行业涌现了昌飞公司等骨干企业；在以机器人为代表的智能装备产业领域，涌现了洪都航空、中机公司、泰豪科技和南昌三丰自动化等龙头企业。其中，洪都航空研发制造的智能机器人、割草机器人以及数字化车间已经达到了国内领先水平，自主研发的服务机器人项目已经完成了智能导览和智能轮椅两款机器人的原理样机研制，初步掌握了智能移动、多方式控制、人机交互、系统集成与支撑技术等四大板块多达十多项关键技术。山西省在重型机械和煤炭机械领域涌现出了太原重型机械集团、西山煤电（集团）、山西煤机、山西科达、罗克佳华、向明机械、汾西重工等骨干企业，其共同承担的煤炭综采成套装备智能系统开发与示范应用项目，顺利完成了从设备设计、关键技术研究、制造到示范应用。

（三）集聚智能制造创新资源

湖北省智力密集优势突出，智能制造领域相关高校和科研院所众多，国家级企业技术中心 42 家，工程研究中心 4 家，省级企业技术中心 375 家，共性技术研发推广中心 53 家，这些全部成为智能制造的关键共性技术研发依托平台，涵盖了机械、电气、光电子、测绘遥感信息等重点领域。湖南省在省政府的大力支持下，在智能制造领域陆续成立了湖南"3D 数字化制造"产业技术创新战略联盟、长沙市机器人产业技术创新战略联盟、省机械工程学会机器人与智能装备专业分会，为智能制造产业的发展构建了良好的环境。江西省形成以南昌大学、南昌航空大学、江西理工大学等科研院校为技术支撑的产学研用相结合的发展格局，依托高校和科研院所的创新资源集聚优势重点发展了焊接机器人、割草机器人、智能代步机器人、中高档数控机床、数字化车间、自动化生产线等主要产品。

第二节　重点省份与城市发展情况

一、湖北省[1]

（一）装备制造工业发展增长稳定

1. 装备制造业支撑全省工业发展

2014 年 1—11 月，湖北省规模以上工业增速累计为 10.8%，装备工业增加值增长 13.5%，增速高于全省 2.7 个百分点。其中通用设备制造业、专用设备制造业、计算机、通信和其他电子设备制造业、仪器仪表制造业等行业增速均超过全省规模以上工业平均增速。装备制造工业占制造业比重提高至 33.9%。

2. 出口发展迅速

2014 年 1—11 月，湖北省装备制造大部分行业出口交货值均有明显增长，其中专用设备制造业出口交货值同比增长 92.4%，金属制品业出口交货值同比增长 62.0%。铁路、船舶、航空航天和其他运输设备制造业出口交货值同比下降 28.9%，是唯一同比下降的行业。其他行业除仪器仪表制造业同比增长 7.7% 外，均有 20.0%—35.0% 的增长。

---

[1] 湖北省经济和信息化委员会：《2014年全省工业经济运行情况》，2015年1月28日，见http://www.hbeitc.gov.cn/jjyh/61382.htm。

（二）重点行业发展情况不均衡

1. 汽车行业增速放缓，新能源汽车是新的发展方向

与 2013 年相比较而言，汽车行业的发展速度放缓，呈现缓慢回落态势，2014 年全年的增加值增长 9.4%，同比回落 3.1 个百分点。汽车产量完成 174.5 万辆，增长 9.4%，同比回落 0.2 个百分点。但是由于市场对轿车和越野车的需求较高，因此这两类车型依然保持较为旺盛的增长趋势，轿车产量同比增长 14.3%，越野车产量同比增长 21.4%；而市场对客车和载货车的需求不足，因此两类车型的产量呈现下降趋势，客车产量同比下降 26.5%，载货车产量同比下降 7.0%。另外，受国家政策影响，新能源汽车成为新的发展方向，2014 年以后湖北省的新能源汽车开始布局东风纯电动汽车，政府出台相关扶持政策与企业一同支持新能源汽车的产业化进程，目标是要打造全国的新能源汽车和动力电池生产基地。

2. 机械行业发展回暖

随着装备制造业的技术改造和升级力度不断加大，以农机装备、机电设备等为代表的机械行业重点领域需求回暖，全机械行业增加值增长 13.8%，同比增长 0.1 个百分点。从分领域来看，通用设备制造业增加值增长 20.3%，同比增长 4.6 个百分点；专用设备制造业增加值增长 7%，增长速度放缓；由于家电企业的需求拉动，电气机械制造业增加值增长 14.5%；铁路、船舶、航空航天和其他运输设备制造业增加值增长 4.0%，同比加快 1.4 个百分点；在武船新订单的强势拉动下，2014 年船舶行业产量完成 190.1 万载重吨，增加值增长 36.8%。

3. 电子设备制造业发展迅速

受国家促进信息消费扩大内需政策、电子产品更新换代提速以及联想武汉基地等新项目投产出力拉动，2014 年，电子设备制造业全行业增加值增长 20.9%。华灿光电、天马微电子、九州方圆等高技术企业 2014 年的产值分别增长 18.2%、15.2% 和 14.2%。光电子器件、印制电路板、计算机整机等优势品牌产品产量 2014 年分别增长 78.1%、72.7%、23.3%。

（三）智能制造产业发展形势良好

1. 高档数控机床与智能专用制造装备优势凸显

高档数控机床方面，湖北省数控机床产业基础较好，在超重型机床、锻压机床、插齿机等领域具有较强的市场竞争力，中高档数控系统在国内居领先地位。

智能专用制造装备方面，大型薄板冷轧机组成套装备达到国际先进水平。光电子智能化应用方面，3D 打印技术居全国领先地位，湖北省的光纤激光器制造技术、激光加工工艺与应用技术居全国领先地位，高功率激光切割设备、大型激光拼焊等高功率激光制造成套装备在国内市场独占鳌头。武汉理工大学的"五类光纤传感敏材料制备与加工规模化生产技术及其应用"、"光纤光栅传感系统工业生产关键技术研究与应用"先后获得国家科技进步二等奖，"光纤光栅感温火灾报警技术与系统"获得国家技术发明二等奖。

2. 重大项目顺利建设完成

湖北华威科智能技术有限公司依托 2013 年度国家技术发明奖二等奖实施的"高端 RFID 物联网标签系列装备产业化升级项目"、五大卓越科技有限责任公司"道路路面综合检测关键技术研究及成套装备产业化项目"、武汉高德红外股份有限公司的"非制冷红外焦平面探测器产业化项目"已经顺利建设完成，国内首次实现批量生产，产品技术居于国际先进水平，同时大幅降低红外整机成本。

3. 企业实力不断增强

全省涌现出一批竞争力较强的企业和企业集团，资源逐步向优势企业集中。华工科技、武重、华中数控、中冶南方分别在高端激光加工装备、超重型机床、中高档数控系统、冶金专用设备总承包细分领域处于国内行业领先地位。华中数控、金运激光、湖北三丰智能输送装备公司、湖北华昌达智能装备股份公司等企业，成功在创业板上市。

4. 产业创新能力建设加快

全省在智能制造装备产业领域研发的高校和科研院所众多，学科集聚和多学科交叉优势十分明显。依托华科大、武大、武汉理工等高校及科研院所，湖北省拥有数字制造装备与技术国家重点实验室、国家材料成形与模具技术重点实验室、国家数控系统工程技术研究中心、激光加工国家工程中心、国家 CAD 工程技术研究中心、武汉光电国家实验室（筹）等 20 多个国家级研发平台，涵盖机械、电气、光电子、测绘遥感信息等学科，代表了各自领域的国内领先水平。

二、湖南省[1]

（一）总体发展趋势稳健

2014年，全省地区生产总值同比增长9.5%，进出口总额增长22.2%，均高于全国平均水平。规模以上工业中，高加工度工业和高技术产业增加值分别增长13.5%和27.8%，分别比全省平均水平高3.9个、18.2个百分点，分别占全部规模以上工业的10.3%、36.6%，比2013年分别提高1.3个、1.0个百分点。汽车制造业、铁路、船舶、航空航天和其他运输设备制造业等行业增加值增速均在18.0%以上，成为支撑工业增长的重要新兴力量。

电子信息制造业累计实现工业增加值745.6亿元，同比增长29.6%，较全国行业平均水平提高17.4个百分点，较全省规模工业增速提高20.0个百分点，继续领跑省内各主要工业行业。专用设备制造业实现利润110.5亿元，位列利润总额行业第四名。金属制品、机械和设备修理业等行业生产同比下降。计算机通信和其他电子设备制造业对全省规模以上工业增长贡献率超过7.0%，增加值同比增长39.7%。汽车产业快速发展，首款量产纯电动汽车众泰云100如期上市，首款高端SUV广汽菲亚特吉普项目进展顺利。工业机器人、3D打印、移动互联网、集成电路等新兴产业保持快速增长的势头，成为湖南省高端产业发展壮大的新的增长点。

（二）智能制造产业提速发展

产业规模发展较快。近年来，湖南省装备工业积极推进"两化"深度融合，坚持创新驱动，全省工业机器人、增材制造（3D打印）等智能制造产业不断发展壮大，在工程机械、电工电器、汽车制造、轨道交通、电子信息、生物医药、食品工业、国防军工与民爆等国民经济重点产业领域进一步推广应用。

涌现一批龙头企业。如长泰机器人、华曙高科、宇环数控等一批工业机器人、增材制造（3D打印）、高档数控机床、智能仪器仪表等智能制造装备主机生产、系统集成骨干企业，零部件生产、控制软件开发及产业服务型企业发展加快。

重点产品有所突破。依托国家重点工程和重大科技专项的实施，一批受制于国外技术的智能制造装备实现突破。如铁建重工自主研制的盾构机/TBM，已实

---

[1] 湖南省经济和信息化委员会：《2014年工业经济基本运行情况》，2015年1月28日，见http://www.hnjxw.gov.cn/eca/view.do?id=8a8880894a08d341014b2e92d3bd7ea3。

现设备的高度智能化控制，护盾式掘锚机填补国内空白，该公司的盾构机系列产品形成了一批高端智能装备和技术，实现了产品部分工序智能制造，建立了产品智能监控及服务。

重点建成项目示范作用凸显。如三一重工股份有限公司工程机械产品加工数字化车间系统、湖南顶立科技有限公司"大尺寸、异形碳纤维复合材料构件热近净成形数字化车间"项目、湖南千山制药机械股份有限公司"现代化制剂无菌自动化包装数字车间"项目等一批重点项目的建成实施，产生了良好的示范带动作用。

技术联盟陆续成立。2014年，在湖南省经信委的大力持续推动下，帮助一批智能制造企业集中优势、协同创新、抱团发展，陆续成立了湖南"3D数字化制造"产业技术创新战略联盟、长沙市机器人产业技术创新战略联盟、省机械工程学会机器人与智能装备专业分会，为智能制造产业的发展构建了良好的环境。

（三）走出去发展战略获得成功

湖南省的工程机械、轨道交通、电工电气等装备制造业重点领域的比较优势明显。湖南的工程机械、住宅工业等产品在世界各地特别是拉美国家备受欢迎，与当地政府机构和企业建立了良好的合作关系。中联重科、三一集团、南车株洲电力机车、湘电集团等一大批湖南装备制造企业已走出国门开拓市场，投资兴业。中联重科成功交付伊朗市场260台土方机械；向沙特客户交付40台QY55V汽车起重机；向柬埔寨某大型商混企业交付十余台日野底盘搅拌车，创造了中联重科搅拌车出口柬埔寨的单笔订单金额最高纪录。三一集团与委内瑞拉政府签订整体价值约合人民币11.1亿元的海外订单，包含A8混凝土成套设备等工程机械设备、车辆和配件、整体解决方案。2014年，马其顿国铁公司与中国南车株机公司共同签署了马其顿铁路运输公司与中国南车DMU/EMU项目购销合同，该合同成为中国动车组产品突破TSI认证技术壁垒进入欧洲市场的第一单。中国首列最高速度的米轨动车组在南车株洲电力机车有限公司下线，预计2015年底在马来西亚吉隆坡至怡保200多公里线路上运营。这也是我国第一次出口最高速度的米轨动车组。2014年底，泰富重装集团有限公司与巴西知名的海工装备运营服务商——巴西GALAXIA公司合作建造海工装备签约。双方的合作项目总金额超过4亿美元，将合力进军巴西海工装备建造领域，主要为巴西石油公司海上钻井平台提供海工工程船等各项服务，并与巴西石油公司签署16年的长期租约协议。

（四）骨干企业核心技术保持全国领先

中联重科贯彻产品 4.0 战略定位成功研发经济型水车。经济型水车的成功开发，解决了制约环境产业公司水车销量提升的瓶颈，进一步加强了中联重科在环境产业领域的市场竞争力。中联重科消防机械公司自主研发设计举高类载人消防车在长沙望城工业园顺利下线，成为目前世界举升高度最高的云梯消防车。由南车株洲电力机车有限公司、中国南车株洲所旗下的南车时代电气、南车株洲电机有限公司联合参评的"基于自主技术平台的系列化大功率交流传动电力机车研发及应用"项目，荣获 2014 年度国家科学技术进步奖二等奖。三一集团"高速重载工程机械大流量液压系统核心部件"荣获 2014 年度国家科技发明奖二等奖，成为本年度唯一获此奖项的工程机械企业。三一 LNG 搅拌车以更环保、更领先、更经济的产品优势，获得了客户的一致认可。该款搅拌车动力燃烧极其充分，污染物接近零排放，达到国五标准，配备的发动机动力性能处于行业领先水平，并且是国内唯一经过新疆吐鲁番火焰山高热，黑龙江漠河高寒，昆仑山脉高海拔进行高强度测试的产品。

三、安徽省[1]

（一）装备工业平稳健康发展

2014 年全年，规模以上工业增加值同比增长 8.3%，其中通用设备制造业增长 9.1%，专用设备制造业增长 6.9%，汽车制造业增长 11.8%，铁路、船舶、航空航天和其他运输设备制造业增长 12.7%，电气机械和器材制造业增长 9.4%。规模以上电子信息制造业增加值同比增长 12.2%，高于上年同期 0.1 个百分点，高出工业平均水平 3.9 个百分点。2014 年 1—11 月，湖南省十大高成长性产业实现工业总产值 4951.8 亿元，同比增长 25.3%。其中，新能源汽车、智能终端、新型显示产值分别增长 65.6%、54.9%、96.4%。

（二）重点产业集聚优势凸显

机器人产业，自 2013 年国家发改委和财政部正式批复安徽省战略性新兴产业区域集聚发展试点实施方案以来，2014 年安徽省将机器人产业的集聚化发展作为重点推进工作，机器人产业凭借此次机遇，产业规模迅速壮大、创新资源聚

---

[1]　安徽省经济和信息化委员会：《11月全省规上工业同期增长9.5%》，2014年12月15日，见http://www.aheic.gov.cn/info_view.jsp?strId=14186365726462053&view_type=2。

集效应明显、产业链条不断拓宽、复合型和融合型人才数量不断提升，从而形成了产业的集聚发展。目前，芜湖市在鸠江经济开发区规划建设了机器人产业园。通过依托芜湖现有的汽车及其零部件、电子信息等优势产业，重点培育和发展壮大机器人系统集成企业，打造芜湖经济技术开发区机器人产业基地；发挥江北产业集中区包含金融、资金、人才在内的各项优惠政策，设立智能制造装备产业园，同时将机器人产业作为高端装备制造业和智能制造装备领域的重点优势产业进行发展壮大。合肥市已形成智能制造研究开发、设计咨询、核心装备制造、系统集成、投资运营等全产业链的工业体系。目前，中国科技大学、中科院合肥物质科学研究院、合肥工业大学、巨一自动化、合锻股份、西锐重工等一批科研院所和企业开始进行密切的产学研合作并进行机器人产业的前瞻性研究。

新能源汽车产业，安徽省依托中国科技大学、合肥工业大学、安徽大学等众多高校和科研机构的创新资源和创新人才，同时整合江淮汽车、奇瑞汽车等大型汽车企业上下游产业链的优势资源组成跨行业和企业的产业联盟。通过集聚科技优势、人才优势、资金优势和产品优势形成具有一定竞争力的新能源汽车产业高地，打造有中国特色的大型汽车产业集群。目前，合肥市在全国范围内推广新能源汽车超过9100辆，居全国首位。

第九章 西部地区

第一节 2014 年整体发展形势

一、运行状况

（一）主营业务收入普遍上涨

2014 年，我国西部地区装备制造业发展快速，大部分地区主营业务收入上涨，各省区市主营业务收入见表 9-1。

表 9-1 2014 年西部地区主营业务收入（亿元）

	金属制品业	通用设备制造业	专用设备制造业	汽车制造业	铁路、船舶、航空航天和其他运输设备制造业	电气机械和器材制造业	计算机、通信和其他电子设备制造业	仪器仪表制造业	其他制造业
内蒙古	261.3	208.4	166.9	211.9	40.7	256.5	87.1	6.9	1.1
广西	280.8	316.3	438.5	1936.3	140.9	691.8	926.7	36.1	21.4
重庆	420.9	535.2	322.7	3750.8	1356.9	986.8	2798.5	137.8	11.4
四川	956.2	1813.9	1241.6	2212.2	389.6	1072.9	3589.6	59.8	86.9
贵州	130.3	62.6	78.5	160.7	63.8	137.2	69.0	9.1	11.8
云南	84.3	79.4	83.1	139.8	36.3	88.6	23.6	6.4	7.4
西藏	0.0	0.0	0.0	0.0	0.0	0.7	0.0	0.0	0.0
陕西	212.2	400.1	460.3	893.7	234.8	600.3	310.6	87.9	21.5

（续表）

	金属制品业	通用设备制造业	专用设备制造业	汽车制造业	铁路、船舶、航空航天和其他运输设备制造业	电气机械和器材制造业	计算机、通信和其他电子设备制造业	仪器仪表制造业	其他制造业
甘肃	65.5	46.4	102.2	2.7	3.9	120.5	45.2	1.9	6.3
青海	6.0	20.0	3.7	2.5	2.5	46.0	3.3	0.9	6.1
宁夏	37.5	49.6	40.6	3.6	1.0	47.8	0.0	8.3	7.9
新疆	73.1	15.1	44.7	41.0	0.6	368.6	0.6	1.1	0.2
总计	2528.0	3547.0	2982.9	9355.3	2271.0	4417.7	7854.4	356.1	182.1

数据来源：国研网统计数据库，2015年1月。

分行业看，表现较为突出的为汽车制造业和计算机、通信和其他电子设备制造业，其中汽车制造业主营业务收入9355.31亿元，占西部地区装备制造业的27.93%，12个省、区、市中一半以上实现了两位数增长，4个地区出现收入下滑；计算机、通信和其他电子设备制造业主营业务收入7854.43亿元，占西部地区主营业务收入23.45%，大部分省市实现了30%以上的增长，陕西省增速更是高达77.42%，仅云南省出现了下滑。

分地区看，四川省在金属制品业，通用设备制造业，专用设备制造业，汽车制造业，铁路、船舶、航空航天和其他运输设备制造业，电气机械和器材制造业计算机、通信和其他电子设备制造业及其他制造业领域主营业务收入居西部第一，其全省主营业务收入占西部地区的34.10%；重庆市在汽车制造业，铁路、船舶、航空航天和其他运输设备制造业，仪器仪表制造业领域主营业务收入居西部第一，占西部地区的30.81%。增速方面，贵州省在金属制品业，通用设备制造业，专用设备制造业及其他制造业领域增速最快，分别为40.85%、39.68%、48.57%和97.39%；重庆市在汽车制造业领域保持着最快增速26.38%；青海省在铁路、船舶、航空航天和其他运输设备制造业，电气机械和器材制造业领域增速最快，分别为249.45%、108.4%；陕西省在计算机、通信和其他电子设备制造业领域增速最快，为77.42%；内蒙古在仪器仪表制造业领域增速最快，达48.86%。

（二）出口形势向好

2014 年，西部地区装备工业完成出口交货值 6021.45 亿元，同比增长 20.88%。

分行业看，计算机、通信和其他电子设备制造业出口交货值最高，达 5053.37 亿元，占全行业的 83.92%，同比增长 22.96%，较全行业增速快 2.08 个百分点，其他出口交货值增长较快的行业还包括：专用装备制造业，较 2013 年同期增长 28.16%；汽车制造业，较 2013 年同期增长 15.43%；通用装备制造业，较去年同期增长 13.04%。出口交货值出现下滑的行业为金属制品业和其他制造业，同比增速分别下降 7.01% 和 7.19%。

分地区看，2014 年，西部地区装备工业出口交货值实现增长的有 8 个省、区、市，仅青海、宁夏、新疆出现下滑，分别同比下降 19.33%、49.00%、78.78%。完成出口交货值最高的两个省市为重庆、四川，分别为 2549.17 亿元和 2781.84 亿元，同比增长 21.84%、21.03%，占西部地区总额的 42.33% 和 46.20%。出口交货值增速最快的为云南，较 2013 年同期大幅增长 50.44%，其各个细分行业均实现了较大幅度增长，较为突出的专用设备制造业，汽车制造业，计算机，通信和其他电子设备制造业，分别增长 106.58%、81.63% 和 127.35%。出口增速较快的还包括：陕西省较 2013 年同期增长 37.99%，较为突出的计算机、通信和其他电子设备制造业同比增长 162.40%；内蒙古较 2013 年同期增长 12.20%，较为突出的专用设备制造业，铁路、船舶、航空航天和其他运输设备制造业，增速分别为 143.49%、165.88%。

表 9-2　2014 年西部地区装备工业出口交货值（亿元）

	金属制品业	通用设备制造业	专用设备制造业	汽车制造业	铁路、船舶、航空航天和其他运输设备制造业	电气机械和器材制造业	计算机、通信和其他电子设备制造业	仪器仪表制造业	其他制造业
内蒙古	0.2	0.2	0.8	10.8	2.6	0.7	0.1	0.0	0.0
广西	4.6	6.2	28.9	21.5	0.0	23.0	254.2	1.3	1.1
重庆	13.3	45.9	20.2	84.3	171.2	21.8	2185.2	6.2	1.1
四川	5.6	48.8	114.1	15.7	20.2	70.7	2504.2	1.8	0.7

（续表）

	金属制品业	通用设备制造业	专用设备制造业	汽车制造业	铁路、船舶、航空航天和其他运输设备制造业	电气机械和器材制造业	计算机、通信和其他电子设备制造业	仪器仪表制造业	其他制造业
贵州	5.3	0.0	1.4	1.1	6.8	0.9	0.0	0.0	0.0
云南	2.5	3.5	4.8	6.9	0.2	3.2	1.0	2.0	1.1
西藏	0.0	0.0	0.0	0.0	0.0	0.0	0.0	0.0	0.0
陕西	1.1	21.1	35.4	43.5	29.8	35.0	89.4	6.3	0.0
甘肃	0.0	4.0	4.4	0.0	0.0	0.5	19.0	0.5	0.0
青海	0.0	0.0	0.0	0.0	0.0	0.0	0.0	0.1	0.0
宁夏	0.0	0.4	0.0	0.0	0.0	0.0	0.0	0.0	0.1
新疆	0.4	0.1	0.0	0.1	0.0	2.3	0.3	0.0	0.0
总计	32.9	130.1	210.0	183.8	230.7	158.1	5053.4	18.3	4.1

数据来源：国研网统计数据库，2015年1月。

（三）固定资产投资领跑全国

2014年，1—11月全国机械工业自年初累计完成固定资产投资41033.99亿元，同比增长12.4%，其中西部地区机械工业固定资产投资5547.72亿元，占全国13.52%，同比增长18.84%，增速较2013年同期增长7.67个百分点，比全国快6.44个百分点，相比东、中部地区分别快7.97个、6.43个百分点。

二、发展特点

（一）产品种类齐全

我国西部地区经过多年的发展已形成了较为完整的装备制造产业体系，出现了一批具有重要影响力的知名企业，如重庆的长安、四联、庆铃、嘉陵，陕西的西飞、西电、陕鼓、陕汽，四川的二重、东电、东汽，广西的玉柴等，并且形成了较为齐全的产品种类，涵盖了汽车及零部件、仪器仪表、航空航天装备、发电成套设备、输变电成套设备、内燃机、冶金成套设备、机床工具、船舶及配套设备、工程机械、轨道交通装备、环保设备、大型工业风机、制冷压缩机、通信设备、军用雷达、导航设备等。

（二）产业特色鲜明

作为我国传统的装备工业基地，西部地区产业特色鲜明。2014 年，西部地区主营业务收入的 27.93% 来自于汽车制造业，共 9355.31 亿元，汽车制造业已成为西部装备工业的第一支柱产业。其中广西汽车制造业主营业务收入 1936.34 亿元，占整个西部地区汽车制造业主营业务收入的 20.70%；重庆主营业务收入 3750.81 亿元，占比 40.09%；四川主营业务收入 2212.16 亿元，占比 23.65%；陕西主营业务收入 893.68 亿元，占比 9.55%。

2014 年，西部地区计算机、通信和其他电子设备制造业实现主营业务收入 7854.43 亿元，占西部地区装备工业的 23.45%。其中广西主营业务收入占西部地区该行业的 11.80%，重庆、四川分别占比 35.63%、45.70%。

此外，重庆的铁路、船舶、航空航天和其他运输设备制造业，电气机械和器材制造业，四川的金属制品业、通用设备制造业、专用设备制造业、电气机械和器材制造业，陕西的通用设备制造业、专用设备制造业、电气机械和器材制造业都有较为明显优势。

（三）国防及国有经济占有重要地位

西部地区是我国重要的国防科技工业基地，国防科技骨干企业及科研单位布局广泛，军事装备制造业实力雄厚。目前产品已涵盖航空航天、船舶、核电、兵器、电子等诸多体系，在运载火箭、军用飞机、军用舰船、核动力装置、卫星发射、电子设备等众多领域设有研发、生产及试验基地，遍布西部的重庆、成都、贵阳、湘西、关中、昆明、兰州等地区。具有较高的技术水平与自主研发能力。在西部地区装备制造业中，国有经济占有较大比重，国有大型企业集团、中央直属企业较为集中，具有较强的核心竞争力，是西部地区装备工业的重要支撑，如东方电气、西电、陕鼓、二重等。

三、发展经验

（一）资源丰富，积极承接产业转移

西部自然资丰富，煤炭、天然气、水、矿产等资源储量丰富，是我国重要的能源基地，很好地解决了目前经济发展中的能源制约问题，为装备工业的发展提供了有力支撑。

随着西部大开发战略的不断推进，西部地区的战略资源也越来越丰富，《全国主体功能区规划》、《西部大开发"十二五"规划》、《产业转移指导目录》等区域规划和政策文件的出台，为西部地区装备工业的发展创造了良好条件。《全国主体功能区规划》提出将西部的成渝、黔中、呼包鄂榆等9个地区发展为国家级重点开发区，《西部大开发"十二五"规划》提出重点发展成渝、黔中、关中—天水、滇中等西部的11个重点经济区，《产业转移指导目录》对承接产业转移的重点区域做了进一步细化，其中西部地区重点承接产业转移的载体数量达44个，占全国载体总数的近40%，蒙西沿黄沿线经济带、柴达木重点开发区、兰白核心经济区等成为承接产业转移的重点区域。

西部地区紧抓我国产业结构调整的历史机遇，依托自身有利条件，积极承接工业发达地区的产业转移，吸引力一大批技术密集型、资本密集型的大型装备制造企业落户，如一汽大众、英特尔、联想、富士康、格力电器等，加速了西部地区装备工业的发展。

（二）延伸产业链条，加速集群化发展

西部地区发展装备工业十分注重集群化，以市场为导向配置资源，努力调整产业的组织结构，延伸产业链条，构建起装备制造的相关配套产业齐全、上中下游产业相衔接的产业集群。目前，重庆已成功发展了千亿级的摩托车产业集群以及风电成套装备、轨道交通装备、智能制造装备、环保安全装备、船舶及零部件、航空航天装备、能源装备、内燃机、大型铸锻件及关键基础件等10个百亿级产业集群；四川已形成了千亿级的德阳重大技术装备产业集群，成都的汽车、航空航天、电子信息产业集群；陕西已形成阎良国家航空高技术产业基地、西安民用航天科技产业基地、西安市汽车产业示范基地等多个产业聚集区；广西的柳州汽车产业聚集区已达到千亿级规模；江西的国家重点航空产业基地也发展快速。此外，四川的发电成套设备、重庆的大型输变电成套设备、陕西的输配电及控制成套设备构成了我国重要的发电、输变电设备基地。

（三）依托优势资源，推进融合发展

随着我国国民经济的发展，一系列重大工程建设不断推进，如高铁建设、西电东送、西气东输、重大电源建设、重大水利工程、重大资源基地建设等项目，西部地区紧抓机遇，大力发展装备制造业，利用中央企业、军工企业较多的优势，

加快央地合作与军民融合发展，依托中央企业与军工企业的资金、技术、人才等优势，整合相关资源，建立互利共赢的良好格局，集中优势力量推进西部地区装备制造业向市场化、多元化发展，使西部地区的汽车、航空航天、电子、核电装备等领域的实力都有了质的飞跃。融合发展成就了具有西部特色的装备制造业。

第二节　重点省份与城市发展情况

一、四川省

（一）装备制造实力雄厚

四川省是我国重要的装备制造基地，其重大技术装备制造实力全国领先，在国内装备制造领域定位举足轻重，目前已形成具有较大产业规模、配套体系完善、技术装备与研发水平均较高的装备制造产业体系。2014 年，全省规模以上装备制造企业累计完成工业总产值 7640 亿元，同比增长 13.1%，实现工业销售产值 6154.34 亿元，同比增长 15.16%，完成出口交货值 206.42 亿元，同比增长 34.20%。其水电、火电、核电、风电、太阳能发电装备在全国领先，大型冶金设备、石油化工装备、工程机械等在全国都具有较高的市场占有率，此外，四川省还拥有我国"大飞机"项目唯一的机头生产基地。

（二）部分行业效益出现较大幅度下滑

表 9-3　2014 年四川省装备制造业效益情况

	主营业务收入（亿元）	增速（%）	利润(亿元)	增速（%）
金属制品业	956.2	10.7	51.5	-4.6
通用设备制造业	1814.0	7.3	100.3	-4.1
专用设备制造业	1241.6	6.6	12.5	-80.6
汽车制造业	2212.2	17.3	208.4	15.9
铁路、船舶、航空航天和其他运输设备制造业	389.6	16.0	19.9	16.3
电气机械和器材制造业	1072.9	6.8	48.3	21.6
计算机、通信和其他电子设备制造业	3589.6	9.6	128.1	-21.0
仪器仪表制造业	59.8	-0.4	459274.0	3.7
其他制造业	86.9	10.6	6.7	36.6

数据来源：国研网统计数据库，2015 年 1 月。

2014年，四川省装备制造业全行业实现主营业务收入11422.69亿元，利润580.20亿元。由于部分行业市场需求趋缓、产能过剩，加之近年来制造业成本上升、产品价格下行等诸多原因，导致效益下滑。其中专用设备制造业全年实现主营业务收入1241.63亿元，同比增长6.57%，实现利润12.47亿元，同比大幅下滑80.56%，利润下滑严重；而计算机、通信和其他电子设备制造业主营业务收入3589.64亿元，虽实现同比增长9.6%，但其利润128.11亿元，却较2013年同期下降了20.96%，利润下滑较大。效益较好的电气机械和器材制造业，汽车制造业铁路、船舶、航空航天和其他运输设备制造业以及其他制造业利润分别同比增长21.56%、15.92%、16.34%和36.55%。

（三）产业集群表现突出

四川省在"十二五"期间，重点打造了德阳、成都、自贡3大装备制造基地，培育重型机械及压力容器、清洁高效发电设备、智能制造装备、石油天然气钻采输送装备、轨道交通装备、航空航天装备、工程施工机械、节能环保装备、民生用机械设备等9条重点产品链，目前已形成了一批具有国际竞争力的大型装备制造集团，重点装备制造企业的产品在规模和质量上均具有较高水准，预计在"十三五"前将形成年产值超过800亿元的企业集团1户，超过200亿元的企业5户，超过100亿元的企业10户，超过50亿元的企业20户，超过10亿元的企业100户以上。

享誉世界的"重装之都"德阳，是我国重大装备制造业基地和国家首批新型工业化产业示范基地，拥有一批世界知名企业，如中国二重、东方电机、东方汽轮机、宏华石油等。我国60%以上的核电产品、50%的大型轧钢设备和电站铸锻件、40%的水电机组、30%以上的火电机组和汽轮机、20%的大型船用铸锻件均在德阳制造，其中石油钻机出口量居全国第一，而发电设备的产量更是连续多年位居世界首位，中江涌德电子的网通连接器的销量也已经位居全球第一。德阳的核电、风电、太阳能、生物质能、潮汐发电、燃料电池等新能源装备制造发展迅速，并已成为清洁技术与新能源装备制造业国际示范城市。

二、陕西省

（一）行业效益普遍上涨

2014年，陕西省装备制造业实现主营业务收入3221.46亿元，利润157.71亿元，主营业务收入最高为汽车制造业 893.69 亿元，较 2013 年同期增长 12.92%，计算机、通信和其他电子设备制造业主营业务收入增速最快达 77.42%。陕西省装备制造业利润普遍上涨，装备制造九大行业中仅专用设备制造业和其他制造业利润实现负增长，其他行业利润均有较大幅度增长。其中利润最高行业为通用设备制造业，虽然主营业务收入仅为 400.08 亿元，而利润高达 26.98 亿元，利润增速最快的为计算机、通信和其他电子设备制造业，行业利润增速高达 146.15%。

表 9-4 2014 年陕西省装备制造业效益情况

	主营业务收入(亿元)	增速（%）	利润(亿元)	增速（%）
金属制品业	212.2	3.2	8.9	6.3
通用设备制造业	400.1	4.6	27.0	10.7
专用设备制造业	460.3	0.0	23.9	−13.0
汽车制造业	893.7	12.9	25.3	10.0
铁路、船舶、航空航天和其他运输设备制造业	234.8	12.8	17.1	12.5
电气机械和器材制造业	600.3	14.3	22.9	69.1
计算机、通信和其他电子设备制造业	310.6	77.4	22.0	146.2
仪器仪表制造业	87.9	7.5	9.1	39.3
其他制造业	21.5	0.6	1.6	−27.8

数据来源：国研网统计数据库，2015 年 1 月。

（二）大部分行业出口形势向好

2014 年，陕西省装备制造业实现出口交货值 261.69 亿元，大部分行业都实现了两位数以上的增速，仅金属制品业、专用设备制造业和汽车制造业出口交货值出现了负增长。其中表现较为突出的是计算机、通信和其他电子设备制造业，其出口交货值为各行业最高，达 89.45 亿元，增速同样为各行业最高，为162.40%，其他出口增速较高的行业为电气机械和器材制造业和通用设备制造业，增速分别为 66.24% 和 61.29%。

表9-5 2014年陕西省装备制造业出口情况

	出口交货值(亿元)	增速（%）
金属制品业	1.1	-11.4
通用设备制造业	21.1	61.3
专用设备制造业	35.4	-18.2
汽车制造业	43.5	-8.7
铁路、船舶、航空航天和其他运输设备制造业	29.8	25.9
电气机械和器材制造业	35.0	66.2
计算机、通信和其他电子设备制造业	89.5	162.4
仪器仪表制造业	6.3	13.1
其他制造业	0.0	31.4

数据来源：国研网统计数据库，2015年1月。

（三）产业集群带动作用明显

陕西省拥有西安高新区、西安经济技术开发区、阎良国家航空高技术产业基地、西安民用航空科技产业基地等一批我国重要的装备制造集群，其中西安市航空产业示范基地、西安市航天产业示范基地、西安市汽车产业示范基地是我国新兴产业化示范基地。此外，宝鸡高新区的重型汽车及其零部件、高档数控机床、石油钻采及油气输送设备、钛材加工等，渭南高新区的3D打印、印刷机械等，汉中经济开发区和高新技术产业园的机床、飞机等产业均已形成了一定规模的集聚，具有较强的区域竞争优势。产业集群内已汇聚了产值过300亿元的西电公司、产值过100亿元的陕鼓、西飞、宝鸡石油机械等一批大型龙头企业集团，龙头企业发展的同时还拉动了一系列配套中小企业的发展，形成了一批产值过10亿元的"小巨人"企业，如航天四院、航天六院、庆安公司、西北有色研究院等，产业集群的带动作用明显。

三、重庆市

（一）承接产业转移效果突出

作为西部唯一的直辖市，重庆大力推进信息化与工业化融合发展，凭借自身优势，积极承接世界发达地区的产业转移，目前已吸引世界500强企业200家、东部发达地区工业企业上千家落户，形成了长江工业园、台湾工业园等产值上千亿的转移园区。

（二）行业效益保持较大幅度上涨

2014 年，重庆装备制造各行业效益均有较大幅度的上涨。实现主营业务收入最高的为重庆传统优势产业——汽车制造业，主营业务收入高达 3750.81 亿元，较 2013 年同期增长 26.38%，实现利润 367.23 亿元，同样是各行业中最高的，较去年同期增长 52.27%，增速仅次于计算机、通信和其他电子设备制造业。重庆装备制造各行业利润均实现了上涨，且大部分行业增速保持在两位数，最为突出的计算机、通信和其他电子设备制造业实现利润 57.91 亿元，同比大幅增长110.96%。

表 9-6　2014 年重庆装备制造业效益情况

	主营业务收入(亿元)	增速（%）	利润(亿元)	增速（%）
金属制品业	420.9	22.0	35.6	17.4
通用设备制造业	535.2	19.4	49.0	15.8
专用设备制造业	322.7	18.3	34.4	19.2
汽车制造业	3750.8	26.4	367.2	52.3
铁路、船舶、航空航天和其他运输设备制造业	1356.9	7.5	77.6	9.9
电气机械和器材制造业	986.8	20.6	63.7	11.5
计算机、通信和其他电子设备制造业	2798.5	29.8	57.9	111.0
仪器仪表制造业	137.8	11.8	10.8	9.0
其他制造业	11.4	4.8	1.0	14.0

数据来源：国研网统计数据库，2015 年 1 月。

（三）行业出口有增有减

2014 年，重庆装备制造业完成出口交货值 2549.17 亿元，其中通用设备制造业，专用设备制造业，汽车制造业，计算机、通信和其他电子设备制造业出口交货值均保持了 20% 以上的增速，其中专用设备制造业增速更是高达 45.15%，而金属制品业，铁路、船舶、航空航天和其他运输设备制造业，电气机械和器材制造业，仪器仪表制造业及其他制造业出口交货值出现了下滑，其中下滑幅度较大的电气机械和器材制造业和金属制品业出口交货值较 2013 年同期分别下降22.46% 和 17.29%。

表 9-7　2014 年陕西省装备制造业出口情况

	出口交货值(亿元)	增速（%）
金属制品业	13.3	−17.3
通用设备制造业	45.9	31.5
专用设备制造业	20.2	45.2
汽车制造业	84.3	29.1
铁路、船舶、航空航天和其他运输设备制造业	171.2	−3.7
电气机械和器材制造业	21.8	−22.5
计算机、通信和其他电子设备制造业	2185.2	25.0
仪器仪表制造业	6.2	−2.2
其他制造业	1.1	−8.9

数据来源：国研网统计数据库，2015 年 1 月。

（四）产业结构不断优化

重庆大力推进新兴产业，SK 海力士芯片封装、富士康高清显示模组、奥特斯集成电路基板、莱宝触摸屏、广数机器人、华数机器人均已投产，其物联网基地已推进 27 个示范项目和 10 个重点项目建设。有关智能制造的互联网、云计算、大数据等软件和信息服务业发展迅速，2014 年已实现收入 1350 亿元，同比增长 25.9%，此外太平洋电信数据中心、中国联通西部数据中心开始投入运营，吸引了惠普大数据、华硕云端、宜信互联网金融等一批重点项目落户。生产性服务产业初具规模，国际电子商务交易认证平台服务企业超过 1000 家，年结汇量超过 2.8 亿美元，惠普、广达结算中心结算量累计达 800 亿美元，佳杰科技、伟仕电脑内销结算量超过 170 亿元人民币。

园 区 篇

第十章 沈阳经济技术开发区

沈阳经济技术开发区建立于 1988 年，并于 1993 年 4 月正式被国务院批准为国家级经济技术开发区。2002 年 6 月 18 日，沈阳经济技术开发区正式与铁西区工业基地合署办公，成立了铁西新区。沈阳经济技术开发区的规划面积由 35 平方公里逐步扩展到 126 平方公里。2007 年，开发区总规划面积达到 444 平方公里，成为国内规模最大的经济技术开发区。作为沈西工业走廊的起点，开发区不断调整其产业结构，于 2008 年 6 月获得全国"老工业基地调整改造暨装备制造业发展示范区"和"中国改革开放 30 周年 18 个典型地区"的荣誉称号。

第一节 发展现状

一、产业规模不断增加

2013 年，开发区全年规模以上工业总产值达到 2020 亿元，是 2002 年的 12 倍，工业总产值占全部规模以上的 70.6%，其中高新技术产品的产值 1380 亿元，占装备制造业产值的 68.3%。

截至 2014 年 10 月，沈阳经济技术开发区固定资产投资共完成 702 亿元，与 2013 年同期相比增长 6.1%，3000 万以上新开工项目达到 113 个，为市政府下达年度计划的 105.6%；亿元以上新开工项目 61 个，正在建设项目和竣工项目有效拉动了固定资产投资。通过多年的发展，开发区内产业规模不断扩大，投资额度不断提高，发展前景较为有利。

二、产品种类持续扩大

沈阳经济技术开发区鼓励以龙头企业为引领,加大支持企业产品的自主研发,开发区内的产品呈现出多样化的特点。

机床类产品以沈阳机床集团为代表，重点发展数控机床、柔性生产线及功能部件等三大类产品；汽车行业的产品包括发动机壳体类、轴盘类、支架类和异形件、装配、检测等生产线；通用石化装备类产品以沈阳鼓风为依托，研制了大型炼油和乙烯装置、PTA/PX装置、大型煤化工装置、大型化肥装置、大型空分装置等产品；重矿机械类产品以北方重工、三一重装等企业为代表，产品主要为综采综掘、散料输送、冶金轧钢、堆取料机、水泥、大型选矿、铝材轧制、料浆输送等成套设备，大型洗选煤设备、电站磨煤机等关键整机，建成国家重要的重型矿山机械制造基地；工程机械类产品以北方重工为代表，研制适合我国地质特点的各种形式的全断面掘进机，实现关键部件的自主可控；汽车及零部件类产品以沈阳华晨宝马、沈阳华晨金杯、上海通用北盛、广汽日野等整车企业需求为代表，重点发展发动机、车桥、变速箱、轮毂、汽车电子等汽车零部件产品，发展大中型客车、商用车以及专用汽车等整车产品，形成了以整车和零部件为代表多产业共同协调发展的格局。

沈阳经济技术开发区围绕国家两化融合的政策方向，发挥东北老工业基地的良好基础的特点，大力促进工业转型升级，并制定了一系列相关政策。很多企业在产品生产和研发层面实现了信息化与工业化的融合，促进了产品的多样化发展。

三、经济效益不断增长

2014年1—6月，沈阳经济技术开发区地区生产总值高达538亿元，与2013年同比增长约11%；规模以上工业总产值超过1267亿元，增长16%左右；规模以上工业增加值约331亿元，增长超过11%；开发区内固定资产投资288亿元，增长15.5%；直接利用外资62245万美元，政府收入超过85亿元，同比增长10.3%，税收收入共计41.14亿元，增长了约10%。

四、技术进步较为明显

（一）产品自主研发不断进步

截至2014年6月，沈阳经济技术开发区的技术研发成果已经超过300项，研发水平不断提高。研发人员先后研制出智能化数控机床、百万吨级以上大型乙烯压缩机组、1000千伏特高压交流变压器和±800千伏特高压直流变压器、长输管线压缩机、百万千瓦级核电机组核二级余热排出泵、煤柱回收成套装备、全自动联合采煤机组、大功率智能电力传动系统等产品，为国家重大装备创新发展作出了贡献，但是目前开发区内企业的自主研发和技术创新水平与国际同行业相比仍然较低，产业转型升级仍然是需要解决的问题。

（二）低碳工业逐步发展

在发展低碳工业方面，2014 年沈阳经济技术开发区达到了国家低碳工业试点标准，正式通过评审，并成为沈阳经济技术开发区中唯一一个国家低碳工业试点园区。未来园区内建设将逐渐注重能源结构调整和节能技术改造，建立环保低碳的服务平台，将低碳管理、低碳发展的概念融入到企业的制造过程中。低碳试点项目包括对产业进行结构调整，包括能源结构调整、节能技术改造、低碳技术服务、低碳基础设施建设等 130 项重点规划，大力促进开发区内低碳技术发展，为开发区环境保护作出贡献。

五、产业集群逐渐显现

截至 2014 年 12 月，沈阳经济技术开发区以机床、电气、现代建筑、汽车及零部件、医药化工等七大千亿优势产业集群辐射带动周边产业发展。以沈阳机床、北方重工、沈鼓集团等为代表的超百亿企业集团崛起势头迅猛。开发区依托五个功能强大的公共服务平台为企业创造较为优越的条件，吸引了以德国宝马、法国米其林、日本精工为代表的海外知名制造企业在此落户。

在企业集群方面，以沈阳重型机械集团有限责任公司、沈阳鼓风机集团股份有限公司等超过 200 家企业为代表的装备制造业企业；以沈飞日野汽车制造有限公司、华晨 E2 发动机工厂为首的零部件制造企业超过 150 家；以东北制药集团、沈阳石蜡化工有限公司为代表的医药化工企业近 10 家；以东药巴斯夫、石蜡化工等为代表的医药化工企业超过 60 家等等。家电及电气、机泵阀、冶金、铸锻及有色金属等产业集群也正在加速建设和培育发展中。

此外，开发区已培养多种工业园区，其中仪器仪表工业园区、模具工业园区、短柱工业园区、民营工业园区、重大化工产业园区即将建设完成。其中的汽车零部件工业园、发电及动力设备工业园、工程机械工业园等，基本已具备承接大型项目的服务水平。

但是，经开区产业集群发展仍然存在一些亟须解决的问题，其中园区内发展特点不明确，产业集群结构待优化，制约开发区转型升级。

未来几年，开发区将重点围绕全面建设世界级装备制造业基地，挺进一流国家级开发区，大力发展现代制造业，吸引优质外资进入，拓展海外市场，致力拉开高新技术产业的格局。向西拓展空间，发挥沈西工业走廊发动机的功能，使得产业能够良性发展。

第二节　发展经验

一、坚持规划引领

（一）制定健全的工作制度

根据地方工业主管部门和政府的多次协商讨论，辽宁省出台了《创建辽宁省新型工业化产业示范基地管理办法》，规定升级示范基地运行的基本条件、工作程序和相关制度。

此外，铁西区工业主管部门坚持规划先行，制定切实可行的政策，编制了《铁西装备制造业聚集区产业发展规划》，推行新型工业化产业示范基地的战略，发展9大重点主导产业、20个世界一流企业、100个世界一流产品、20个基础产业集群、5大公共服务平台的"92125"发展布局，明确了未来制造业发展方向、目标、举措、政策支持等，为沈阳经济技术开发区的制造业指明未来的方向。

（二）加强组织工作

为了加强开发区内申报、组织和评审工作，辽宁省政府特别成立创建新型工业化示范基地领导小组，为开发区内的企业服务，高效有质的负责受理项目申报、组织以及审查等后续管理工作，做到从细微处着手，有问题及时跟踪管反馈，保证生产安全。同时，当地政府与企业在装备制造领域培养行业专家和管理专家，加大支撑力度建设高质量的专家库。

二、推进转型升级

在转型升级过程中，沈阳经济开发区十分注重引进国内外先进企业，以德国宝马新工厂、宝马发动机、沙尔特堡，日本NSK、安川电机，美国西屋，瑞典阿特拉斯，比利时贝卡尔特，中国台湾友嘉等企业项目，不断拉动相关企业发展，推动园区进行价值链升级，完善产业结构，扩充了产业链条。

截至 2014 年 12 月，沈阳经济技术开发区着手于从纯粹的"生产制造"向"制造服务"方向转型，特别是在推动骨干装备制造企业分离生产性服务业方面有了极大进展，在当地政府的协调与扶持下，开发区坚持完善装备制造基础设施建设，增强服务能力，如成套总包、金融租赁，向客服提供尽可能完善的服务。此外，沈阳政府在开发区使物流运输、设计研发生产和与主要业务进行脱离，使得辅助业务实现"主辅分离"的局面，形成一批面向市场的具有生产性服务能力的企业，推动了制造专业化和独立化的生产性服务行业发展，现阶段整改处于起步奠定基础的阶段，但已经有了极大成效。

同时，加快推进铁西生产性服务业聚集区建设，搭建了公共制造、研发共享、金融互利、当代物流、人才培养等十大服务平台，推动沈阳远大集团、三一重装集团等一批大中型重点骨干企业分立生产性服务业，取得了实质性进展。目前，铁西区的生产性服务业占服务业比重达 30%，生产性服务业已经成为区域经济发展的重要支撑。

（一）降低资质门槛，提高企业服务能力

专业资质门槛过高，导致企业获得服务客户的能力滞后，新的服务能力不能快速转变为生产力。国内申请工程设计的资质的门槛和规定过于严格，一些装备制造企业难以获得工程总承包资质，仅能依附于有自制的研究设计机构，而有些企业根据检验检测部门测定已经具备行业领先水平并能够进行"主辅分离"，但由于政策所限行业准入资质难以获得。沈阳经济技术开发区政府通过降低资质门槛，提高了企业服务能力，并且推动园区内整条制造服务价值链升级。

（二）加强支持力度，提高改革积极性

在过去，沈阳经济技术开发区制造企业面临生产性服务业较多的纳税环节和总体税负，很大程度上影响企业"主辅分离"的积极性。其中，以铁西区企业为例，数据显示铁西区在企业分离辅助生产环节中面临新增的税费达到总体缴税负担的 8% 左右，在用地、用水、用电、用气等方面的开支在制造业转向服务业的总体价格都有不断程度上升。

在土地利用方面，省、市政府优先提供充足的建设用地，供新区招商引资进一步开发。经济区享有各类市级审批权限，区域内土地出让收益、配套费、各类财政收入地方留成全部由区域支配用于发展。

市政府统筹安排实施浑河、细河整治工程；市财政年均拨款 5 亿元资金，用于区域经济发展；市政府各项专用基金（工业发展基金、科技专项资金、新农村建设资金、社会保障资金）以及政策性贷款优先支持区域经济发展。区域优先通过城市化、工业化实施新农村建设，通过搬迁改造对农村、农业人口全部实施城市化改造。

三、加强研发创新

（一）体系创新

在创新方面，开发区加强载体建设，目前全区已建设国家级企业技术中心、工程研究中心、重点实验室 16 个，各省企业技术中心、工程研究中心达到 75 个，市级共 14 个；以体系的良性发展，能够激发出开发区最大的活力，保持稳定长久的发展。

开发区紧密型的"产学研"体系，坚持以政府为引导，企业和高校为主体，将技术创新与生产结合，推进市场化进程，促使装备制造业良性发展。政府加大支撑力度，搭建"产学研"公共服务平台，成立了装备制造业公共研发促进中心，推进企业与高等院校科研院所将研发与生产进行紧密结合，通过高等院校强大的学术研发水平，形成了一批重点骨干企业与国内外高等院校研发合作的市场化新模式。

同时，开发区健全与发展社会主义市场经济体制，成立适应本土情况的各类机构，营造符合国际惯例与标准的投资环境和空间。在建立现代企业制度、收入分配制度以及社会保障制度等改革难点上，开发区未来将计划尝试先行的优先权，进行试点工作以便后续工作的顺利进行。

（二）研发投入增强

在研发投入方面，截至 2014 年 6 月，开发区的政府和企业先后投入 85 亿元，支持和鼓励企业研发新产品，进行创新研究，推进沈鼓集团、特变沈变集团等重点企业实行工业化和信息化向深度融合发展，大大提高了区域和企业的技术创新能力。

四、依托基础设施优势

（一）基础设施不断完善

开发区 2014 年全年共投入基础设施建设资金 8 亿元，新建并完善园区内排水、送电、供热、道路等基础设施。基础设施的不断完善保障了园区内项目工程的顺利进行，比如华晨宝马铁西工厂三期、米其林轮胎新工厂等一批重大项目，这些项目避免了耗费大量时间进行基础设施建设，得到顺利推进；丰田纺织、嘉泰工业博览城等重点项目依靠完善的基础设施，避免前期冗长的准备时间，实现快速竣工；中德装备制造产业园、中法沈阳生态园规划编制等各项工作也顺利进行。

开发区2014年共投入征地拆迁及土地开发等支出21亿元，完成了10多平方公里土地征收及部分闲置土地清理，为未来园区内空间进行深度优化。

（二）交通优势逐渐显现

沈阳经济技术开发区具有得天独厚的交通优势，公路、铁路、航空等相互连通，物流体系基础设施完备。秦沈高速铁路、京沈高速公路和沈盘公路贯穿开发区全线，长达46公里的沈西产业开发大道将商机连接。

天然的临港优势使得开发区内运输条件优势明显，距营口港不足100公里即是距营口港最近的产业园区。依靠开发区内现有的秦沈、京沈高速公路与沈盘公路、规划中的沈阳至营口的公路、铁路专用线、输油管线更拉近了沈阳经济技术开发区与港口的距离，为区域内企业发展、运输和引进资源起到了极大便利。此外，预计未来将在沈北新区启动航空机场建设项目，前期投入资金超过3亿元，现已对配套建设所需要的通讯、供电、供水等辅助生产设施开展相关工作，在多方面实施经营服务性活动。

五、加强产业集群效应

基础产业是新型工业化产业示范基地不可缺少的重要组成部分。几年来，沈阳经济技术开发区结合自身实际，将着力点放在高端和优势产业上，依靠骨干企业和发展重点产品，采取合资合作，产业扩充、产品裂变，拉长延伸产业链条等举措，形成了诸多产业集群，2013年全年实现产值1590亿元，占规模以上工业总产值的55.2%。

整个经济开发区以集群展会为宣传平台，开展展销推介，积极推动产业集群小型和品牌建设，与企业、行业协会以及商会积极协调，争取引进更多有发展潜力的企业，并推动诚信体系建设，鼓励集聚区内争创国家以及省级品牌的称号。

第十一章　上海嘉定汽车产业园区

第一节　发展现状

一、产业规模

上海嘉定汽车产业园区位于上海市西北郊，是以汽车制造和汽车零部件配套工业为主的上海汽车产业基地。产业园区地处沪宁城市发展轴，是长三角产业经济一体化发展的重要节点。以上海市嘉定区安亭镇为主，包括汽车城核心区、上海市新能源汽车与关键零部件产业基地、汽车整车制造区、上海嘉定区汽车产业园区、汽车文体运动区以及以安亭新镇为代表的生活配套区六大区域组成。园区占地98.8平方公里，合计占全区总面积的21%。常住人口18.5万人，占全区总人口的15%。其中，主体工业园区包括汽车整车制造区以及嘉定区汽车产业园区，占地19.38平方公里。园区功能布局基本成形，在汽车研发、汽车文化、整车制造和零部件配套等方面处于国内领先地位，在贸易会展和运动等方面适度超前发展，影响力和带动力不断提升，已成为上海甚至全国的重要汽车产业基地。

2013年园区工业销售产值2856.3亿元[1]，较2012年增长20.3%；2013年园区汽车工业销售产值2616.9亿元，较2012年增长20.6%，产业工业增加值达到856.9亿元，工业增加值率达到30%。园区内销售排名前五的企业年销售均超过50亿元，均为汽车整车与零部件企业，形成了汽车整车及零部件制造与研发为特点的工业经济发展格局。

---

[1] 国家新型工业化产业示范基地专题报道。

二、主要产品

目前，园区内共有企业 4852 家，其中规模以上的 396 家，涉足汽车产业的约 140 余家，已经初步形成了比较完善的汽车发动机总成、车门、底盘、安全、内饰、制动、汽车电子电器等零配件供应体系。园区拥有上海大众整车生产商，在汽车发动机、ABS 等内燃机驱动和电机及其控制器、控制系统等电驱动零部件生产上已形成国内领先的生产能力。主要产品有燃料电池汽车、混合动力汽车、纯电动汽车、汽车燃料电池、汽车制动器总成关键部件及变速箱操纵机构和换挡机构、汽车安全模块和安全气囊、三元催化技术排气系统、"2VQS" 发动机线束、罗孚水泵、罗孚 HUD 挡风玻璃、点火后盖总成以及车体总成、电子模块和电动坐椅、汽车电子、电器、变速箱、离合器、电器、底盘、驱动、传动系统与整车的匹配、震动装饰板、安全带换向节、检测盘式刹车片和鼓式刹车片项目。园区内目前拥有国际知名的品牌数量 16 个，包括上汽、大众、宝钢、天合、天纳克、阿赛洛、麦格纳、锦湖、德尔福、科士达、博泽、舍弗勒、斯凯孚 SKF。国内知名商标数量 5 个，包括福耀、沪工、一品、西上海、凯泉泵业。

三、技术进步

在上汽集团与同济大学的引领下，在骨干企业的努力下，园区从加工型逐步向创新型转变，创造了一系列关于自主品牌整车和关键零配件的新产品、新成果、新专利和新技术，产、学、研互动融合，成效十分显著，企业获得的有效发明专利数量达到 2427 个。经过 13 年建设，园区已经集聚了 6 家国家级研发机构，21家省级企业技术中心，34 家嘉定区认定企业技术中心，24 家企业自建技术中心，对园区的建设起到了积极的推进作用。

上汽集团在园区内投资 12 亿，建成国内唯一的轿车专用试车场——上海大众试车场，投资近 20 亿元人民币建立了规模庞大、设施先进的技术中心，可满足轿车开发中造型、零件设计、分析模拟、试制、试验等各种需要。电磁相容性试验室、气候模拟试验室、汽车声学试验室、台车碰撞试验系统、发动机耐久试验台等试验设备，形成了包括车身自主开发，发动机、底盘、电子电器匹配开发在内的整车自主开发能力。国家质量认证中心等投资 7 亿建成了国家机动车产品质量监督检验中心 (上海)；同济大学投资 5 亿建成国内第一个上海地面交通工具风洞中心；国家级的机动新车研发三大科研平台已正式在汽车城全部启用。

表 11-1　上海嘉定汽车产业园区研发机构情况

汽车产业研发机构情况			
国家级企业技术中心或研发机构数量	6	省级企业技术中心或研发机构数量	21
国家级企业技术中心或研发机构名称	所属企（事）业		
国家机动车产品质量监督检验中心(上海)	国家质量监督检验局		
上海汽车工程中心	上汽集团		
新能源汽车与动力系统国家工程实验室	同济大学		
燃料电池汽车及动力系统国家工程技术研究中心	同济大学		
地面交通工具风洞中心	同济大学		
上海大众汽车有限公司技术中心	上海大众汽车有限公司		
省级企业技术中心或研发机构名称			
上海电动汽车工程技术研究中心			
德尔福派克电器系统有限公司技术中心			
福耀集团（上海）汽车玻璃有限公司技术中心			
上海博泽汽车零部件有限公司技术中心			
上海瑞尔实业有限公司技术中心			
上海华特汽车配件有限公司技术中心			
上海沪工汽车电器有限公司技术中心			
上海红湖消声器厂技术中心			
上海天纳克排气系统有限公司技术中心			
中涂化工（上海）有限公司技术中心			
上海金泰工程机械有限公司技术中心			
上海一品颜料有限公司技术中心			
上海天合汽车安全系统有限公司技术中心			
上海阀门厂有限公司技术中心			
上海圣德曼铸造有限公司技术中心			
上海英提尔交运汽车零部件有限公司技术中心			
上海新安汽车隔音毡有限公司技术中心			
上海胜华波汽车电器有限公司技术中心			
上海机动车检测中心技术中心			
上海乾通汽车附件有限公司技术中心			
上海科世达—华阳汽车电器有限公司技术中心			

数据来源：上海国际汽车城（集团）有限公司，2014 年 4 月。

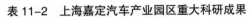

表 11-2　上海嘉定汽车产业园区重大科研成果

企业	科研成果（部分）
大众	帕萨特领驭、POLO劲情、劲取
	上海大众技术中心13项国家专利
上汽	国家科技部"863"计划——协同制造网格示范应用等7项
	上海市科委登山计划——混合动力大客车驱动单元等10项
	上海市科委技术攻关——柴油机电混合动力城市公交车研制等2项
	上海市经委"引进与创新"计划——轿车集成技术等11项
	其他上海市成果——超级电容器公交车规模化推广应用研究等10项
	荣威、罗浮系列轿车
同济大学汽车产业方面	科学技术部——科技奥运先进集体荣誉证书 上海市新能源汽车推进领导小组办公室—— 科技奥运突出贡献奖荣誉证书
	国家科技进步二等奖——燃料电池轿车动力平台关键技术
	上海市级科技成果一等奖1项—— 燃料电池轿车动力系统集成于控制技术
	上海市级科技成果一等奖1项——上海国际赛车场工程关键技术研究
	上海市级科技成果二等奖1项—— 汽车模型风洞建设及其测试分析技术
	中国汽车工业科技进步二等奖—— 基于虚拟样机的设计与分析方法、平台技术及其应用
	上海市级科技成果三等奖——汽车传动与其控制系统设计理论、方法和关键 技术及在产品开发中的应用等7项
	中国汽车工业科技进步三等奖——轿车排气系统软件包开发及其应用等3项
	上海高等学校2005年十大科技进步奖——国家"863"燃料电池轿车
	汽车风洞的水平抽吸系统及抽吸控制方法等发明专利14项
上海燃料电池汽车动力系统有限公司	2003年上海国际工业博览会创新奖——燃料电池轿车"超越一号" 上海市科技进步一等奖——燃料电池轿车动力系统集成与控制技术 国家科技进步二等奖——燃料电池轿车动力平台关键技术 科学技术部——科技奥运先进集体荣誉证书 上海市新能源汽车推进领导小组办公室—— 科技奥运突出贡献奖荣誉证书 一种混合动力汽车的换挡控制方法等发明专利14项。
上海科世达——华阳汽车电器有限公司	上海市重点技术改造项目——车身电子控制模块 上海市高新技术产业化重点项目——汽车人机交互界面系列开关项目 市级企业技术中心能力建设项目——汽车车身电子控制模块软硬件开发及测 试平台 发明专利3项，实用新型专利32项

（续表）

企业	科研成果（部分）
上海沪工	专利授权发明专利2项，实用新型27项
福耀（上海）有限公司	帕萨特B5门板系统2002年度国家级重点新产品 发明专利8项，实用新型5项
上海瑞尔实业有限公司	2008年汽车防抱死（ABS）阀体获得上海市重点新产品 申请专利41项，获得授权21项

数据来源：上海国际汽车城（集团）有限公司，2014年4月。

四、产业集群

至2013年，进驻企业总数4852家，其中，示范产业企业数量396个，产品主要涉及汽车发动机、底盘、车架、车身、安全系统、电子电器、汽车玻璃、汽车内饰等15大类；有25家上海市认定企业技术中心、34家嘉定区认定企业技术中心、24家企业自建技术中心，经过13年发展，产业聚集情况良好，2013年销售收入排名前五位的名称分别为：上海大众汽车有限公司销售收入为2049.73亿；德尔福派克电器系统有限公司，销售收入为93.45亿；上海安谊车轮有限公司，销售收入为65.31亿；上海联晟汽车配套服务有限公司，销售收入为63.62亿；延锋伟世通（上海）汽车座舱系统有限公司，销售收入为53.8亿，规划区域汽车产业集聚特征日趋明显。

五、园区品牌影响

13年来，通过成功举办多届上海汽车文化节、F1大奖赛、"必比登"挑战赛、中德文化周、嘉定汽车论坛、"同一首歌"、"与车共舞"等国际国内大型文化、体育、综艺、旅游等活动，以及中外媒体的大量宣传报道，园区在海内外的知名度和影响力不断提升。

第二节　发展经验

一、构建保障体系

一是加强组织保障。成立产业发展领导小组，由区领导挂帅，负责发展过程中相关配套政策的制定。领导小组负责协调，整合各方资源，指导相关部门解决重大问题，构建了跨部门、跨市区的协同联动机制。二是加强政策保障。在投资融资、技术创新、政府采购、土地使用、税收、人力资源等方面持续完善对汽车产业的扶持政策。吸引汽车产业中有带动作用的关键项目落地，积极帮助、扶持创新企业和创新人才，强化产业园在国内汽车产业研发上的优势地位。在扶持新能源汽车发展方面，园区将自主品牌混合动力汽车整车研发列入上海市科教兴市重大产业科技攻关项目予以重点支持，制定了鼓励社会购买新能源汽车政策，对购买新能源车用户给予车价补贴，免征道路通行费，免经牌照拍卖程序直接上牌注册登记。

二、加强资金扶持

组建上海国际汽车城核心区建设发展基金，重点扶持汽车公共服务平台与配套基础设施的建设；实施"小巨人"行动计划，聚焦汽车产业扶持一批"专精特新"的中小型企业；设立新能源汽车产业发展专项资金，自 2010—2013 年累计已投入 1 亿元资金用于扶持新能源汽车发展；加大资金投入，鼓励发展汽车生产性服务业。

三、打造公共服务平台

遵循"政府主导、组织保障、目标引导、措施明确、突出新特色、形成新动力"的原则，产业园建设紧紧围绕汽车产业发展，服务于汽车产业的发展转型，已初步构建了涵盖汽车研发检测、贸易展示、新兴产业、创业创新、文化教育等五个公共服务平台。平台以政府引导、市场化运作为主要建设模式，充分体现公共性、服务性、政府补助和实体性，推行多元主体参与，实现相关企业的集聚。五大平台服务范围涉及汽车人才、研发、制造、贸易、文化等整条汽车产业链，为汽车产业和国内外汽车企业提供全方位的服务。通过政府和企业互补、共享的运行机制，营造了良好的政府服务和企业发展环境，形成规模优势和集聚优势，既打造了产业特色，又提升了区域品牌。五大服务平台的构建，是加快产业结构调整、推动汽车产业发展方式转变的重要举措，成为上海国际汽车城持续、健康发展壮大的重要载体。

四、大力引进高层次人才

一是投入专项资金扶持与奖励优秀人才。产业园针对吸纳海外高层次人才的科技企业及海外高层次人才出台了一系列扶持与奖励政策：对于被认定为海外人才领军的企业技术中心，国家将奖励 100 万元，上海市奖励 30 万元；对于由海外人才成立的企业，如获得国家科学技术进步一等奖，则奖励 100 万元，如获得国家科学技术进步二等奖或上海市科学技术进步一等奖，则奖励 50 万元；对于海外人才集聚并设立国家博士后科研工作站的企业，奖励 50 万元，认定为市博士后创新实践基地工作站和获得上海浦江计划资助的企业，奖励 15 万元；对海外高层次人才建立名师工作室，给予 10 万元启动资金。二是成立专门机构引进与服务优秀人才，确保引进海外高层次人才的各项工作落到实处。为提高对高层次人才的吸引力，人才引进与服务机构制定了涵盖创业启动资助、住房保障、技术入股、返税补助、贷款贴息、风险投资、提供资金配套、提供办公场地等内容的详细优惠政策。另外，还为高层次创业人才提供全天候、全方位、全过程的高品质支持和服务，在户籍、配偶、子女、医疗、出国签证、职务评定等方面实行特事特办、一事一议的政策，尽可能地让高层次创业人才无后顾之忧。

第十二章 湖南长沙经济技术开发区

第一节 发展现状

一、基本情况

长沙经济技术开发区创建于 1992 年，2000 年被国务院正式批准为国家级经济技术开发区。园区总规划面积达到 105 平方公里，下辖星沙、榔梨、黄花三个工业园。建区以来，开发区坚持按照"工业立区、产业兴区、招商活区、科技强区、建设扩区、和谐安区"的发展思路统筹规划，向高速度、高科技、高效益的科学发展的道路前进。截至 2014 年 12 月，长沙经济技术开发区已经先后获得"国家新型工业化产业示范基地"、"国家知识产权示范园区"、"中国最具投资潜力十强开发区"等荣誉。长沙经济技术开发区的高速发展带动了长沙和其他周边地区工业发展，成为湖南工业发展的核心驱动力。

二、产业规模

通过多年发展，开发区内工业总产值从 2003 年的 147 亿元增长到 2014 年的 1637 亿元，截至 2014 年，开发区税收总额达到了 67 亿元。园区内共有规模工业企业超过 1000 家，大、中、小型企业数量分别为 32 家、107 家、882 家。其中有 19 家企业产值超过 10 亿，占全部企业的 17.8%，有 66 家企业产值不足 5 亿，约占全部企业的 60%。

三、经济效益

（一）经济效益快速增加

2013 年，长沙经济技术开发区工业增加值超过了 1500 亿元，开发区经济总量首次突破 1500 亿元的门槛。园区规模工业增加值占全市的比重超过 57%,与 2012 年同期相比,增长 0.6%,园区完成规模工业增加值约 420 亿元。

2014 年全年,长沙经济技术开发区承受宏观经济下行带来的压力,其主要经济指标增幅均高于省、市的平均水平。全区实现工业总产值 1600 亿元,工业固定资产投资达到 110 亿元,完成税收 96 亿元。2014 年 1—4 月,长沙经济技术开发区完成规模工业总产值 1833.91 亿元,与同期相比增长了 20.3%,比全市平均水平高出 1.2 个百分点。长沙经济技术开发区依托"五区九园"的全方位发展,以少于全市 2% 的土地面积,创造了全市三成以上的工业产值,吸引了全市超过 60% 的工业到位外资投资,开发区已经成为长沙工业的核心动力。

(二)产业增速结构优化

从产业增速来看,以汽车制造、电子信息为代表性的产业在 2014 年全年分别保持了 40% 和 50% 的增速,弥补了在宏观背景下,工程机械产业下行带来的压力。工程机械产业占比与 2013 年同期相比,由 75% 下降到 50%,汽车制造业占比由 10% 上升到 20%,园区内产业结构不断进行优化,过剩产能逐渐减少,形成了多点支撑的格局。

四、技术进步

(一)智能制造稳步推进

开发区逐渐由制造园区迈向"智造"园区,机器人代人工作逐渐在园区内的企业推进。创新驱动带来的效益是凝聚发展内生动力根源。

以镭目科技为例,企业为钢铁铸造设备商配套全面的智能化系统,实施机器代替人工作业,钢铁铸造时需要添加保护渣确保铸坯质量,作业时需要工人人工在高热的浇铸流水线边用耙子将保护渣推入钢水,这种作业方式将产生对人体较大伤害的粉尘,而镭目科技为炼钢全流程提供智能方案并且制定智能化产品的生产流程。企业是湖南国家规划布局内重点软件企业,截至 2014 年其全年销售额超过 3 亿元,国内市场占有率也已经超过 85%。

(二)技术支撑不断增强

截至 2014 年 12 月,长沙经济技术开发区凯天环保获批建设"博士后科研工作站",三一集团、山河智能、凯天环保、铁建重工获批建设"院士专家工作站"。

现阶段开发区内拥有 5 家国家级企业和工程研究中心，24 家省级企业技术中心、研究中心、实验室，23 家市级企业技术中心、研究中心，8 家博士后科研工作站。

在学术研究方面，开发区内 56 家园区企业与省内 23 所技职院校合作关系良好，与高校产、学、研配合较为密切。2014 年全年，湖南省内技职院校为开发区企业输送技能型毕业生近 4000 人。通过外引内培策略，长沙经开区"人才特区"集聚效应明显，给经济开发区创新和高新产业带来源源不断的活力，通过人才推动创新，实现创新发展产业的目标。

五、产业集群

（一）产业集群逐渐形成

开发区建立后，坚持以"工业立区、产业兴区、招商活区、科技强区、建设扩区、和谐安区"的发展思路，形成了三大核心产业集群，分别是以三一重工、中联起重机、中铁重工、山河智能等为代表的先进机械制造业集群；以上海大众、广汽菲亚特、广汽三菱、众泰为代表的汽车制造产业集群；以蓝思科技、长城信息、纽曼科技等为代表的电子信息产业集群。这三大产业成为辐射和带动其他产业发展的主导力量。同时，园区对内在产业结构进行调整，形成工程机械、汽车、食品烟草、材料、电子信息、生物医药等六大未来优势产业集群。

（二）项目集群不断发展

2014 年全年，长沙经济技术开发区工业固定资产投资超过 120 亿元，比 2013 年同期增长 17%。截至 2014 年 3 月，经济技术开发区在建项目 33 个，待建项目 43 个，在谈项目 46 个。园区于 2014 年建设 20 余个新项目，另有 20 个项目竣工投产。新增广汽菲亚特、广汽三菱和蓝思科技三家百亿元项目。开发区的部分园区已经实现以项目建设为依托，推动产业倍增计划，坚持招大引强。同时，引进了一批园区主导产业企业的配套中小企业，实现优化产业集群的目标。

汽车产业方面，2014 年第一季度，上海大众项目四大车间及研发中心已完成项目总进度的 90%；长沙福邦已搭建好项目管理板房并建设配套企业；广汽三菱位于星沙产业基地的配套园也已经开工；此外，克莱斯勒项目已进驻长沙经开区，在长沙生产 JEEP 的大款车型总投资超过 60 亿元。

电子信息产业方面，截至 2014 年 6 月，蓝思科技榔梨新厂区正在建设蓝思科技国际工业园区，与日本富士通合作的国科微电子开始建设。科技园区未来还将加大电子信息产业基础元器件企业和配套企业的引进。

（三）产业布局稳步优化

现阶段开发区面临的主要问题是产业聚集程度较低、布局仍需进一步明晰。随着长沙工业发展，多点支撑的战略使得工程机械行业独大的局面逐渐改善。长沙工业已拥有工程机械、汽车、食品烟草、材料、电子信息、生物医药等六大产业集群，但"千园一面"这一全国工业园区存在的共性问题，仍然阻碍长沙的发展，"五区九园"的产业特色不明显。

以工程机械行业为例，开发区有多个以工程机械为主导的产业园区，在工程机械产业布局方面，10 个产业园区都包含相关产业。项目布局的分散使得产业聚集效应较弱，从长远来看，这种生产方式限制了产业规模的发展。

出现此类问题的原因较为复杂，以工程机械产业来说，过去几年工程机械产业的市场广阔、效益丰厚、政策支持，投资热度持续增加，一些发展势头较为良好的产业出现投资过剩的问题。开发区内的一些园区陷入产业小而全、产业特点模糊的发展阶段，而产业的同质化容易导致恶性竞争，企业难以得到良性发展。

第二节　发展经验

一、发挥本土优势

与其他同类开发区边引进企业边进行基础建设的做法相比，长沙经济技术开发区初期建设着眼长远，为入区企业提供的硬件服务较为完善，基本实现在企业进驻园区之前完成管道及管线铺设等公共设施项目的建设。截至 2014 年 12 月，开发区已经累计完成基本建设总投资 180 亿元，围绕资源、能源、交通配套的建设要求，完善道路交通、供水供电等服务配套设施建设，完善的投资环境使得企业在开发区内能够更加高效地发展自身优势，快速投入到生产过程中。

交通方面，开发区与长沙黄花国际机场、长沙火车站和长沙新港均为 8 公里，并与区外交汇互通的立体网状交通格局，紧连京珠高速公路、107 国道和 319 国道、长永机场高速公路。基础设施方面，园区内已投产 5 座 11 万伏变电站，两座日供水为 10 万吨的自来水厂，能每日处理超过 10 万吨的污水；装机容量为 20 万门的程控大楼已正式投入使用，其国际互联网能够与 156 个国家和地区的通信联网进行连接；园内投资 1400 多万元的电视发射塔保证了良好的收视效果；与之配套的学校、医院、宾馆及其他公益设施正日臻完善。

二、拓宽招商领域

长沙经济技术开发区始终坚持"招大引强"战略，围绕主导产业、战略性新兴产业招商引资，着力引进重大战略投资项目，近年来园区每年平均引进投资超过 50 亿元项目 2 个以上。开发区招商的方式也与时俱进，开展多种招生方式，比如以商招商和主题招商，"中国（长沙）工程机械配套件博览会"已成为园区招商节会的闪亮名片。实施"招商选资"战略，严格执行招商新规，提高准入门槛，注重招商项目产出效益，不断提升招商引资的层次和水平，引进了上海大众、长沙科技新城、克莱斯勒等一批成长性好、带动力强的优质项目。加快"招才引智"步伐，着力引进高层次人才，深入实施《招才引智三年行动计划》，为项目入驻提供强有力的人才保障和智力支撑。同时，鼓励支持企业"走出去"投资建厂，三一重工、中联重工等企业先后跨出国门，在欧洲、美洲、非洲、南亚等地区建立研发中心及生产基地。

除了鼓励有实力的企业主动走出国门，开发区还进行招商领域的拓展，分析调研园区内的实际发展情况，制定合理的招商引资规划，优化整个园区内的布局。2014 年 5 月，上海大众长沙工厂将正式投产下线，该项目首期投资 120 亿元，达产后产能为 30 万台整车，将实现年产值 1200 亿元，其配套园已相继开工投产。在环境保护方面，长沙工厂是大众集团所有工厂中最环保、最先进的，包括德国工厂在内；上海大众长沙工厂获得"三星级绿色建筑设计标识"证书；广汽菲亚特引进的克莱斯勒 Jeep 项目 D 级 SUV 将在长沙投产，该项目总投资超过 60 亿元，投产后将实现年产整车高达 8 万辆。

2015 年，工程机械交易展示中心、蓝思科技国际工业园等项目建设继续推进，长沙经开区将在项目储备、项目前期、项目推进上，形成快人一拍的"园区速度"，全年计划完成 20 个项目开工建设、20 个项目竣工投产。在壮大本土企业的同时，强力推进招商引资，以招大引强带动产业链招商、专业型招商、常态化招商。更加注重企业的规模和项目的质量，更加注重投资强度、亩均税收、产出幅度，进一步完善考核办法，通过严格考核，强化指导和引导，再引进至少一个 50 亿元以上的项目。

开发区鼓励企业积极实施走出去战略，扩大海外市场。以三一重工为例，2015 年 1 月 6 台三一平衡式重叉设备击败欧美品牌，破冰危地马拉市场。作为经开区内的龙头企业,三一已完成在美国、德国、印度和巴西四个制造型大区和亚太、拉美、南非、北非、中东、俄罗斯六个销售型大区的全方位布局,并且在海外九区已全部实现盈利。其国际化销售营业额度占全部销售业绩的近三分之一,预计未来这个比例将提升至50%。在企业转型升级的关键时期,三一重工重新布局,将互联网战略作为未来主要发展方向,向创新化、智能化、国际化和信息化推进。

三、鼓励自主创新

(一)加大自主研发投入

依靠"国家知识产权示范园区"平台,长沙经济技术开发区实施创新驱动战略,推进"专利驱动创新工程",加快创新刑园区。园区共建立了5家国家企业技术中心,8家博士后科研工作站,1家国家工程研究中心,超过8000名科研人员从事新技术开发与创新,共有4000多人获得了高级职称。其中园区高新技术规模企业产值已经占全区工业总产值的86%,高新技术企业已成为推动元起经济发展的主要力量。

(二)依托政策支持

企业的创新是保证发展的前提条件,从"制造"到"智造"也更需要制度的保驾护航。为应对高新技术产业发展缓慢、自主研发能力不足等限制制造业发展的特点,长沙市政府出台《关于强化企业自主创新能力建设加速转型创新发展的意见》,为未来5年长沙自主创新列出详细"提纲"。近年来,园区陆续出台了《关于建设创新型园区的实施意见》、《科技发展专项资金管理办法》等系列政策,支持企业自主创新,不断提高知识产权的产出率和转化率。

四、培养高端人才

自《招才引智三年行动计划》和《加快引进和培养技能型人才三年行动计划》实施起,长沙经济技术开发区紧紧贴近经济发展现状,从产业实际增长状况着手,优化人才发展环境。2013年下半年长沙经开区计划投资两亿元,引进和培育一批高端复合型人才。2014年,区人才办采取"走出去"和"请进来"两种方式,依托"海外招才引智工作站"和各类人才推介会,向海内外高端人才伸出橄榄枝,截至2014年12月经开区共接洽高层次创新创业项目咨询近60次,收集申报高层次创新创业项目17个,评审通过7个。

第十三章　西安阎良国家航空高技术产业基地

　　西安阎良国家航空高技术产业基地（以下简称"西安航空基地"）在 2005 年
3 月全面启动建设，是我国第一个国家级航空高技术产业发展平台，2010 年 1 月
获工信部批复为国家新型工业化产业示范基地。2010 年 6 月，根据国务院的批复，
西安航空基地核心园区升级为"陕西航空经济技术开发区"。2012 年 8 月，西安
航空基地成为西安市渭北工业区阎良航空工业组团的开发建设主体。西安航空基
地是国内唯一一个以航空为特色的国家级"航空经济技术开发区"。

　　作为我国第一个航空高技术产业基地，西安航空基地是国内航空产业与地方
经济融合发展的一块试验田，自从其建设起就力图站位高远，以国际化的角度考
虑基地的战略定位。西安航空基地按照"体制创新、市场导向、国际合作、军民
互动"的整体发展思路和"整机先行、带动配套、集群发展"的发展模式，坚持
自主创新，整合航空资源，持续提升我国航空产业的核心竞争力，建设世界一流
的航空产业集群。西安航空基地得到了国家部委的肯定和支持，先后被认定为"国
家科技兴贸创新基地"、"通用航空产业试点园区"、"国家火炬计划航空特色产业
基地"和"中国产学研合作创新基地"等。

　　西安航空基地包括核心区和扩展区两个部分。核心区的规划面积达 40 平方
公里。其中，已完成 11.28 平方公里的建设。规划了 28.72 平方公里的新建区面积，
起步建设面积为 8 平方公里。扩展区覆盖了陕西关中和汉中地区的航空企事业单位。

第一节　发展现状

一、产业规模与经济效益

　　2014 年，西安航空基地核心区工业总产值为 334.63 亿元，工业增加值为

96.54 亿元，规模以上工业增加值 86.41 亿元，固定资产投资 261.23 亿元，实际利用内资 67.5 亿元，实际利用外资 5427.81 万美元。

西安航空基地的发展目标是在 2020 年实现工业总产值 1000 亿元，实现工业增加值 250 亿元，实现航空产业销售收入 780 亿元，R&D 占销售收入的比重达到 5.5%，吸纳就业 10 万人。

二、产业选择

西安航空基地的产业主要有：（1）大型飞机——总体设计和制造；（2）支线飞机——涡桨总体设计和制造；（3）通用飞机——引进国外先进成熟的机型进行生产和销售，自主研发具有市场前景的机型；（4）航空材料——碳纤维复合材料、金属基复合材料和陶瓷材料；（5）地面设备——专用测控设备、试验设备、地面保障设备；（6）相关设备——大型模锻液压机、激光快速制造设备、飞行模拟器、模拟训练舱、摩擦焊接设备；（7）飞机维修——民机维修、客改货；（8）航空服务——飞行培训、飞行体验、航空旅游。

三、公共服务与技术平台建设

以西安航空科技创新服务中心为主体，积极推进航空中小企业服务平台建设，促进航空科技成果转化。建设的航空培训平台、工程服务平台、信息服务中心和展览展示平台，已开始为中小企业服务。2012 年，科创中心被工信部认定为"第二批国家中小企业公共服务示范平台"。孵化器已经出租总面积 8.3 万平方米，累计入驻企业 168 家，其中，在孵企业 82 家，全年企业纳税总额达 1500 余万元。

以统筹航空科技资源为抓手，以技术创新为动力，围绕航空产业链关键技术，建立了一系列的技术平台。依托西安交通大学科技资源，以卢秉恒院士为技术带头人，建设了"快速制造国家工程研究中心"；依托西北工业大学科技资源，以张立同院士为技术带头人，建立了"西北工业大学陶瓷基复合材料工程化中心"；依托西安康本材料有限公司及航天四院复合材料研究所，成立了"陕西省碳纤维制备技术工程研究中心"；依托清华大学，筹建大型模锻件加工制造工程技术中心；依托西安交通大学和西安四方超轻材料有限公司，研发了超轻高强镁锂基复合材料生产线，轻质镁锂合金工程研究中心已经实现了国内最先进轻质镁锂合金材料的工程化，已被航空、航天多家企业使用。截至 2012 年底，航空基地拥有国家级工程研究中心 3 个，省级工程研究中心 6 个，市级工程研究中心 4 个。

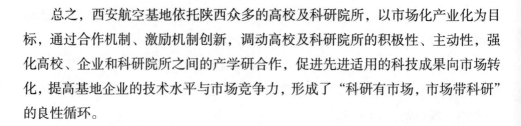

总之，西安航空基地依托陕西众多的高校及科研院所，以市场化产业化为目标，通过合作机制、激励机制创新，调动高校及科研院所的积极性、主动性，强化高校、企业和科研院所之间的产学研合作，促进先进适用的科技成果向市场转化，提高基地企业的技术水平与市场竞争力，形成了"科研有市场，市场带科研"的良性循环。

四、产业集群

截至 2014 年年底，西安航空基地累计注册企业超过 550 家。在龙头企事业单位的帮助下，以整机制造、航空新材料、相关设备、零部件加工、国际转包、通用航空等为特色的航空产业集群规模不断壮大，航空企业加速聚集，产业链条日益完善。

西安航空基地紧抓产业集群培育和产业链构建，力图打造"一基地五园区"的产业发展格局。一基地即国家航空产业基地，"五园区"分别指的是：（1）阎良航空制造园。该园区主要进行整机制造、大部件制造、关键技术研发和零部件加工。（2）蒲城通用航空产业园。该园区依托蒲城内府机场主要发展通用飞机的整机制造与零部件加工和通用航空产业项目。（3）咸阳空港产业园。该园区依托西安咸阳国际机场，主要发展民用飞机维修、定检、大修、客改货、公务机托管、零部件支援、航空物流等项目。（4）宝鸡凤翔飞行培训产业园。该园区依托宝鸡凤翔机场，主要进行飞行员训练及航空相关的业务培训活动。（5）汉中航空制造园。该园区依托陕飞公司，主要进行整机制造、特种机改装和零部件加工。该格局科学合理，对陕西的航空产业资源进行了有效的整合，为打造航空产业集群奠定了一定的基础。

第二节　发展经验

一、依靠军民融合发展

"军民结合、寓军于民"是国防科技工业发展的战略性方针。一直以来，陕西省航空工业主要服务于军工科研和生产，长期处于封闭状态，军工高端技术向民用转化的进程中一直缺乏合适的平台和渠道。一些期望参与军品配套的民营企业因为体制机制等诸多限制，很难参与军工企业的配套。

为推进军事工业和民用航空的融合发展，西安航空基地注重加强与省内外航空及军工企业的联系与合作，引导军工技术资源向民用航空领域转化，民用飞机飞行模拟器、飞机地面空调车等一批项目相继落户基地，军用技术和成果在民用航空领域的应用缩短了产品开发的周期、提高了民机的技术水平。通过构建全产业链，民营企业在西安航空基地的引导下积极参与军工产品研制，并且参与了军品零部件的加工及检测业务，带动了地方经济的发展。西安蓝天仿真公司生产民用飞机模拟器，西安燎原公司实现了飞机起落架的产业化，雅西公司生产铝蜂窝板，西安康本公司生产高性能碳纤维，一飞院生产飞机地面空调车，西安101航空科技公司生产飞机电源管理系统，这些民营企业就是军民融合的有力见证。

目前在西安航空基地只有不到15%的航空企业为国有资本参股，大多数非国有资本参股的企业在研发、制造和服务方面具有一定的实力，能够很好地为西航公司、西飞公司、试飞院和一飞院等龙头企业提供支撑。这种独具一格的发展模式，使西安航空基地在保证了军工科研和生产的同时，带动了地方经济的发展，催生着陕西航空产业向新业态变化。

二、发展转包生产

西安航空基地内的企业从事航空产业的方式有设备转包生产、市场延伸产品和配套服务产业。有的企业从事技术成熟产品的生产，如高性能碳纤维、高强度轻质镁锂合金等；有的企业为龙头企业做转包生产，生产飞机零部件和航空测控等设备；还有企业开展飞机维修、空地勤人员培训、飞行员培训、私人飞行服务等配套服务产业。西飞、西航等企业在转包生产方面规模越做越大，它们不仅吸收了国外先进的管理方法和制造技术，也与世界著名企业建立了长期的合作伙伴关系。

西航与英国罗罗公司、美国PWA公司、法国SNECMA公司、美国GE公司、加拿大PWC公司、德国MTU公司和美国HONEYWELL公司等世界著名的发动机制造商建立了广泛的合作。依托外贸生产，西航已经具备了比较完善的质量保证体系、外贸管理、生产和生产能力。在2007—2012年之间，西航为SNECMA公司生产了GP7200高压压气机盘和GE90-115K高压压气机盘。

西飞以成为"世界级航空产品供应商"为目标，努力做大转包项目。1980年，西飞和加拿大庞巴迪公司签订了第一份转包合同。经过几十年的发展，西飞的转包生产经历了从来图来料加工到来图购料加工，再到同步参与客户新项目研制三个阶段。其间，西飞与美国应用材料公司、美国波音、空客、意大利阿莱尼亚公司等世界级航空制造商建立了转包生产合作关系，是中国航空工业转包项目最多、规模最大的单位之一。与此同时，转包生产已经成为西飞非常重要的一个经济增长点。

另外，一批民营企业在西安航空基地管委会的推动下承担了西航、西飞、宏远公司、庆安公司等国有大型企业的零部件加工任务。2012年，零部件加工实现了55亿元的收入，其中转包生产达到2.1亿美元，占全国航空转包生产总额的26%。

三、对接国家战略

通用航空产业是我国的战略新兴产业之一，发展前景非常广阔，具有产业链长、连带效应强和辐射面宽等特点，可引领先进动力、现代制造、新型材料、自动控制和电子信息等相关技术发展，对于我国经济具有很强的带动作用。西安航空基地培育的通用航空产业园产业集聚度很高，被誉为"中国通用航空产业之都"。西安航空基地坚持"系统构建，上下联动，由点到面，内外合作"的发展思路，寻求地方政府、空军、民航和企业的多方支持；建设机场网络，将内府机场的经验推广到其他地方；加大国际合作力度，引进国外的先进经验、技术、产品，以促进中国通航产业的发展。西安航空基地制定了"以飞行带市场，以市场拉产业，以产业促发展"的发展路线。首先，推出一些"航空旅游体验"项目，让通航飞机有用武之地，然后不断培育并扩大市场，从而促进制造业的进步，这就是"先做市场，后做工厂"的发展模式。根据市场需求，西安航空基地有针对性地引进通用航空器生产、销售、运营、维修等企业，形成全产业链。

此外，依托于丝绸之路经济带的国家战略，西安航空基地和世界航空产业聚集区、我国东部发达地区以及大型航空企业集团加强了合作，陆续启动了中国南车现代综合交通装备、小鹰700通用飞机、航空航天及民用特种玻璃产业化、新舟700新型支线飞机等重要项目。为了促进企业向中亚地区出口航空和高端的装备产品，西安航空基地不断提高服务水平，努力使之成为丝绸之路经济带的重要贸易基地之一。

四、提高配套水平

在一批龙头航空企业的带动下，西安航空基地聚集了众多的中小航空配套企业，这些企业的数量和规模都在不断扩大，在零部件加工、专用设备制造和航空新材料等领域形成了独具一格的中小企业群，为龙头企业的整机研制提供了很好的支撑作用。而且，中小企业为整机生产企业提供配套，中小企业之间相互提供配套的模式已经基本形成。飞机飞行模拟器产业化、飞机地面空调车产业化、大型航空模锻液件生产线和摩擦焊接设备产业化等重点项目落地进一步完善了航空产业链条。举例而言，德国浦菲沃（西安）机械制造公司是首家进入西安航空基地的德资企业，是空客、波音的重要配套生产商，已经两次扩大生产规模，利润也在逐年提高。

西安航空基地以打造宜居宜业的生态工业园区为出发点，配套产业项目的引进逐步完善。围绕航空基地投资环境与城市环境的改善，陆续启动了清河综合改造项目、航空镁合金产业园及镁合金薄板卷材示范线项目、航空基地表面处理中心等项目；围绕提升航空基地配套服务建设，引进了西部车城、陕西长河实业集团基地二期建设等10余家生产生活服务类项目。

第十四章　天津北辰经济技术开发区装备制造产业基地[1]

天津北辰经济技术开发区装备制造产业基地作为国家第五批新型工业化产业示范基地，于2014年授牌至今，紧跟工业和信息化部装备制造产业部署，以"抢抓机遇、改革创新、真抓实干、提速增效"为总目标，借助主体园区——国家级经济技术开发区的载体实力，在37.57平方公里面积内，不断拓宽招商思路，继续加快基础设施建设，全面优化发展环境，保持持续、稳定、良好的发展势头。

第一节　发展现状

一、经济保持平稳增长

天津北辰经济技术开发区（以下简称"开发区"）建区20多年来，先后吸引26个国家和地区的1041家企业入驻，累计投资900亿元，解决就业7.2万人，其中制造业企业472家，世界500强企业23家。工业总量及税收贡献分别占到北辰区的55%和60%，装备制造业工业总产值占天津市装备制造业总量的40%以上。纳税总额、出口创汇、投资总额、专利拥有量以及解决就业等主要经济和社会发展指标连续十年居天津各区县经济开发区前列，成为区域经济发展核心区。2013年，开发区完成生产总值191.43亿元，同比增长22.3%；规模以上工业总产值1168亿元，同比增长15%，其中示范产业工业总产值867亿元，同比增长13%；销售收入1147亿元，同比增长11%，其中示范产业销售收入870亿

---

[1] 《装备工业经济参考》2015年第1期，工业和信息化部装备司内部资料，第12—19页。

元，同比增长 11%；出口创汇 20 亿美元，同比增长 11%；完成三级税收 42 亿元，同比增长 11%。

二、产业链条不断延伸

基地依托国家产业示范基地优势，发挥龙头企业带动作用，实现由单个企业发展向产业集群协同发展的转变，培育形成了区域支撑带动作用明显的装备制造产业集群。经过多年的结构调整和发展创新，形成了发电及输变电设备、新型建材水泥成套设备、印刷包装专用设备、动力传动设备及智能装备五大装备制造产业集群，并着力于装备制造产业上下游产品配套及产业链条延伸。

发电及输配电设备产业是开发区形成最早的装备产业集群，现已聚集规模以上企业 65 家，2013 年又引进天发重型水电设备水轮发动机项目、天津博威动力有限公司柴油发电设备项目，丰富了电力装备产业，同时 ABB 公司通过自主研发，将以前依靠进口的电子部件全部实现本土化生产，延伸了配电装备的产业链条。

新型建材水泥成套设备产业围绕中材装备集团聚集了 24 家骨干企业，依托国家级企业技术中心、工程中心整体研发实力，形成了从设计研发、关键部件和设备生产、成套设备制造、技术服务等较为完善的产业链条。模具、减速机、破碎设备、传送设备等核心部件生产配套齐全，大型水泥成套设备制造水平全球领先，工程总承包、余热余压回收装备、设备维护等领域快速发展，产业链上下游之间实现较为密切的协作配套。

印刷包装设备产业依托龙头企业长荣印刷股份有限公司的印后设备已经做到产销量亚洲第一、全球第二的水平及优势，建设全国唯一的"国家级新闻出版装备产业园"，形成了从设备研发→关键零部件→主机→检测服务→云印刷→快速成型打印等较为完善的产业链条。开发区与国家数字出版基地错位联动发展，加快构建数字出版产业带，将带动北方乃至全国数字出版产业结构升级。

动力传动设备及核心零部件产业聚集规模以上企业 37 家，主要集中在工业减速机传动设备、柴油发电机整机设备、风电增速机等领域。产业以研发设计为核心，聚集了大批核心基础零部件及关键设备生产企业。2013 年动力传动装备世界 500 强企业西门子公司，首次在德国本土之外设立研发中心——全球传动装备研发中心，致力于全球动力传动装备新产品研发。该项目 2014 年上半年投入使用，将整体提升开发区动力传动装备研发水平。

智能装备产业依托开发区内国家级科研院所、重点实验室的优势,在智能机器人点焊机、伺服仿真平台、工程机械高压液压协同创新平台等领域及相关产品实现产业化。目前聚集规模以上企业20家,其中包括707所投资的七所高科项目、天津工程机械研究院、天津福云天翼有限公司等。

三、产业创新能力不断提高

北辰开发区是天津市拥有国家级企业技术中心和科研院所较多的经济技术开发区,有国家级企业技术中心5家、国家级工程技术中心1家、市级工程技术中心和企业技术中心42家,是天津市重要的原始创新基地。装备制造行业拥有中船重工集团707所、718所、兵器工业集团70所(北方发动机研究所)、天津工程机械研究院、航天科技集团8357研究所、天津塑力线缆集团有限公司、天津电缆研究所等一批行业内的重要科研院所,成为引领地区装备制造业发展的重要引擎,这些装备制造企业和科研院所通过自主创新实现技术赶超,进入国内领先和世界先进水平行列。如中重科技在万能H型钢生产线系列、热轧精品窄带钢生产线系列具有完全知识产权,16个产品为国内创新型首台套应用产品;建科机械100余项产品、天津第二机床厂自主研发的2MK/M/G95系列数控式万能磨床、天津热处理研究所的两项科技成果等被鉴定为国内首创,填补空白,具有国际先进水平;天锻自主研发获得专利技术472项,其中发明专利141项,占国内液压机制造业专利总数的80%以上等。截至2013年,开发区拥有天津市科技型中小企业378家、"小巨人"企业92家、高新技术企业49家,著名商标42项。同时,开发区大力培育市级、区级专利试点单位,区内企业累计专利申请量达到13092件。

四、公共服务平台不断完善

开发区建有海关、商检、工商、税务、公安、消防等"一站式"综合服务大厅和涵盖金融保险、科技咨询、现代物流、检验检测等环节的完善公共服务体系。在创业孵化方面,开发区建设有华泰火炬创业中心、海天源咨询(海天缘生产力促进有限公司)、华通辰泰企业孵化器等科技企业孵化器载体,吸引企业200余家;在金融服务方面,迅腾、光大、德海、中堡、泰盛和北辰科技园区中小企业信用担保中心为开发区企业提供融资和资金担保。除此之外,开发区还积极举办"银政银企"对接活动和"金融超市"平台建设;区内有北辰陆路港物流装备产业园,物流企业高度聚集，为企业的装备集散提供最便捷服务；在人才培养方面，有开发区职业介绍、招聘会和在线人才招聘网站所为人才和企业搭桥牵线，同时与天津职业大学等十多家教育机构建立人才培养合作；长荣印刷设备有限公司提供设备检测、天津塑力线缆集团提供线缆检测、瑞鑫达通信网络公司提供网络服务。

五、清洁生产、安全生产成效显著

开发区规模以上企业清洁生产水平达标率为100%；规模以上企业强制清洁生产审核实施率为100%；污水集中处理率100%，工业废水及废气排放达标率100%，工业固废综合利用率100%，危险固废排放率0%。目前，开发区内通过质量管理体系认证和环境管理体系认证企业已达180家。在企业和管委会的共同努力下，开发区已经超额完成北辰区下达的"十二五"节能减排任务。在节能减排取得佳绩的同时，园区安全生产也取得较好的表现，近三年开发区企业安全生产达标率100%，重大安全生产事故发生率为0。装备制造企业安全生产达标率为100%，重大安全事故发生率为0%。

六、信息化建设水平程度较高

以长荣为代表的一批开发区企业最早采用了ERP系统，"长荣ERP系统"被评为"天津市'十一五'信息化优秀项目"。开发区内，50余家企业被天津市认定为市级信息化示范企业，建科机械等三家企业列入天津市信息化软件专项扶持项目，天津水泥工业设计研究院有限公司被工信部评为首批两化融合促进节能减排试点示范企业。信息化系统现已在开发区企业管理、生产、销售、研发等各个方面取得了广泛的应用，目前已有80%以上的企业建立了财务管理系统，70%以上的企业建立了办公自动化系统（OA）、人力资源管理信息系统等。开发区装备制造业骨干企业装备自动化率达90%以上，计算机辅助设计达100%、电子商务（网上营销、门户网站）100%、进销存管理（100%）。信息技术的应用，极大地提高了企业管理、生产、研发、销售等方面的效率，开发区主要企业产品开发周期较以前缩短2/3。

七、地方政府政策扶持力度较大

天津市经信委已经将北辰经济技术开发区高端产业纳入《天津市工业布局规划（2008—2020年）》，作为重点发展的产业聚集区，将在资金投入、信贷支持、产业政策等方面给予全面的工作支持。天津市科委和金融办按照科技型装备制造业中小企业初创期、成长期、壮大期不同发展阶段量身定制金融服务。

北辰区把装备制造产业作为主攻方向，按照产业定位和资源优势，制定《北辰区装备制造业战略研究》，并通过《北辰区引进人才的若干意见》、《推进北辰区实施商标战略促进经济发展意见》和《北辰区实施商标战略奖励资金扶持办法》法规从人才引进、商标战略等多个方面支持装备制造业的发展。积极举办"银企对接"专场会和"融资超市"对接活动，推进了银政银企对接的常态化、规范化和品牌化进程。

北辰开发区根据需要，特设立"北辰经济技术开发区装备制造产业示范基地工作领导小组"，由区长担任领导小组组长，区政府有关部门负责人为成员，全面推动示范基地建设工作。开发区还组建示范基地建设工作小组。由管委会副主任任组长、总公司副总经理任副组长，负责做好各项申报工作和制订开发区各阶段工作安排，确保示范基地建设各阶段目标的按时完成。北辰经济技术开发区在产业发展基金（3000万元）、天使投资基金、加大创新投入、引智引才（不低于1000万元的人才专项资金）等方面都制定了专门的政策。

第二节　发展经验

一、营造良好的产业发展环境

成立了由政府相关职能部门组成的"北辰区装备制造业发展领导小组"，由区领导任组长，成员包括区工业经济委员会等相关政府部门。研究制定了北辰区及北辰经济技术开发区装备制造业发展中长期规划和年度行动方案，明确产业定位、发展目标及重点，制定产业政策、调整产业导向目录，全力以赴抓好重大项目的招商引资和开工建设，以推进装备制造产业的健康有序发展。建立了北辰区装备制造业发展统筹协调机制，认真梳理、研究解决北辰经济技术开发区装备制造业发展中出现的各种问题，形成产业发展合力。各部门相互配合，积极与有关部门对接国家、市里项目资金支持，帮助企业解决市场对接、融资衔接、用工需求等。

二、推进重点项目招商和开发建设

基地增设了招商部和人员，按产业和国别划分了重点领域，使招商的着力点更加清晰，加大对外宣传推介力度，利用召开新闻发布会等平台，通过"走出去"与"请进来"相结合，组织招商推介活动21次，参加印刷技术博览会、装备制造展会等活动22场，推动了远大住工、罗普斯金等一大批项目的谈成落地。同时借助首都资源，主动承接功能转移，积极开展中介招商，延伸了招商手臂。

加快推进工业重点项目建设。基地采取了"一线工作法"，将各项工作部署在基层、服务在现场、落实在一线，极大地提高了工作效率。在推进方式上，对所有项目均实行"帮办负责制"，按时限要求由专人跟踪流程服务；在推进机制上实行工作成果倒逼，以目标倒逼进度、以时间倒逼程序，形成高效、科学的运转模式。通过采取项目联审会、项目开工推动会、项目进度上墙表等有力措施，使项目建设及配套服务得以顺利推进。为规范土地管理和项目建设秩序，配合区政府出台了《开发区企业用地管理的规定》，从制度上保证了土地开发的有序进行。

三、加快基础及配套设施建设

在加快推进基础设施建设方面，着力提升项目承载功能，使区内基础设施达到"九通一平"的标准。在提升配套功能方面，大力实施清水工程，完成污水处理厂及基础配套、管网改造工程，实现正式投产运营；加快新区沿湖楼宇总部经济带建设，中乾、盛景等工程进展顺利，商务中心实现入驻，成为全市第三批重点支持亿元楼宇。分布式能源站开工建设、消防特勤站正式竣工并投入使用，不仅大大提升了开发区的综合配套服务功能，更完善了投资软硬件环境。

四、促进科技与金融同步发展

保障资金运行高效顺畅。为有效应对复杂多变的金融形势，依托现有资源，制定切实有效的融资方案，为载体建设和招商引资备足资金，确保各项工作稳定运行。在继续巩固传统融资方式的基础上，开拓新的融资渠道，发行了18亿元企业债券，已进入国家发展改革委申报阶段，有望近期获批。采取增加注册资本金、BT回购资金差额处理等措施，完成了平台债务率下降至规定范围，确保了融资平台的可持续增量。加强资金管理，通过合理调配融资贷款和财政资金，催收土地出让金和应收账款等手段，全年实现资金流入达到18.63亿元，极大缓解了资金压力。

五、优化服务能力和管理手段

在完善投资环境方面，开发区狠抓服务意识，以优良的服务理念带动各项工作的开展，2013年提出并实施的为企业办十件实事活动均已得到圆满实现。在1000平米综合服务大厅内，各部门及各驻区职能单位协同配合，共同为企业提供一站式服务；开发区主动帮助企业员工解决出行问题，实现了通行公交化；成立社区居委会并建成社区服务站，便利了辖区居民生活；完成了道路企业标志牌设置和道路技防设备监控安装，逐步完善了区域基础配套功能。为更好地服务企业，促进装备制造等优势产业实现强势增长，开发区加大了对区内企业走访的广度和频度，制定并推动了各项帮扶措施的落实。基于区内企业上下游产业特性，积极搭建沟通平台，4次组织专题产业对接会，其中重工业产业对接会、电力产业对接会等取得良好收效，企业当场达成了意向，实现了互利双赢。正是看到开发区环境的持续改善和为企业发展付出的真诚努力，西门子公司将首次在德国本土之外设立的研发中心落户开发区。此外，开发区努力做大做强中小企业担保中心平台，增进"政银企"合作力度，为企业解决了融资担保大问题。组织全区规模最大的"开发区春季大型人才招聘会"等招聘活动8场，为企业与求职者搭建了平台，有效缓解了企业用人和求职者就业的双重压力。在稳定区域发展环境方面，开发区持续开展"平安园区"建设不松懈，今年投资90余万元建成覆盖新区10个主干路口40个监控点位技防监控网络，实现开发区内治安案件零发案。在全力做好企业安全生产全面普查的基础上，通过安全标准化工作推动安全生产隐患治理，使所有隐患均得到彻底整改。

企业篇

第十五章　中国四联仪器仪表集团有限公司

第一节　企业基本情况

一、发展历程与现状

中国四联仪器仪表集团有限公司是国家计划单列企业集团、重庆市属国有重点企业。2011 年被评为国家技术创新示范企业，其前身是 1965 年按照国家"三线建设"总体部

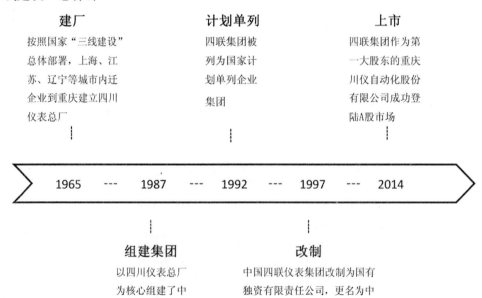

图15-1　四联仪器仪表集团主要发展历程

资料来源：中国四联仪器仪表集团有限公官网，2015 年 4 月。

署建立的四川仪表总厂。2013 年，公司总资产 75.22 亿元，较 2012 年增长 13.56%，净资产为 25.7 亿元。2014 年 8 月 5 日，四联集团为第一大控股股东的重庆川仪自动化股份有限公司在 A 股市场首发，四联集团持股比例由上市前的 48.34% 下降到 34.53%。经过 50 年的建设与发展，四联集团已成为国内自动化仪表、控制系统及成套装置领域在经营规模、产品门类、系统集成能力均具有明显优势的龙头企业。公司连续多年被评为中国工业行业排头兵、中国机械工业 500 强、中国电气工业 100 强、中国电子信息 100 强企业，并多次获得中国仪器仪表品牌企业 20 强、质量效益型企业和中国诚信文化典范单位等称号。

二、企业组织结构

四联集团是由重庆市国资委 100% 控股的企业，作为综合型集团公司，四联集团控股的公司主要有：川仪微电路、四联房地产、川仪测量、四联光电、四联高科、四联微电子、四联特材和四联投资，集团下属重庆川仪工程技术有限公司、上海川仪工程技术有限公司、重庆川仪软件有限公司等 22 家三级子公司，此外四联集团围绕主业开展了一系列股权投资，与其他投资人共同投资成立了重庆安美科技有限公司、重庆荣凯川仪仪表有限公司、重庆耐德工业股份有限公司等 13 家联营公司，在仪器仪表自动化装备领域基本完成了对产业链核心环节的整合。

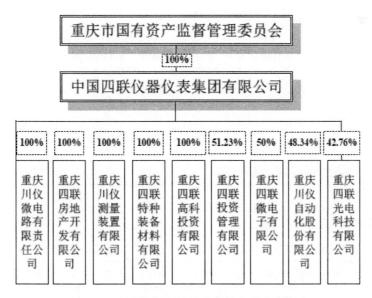

图15-2　四联仪器仪表集团控股的公司示意图

资料来源：《重庆川仪自动化股份有限公司首次公开发行股票招股说明书》，2015 年 4 月。

表 15-1　四联集团三级子公司一览表

序号	企业名称	持股比例	主营业务
1	重庆川仪工程技术有限公司	100%	仪表、自动化装备的成套和工程总承包
2	上海川仪工程技术有限公司	100%	面向华东区域的成套和总包服务
3	重庆川仪软件有限公司	100%	企业信息化软件
4	重庆川仪控制系统有限公司	100%	自动化控制系统
5	深圳市川仪实业有限公司	100%	现场仪表、自动化仪表的销售
6	重庆川仪调节阀有限公司	100%	高性能调节阀
7	重庆川仪物流有限公司	100%	物流运输
8	重庆川仪精密铸造有限公司	66%	精密机械、仪器仪表、汽车铸件
9	上海宝川自控成套设备有限公司	100%	仪器仪表用盘体、箱体、柜体
10	重庆川仪分析仪器有限公司	100%	气体、水质、实验室分析仪器
11	重庆川仪十七厂有限公司	100%	温度仪表、电加热器及电加热系统
12	重庆霍克川仪仪表有限公司	50%	物位传感器
13	重庆川仪自动化工程检修服务有限公司	60%	仪器仪表咨询、设计、安装技术服务
14	兰州四联光电科技有限公司	100%	LED产品销售
15	重庆四联技术进出口有限公司	53.33%	仪器仪表、自控系统进出口贸易
16	重庆四联测控技术有限公司	88%	智能变送器、I/O通道处理仪表
17	重庆川仪速达机电有限公司	100%	船用仪表、微特电机、记录仪
18	重庆川仪特种阀门修造有限公司	53.26%	高温高压特种阀门
19	四联蓝宝石有限公司	100%	蓝宝石衬体晶片
20	重庆四联交通科技有限公司	51%	交通节能照明、智能交通装备
21	重庆四联光电半导体材料有限公司	100%	蓝宝石窗口片
22	重庆四联电子器件有限公司	100%	电子元件、LED产品

资料来源：《重庆川仪自动化股份有限公司首次公开发行股票招股说明书》。

表 15-2 四联集团投资联营公司一览表

序号	企业名称	持股比例	主营业务
1	重庆利龙汽车部件有限公司	30%	车用拉索、汽车仪表、家用燃气表
2	重庆川仪物业管理有限公司	20%	物业服务
3	重庆耐德工业股份有限公司	29%	军用装备、环境装备、油气装备
4	重庆川仪精密机械有限公司	25%	仪器仪表精密零件
5	重庆安美科技有限公司	34%	标铭牌、金属电镀
6	重庆川仪荣凯有限公司	34%	交直流电源产品
7	重庆市北部新区信联产融小额贷款有限公司	49%	小额信贷服务
8	重庆横河川仪有限公司	40%	差压、静压智能变送器
9	河南中平川仪电气有限公司	45%	高低压电气开关设备
10	重庆标物科技有限责任公司	50%	标准物质、仪器设备

资料来源:《重庆川仪自动化股份有限公司首次公开发行股票招股说明书》。

三、企业技术状况

　　四联集团是我国最大的综合性仪器仪表产业基地,也是世界领先的大尺寸蓝宝石衬底和国内重要的高端 LED 智能照明产品研发制造基地,是国家首批创新型企业,拥有国家级企业技术中心、企业博士后科研工作站、重庆市级技术中心/工程中心/实验室、产学研合作平台、检测中心等技术研发平台,其企业技术中心在同行业排名第一。2013 年,集团的新产品销售收入贡献率高达 31%,共有 50 项新产品重点项目被纳入国家和重庆市科技计划。新获专利授权 114 项,其中发明专利 5 项,累计实现有效专利 435 项,其中发明专利 46 项,参与制定国际、国家及行业标准 6 项,完成制修订及复审企业产品标准 96 项。此外,四联集团还承担了国家"863"项目——"高端及特种仪表开发"、"神七"的推进点火系统等的研发,成为国内首家援外核电项目主控仪表供应商。四联集团高度重视自主创新在市场竞争中的作用,其科技创新投入已占到销售收入 5% 以上,缩短了我国仪器仪表产业与世界先进水平的巨大技术落差,已成为智能分析仪器、智能变送器的世界领先的研发与制造中心。

第二节 生产经营情况

一、主营业务

四联仪器仪表集团的核心业务是自动化仪表和 LED 应用产品。四联集团自动化仪表产品主要应用在冶金、石油、化工、火电、核电、水处理及污水处理、城市轨道交通等行业，主要产品和服务是工业自动化系统装置及工程成套。2013年，四联集团自动化仪表产品销售收入为 31.87 亿元，占营业总收入的 83.7%。

表 15-3 四联仪器仪表集团自动化仪表类产品及服务业务一览表

产品/服务名称	主要功能及用途
智能执行机构	接收控制系统的指令，完成对各种直通或旋转类阀门及风门挡板的控制。
智能变送器	对被测介质的压力、差压进行检测和信号传输。
智能调节阀	接收控制系统的指令，实现对管道中介质流量的控制及信号反馈。
智能流量仪表	对被测介质的流量进行检测及信号传输。
温度仪表	对被测介质的温度进行检测及信号传输。
控制设备及装置	通过控制元件与控制室仪表的集成，完成对温度、压力、流量、物位以及电机等的检测和控制。
分析仪器	对被测介质的化学特性、组成成分及含量进行在线或离线检测及分析。
系统集成及总包服务	主要为客户生产流程的自动化控制、优化控制和信息化系统集成提供整体解决方案及技术支持和服务。

资料来源：中国四联仪器仪表集团有限公司。

四联仪器仪表集团的 LED 及应用产品业务是以四联光电为平台，对其于2008 年 8 月收购的加拿大霍尼韦尔蓝宝石业务进行整合并负责运营。通过近一年的努力，四联光电在 2009 年完成了对霍尼韦尔蓝宝石生产工艺技术的消化和吸收，掌握了大尺寸蓝宝石晶片全部制造技术；2010 年，四联光电开始小批量生产蓝宝石衬底、LED 封装、LED 应用产品。2011 年北碚蔡家同兴工业园 LED产业园一期工程建成并交付使用，截止到 2013 年底，四联光电形成了年产 120

万片蓝宝石衬底，18.12 万套 LED 应用产品的生产能力，实现销售收入 4.67 亿元，占营业总收入的 12.3%。

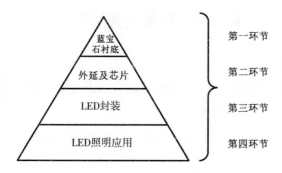

图15-3　四联集团在 LED 产业链的业务类型

资料来源：中国四联仪器仪表集团有限公司，2015 年 4 月。

二、生产运行

四联集团拥有我国最大的工业自动化仪表综合制造基地和过程自动化成套服务中心，产品主要运用于冶金、石油、化工、核电、火电、城市轨道交通、建材、市政环保等行业。集团在全国范围有 92 个营销服务网点，多以系统集成及总包服务的模式为客户提供服务，旗下企业主要采取"以销定产"的生产方式，其产品生产具有小批量、多品种的特点。2009—2011 年，集团仪器仪表行业主要产品产销均实现快速增长，但受到 2012 年宏观经济下行影响，增速明显放缓。2013 年，在国家节能环保产业政策的刺激下，集团仪器仪表行产品公产销量大幅回暖。

三、经济效益

2010—2012 年，受益于下游产业节能环保技术改造的大力推进以及公司蓝宝石及 LED 业务的快速发展，公司营业总收入呈现快速增长，分别为 26.00 亿元、34.48 亿元和 39.24 亿元，年均复合增长率为 22.86%。2013 年，集团实现销售总额 107.6 亿元，利润总额 4.84 亿元，出口创汇 8000 万美元。

第三节　经营发展战略

一、战略目标

"十二五"期间，四联集团全力构建"225"发展格局，即建设两个工业园，打造两个平台，发展五大业务板块。

——建设两个工业园。"十二五"期间，四联集团将建成北部新区工业园和蔡同工业园。

——打造两个平台。"十二五"期间，四联集团将着力打造技术创新平台和多元化筹融资平台。

——发展五大业务板块。"十二五"期间，四联集团将大力发展自动化仪表、LED应用产品、汽车零器件、半导体电子，轨道交通五大业务板块。

规划提出到2015年，四联仪器仪表集团销售规模达到140亿元，利润率达到10%，新产品产值贡献率达到45%左右，研发投入占销售收入的比重达到4%以上，并在集团核心业务领域培育两至三家上市公司。

在自动化仪表业务领域，四联仪器仪表集团重点进行北部新区仪器仪表工业园二期和蔡家仪器仪表工业园的建设，以提升市场需求量较大的流量仪表、分析仪器、电动执行机构、温度仪表、调节阀等产品的生产能力和研发能力为目标，实施智能现场仪表技术升级和产能提升项目、流程分析仪器及环保监测装备项目、技术中心创新能力建设项目。加强控制系统的技术开发，拓展产品线，增加产品品类，提高工程应用能力，带动市场应用规模的拓展，不断提高自动化仪表业务的综合竞争力。

LED及应用产品领域，四联仪器仪表集团希望通过延伸LED产业链，加快LED产业园建设速度，争取LED业务在"十二五"末成为中国西部产业链最完整、规模最大的LED生产研发基地。

二、战略实施

（一）整合内部资源，发挥系统集成能力优势

四联仪器仪表集团为实现产品的快速研发，建立了总工程师负责机制，整合

其在温度、湿度、压力、流量、气体/水质成分量、物位、转速等物理参数的检测、控制技术和产品制造能力，利用其在复合传感器设计、LED绿色照明、嵌入式系统、系统仿真设计、智能调节控制、智能气动/电动执行技术、现场总线通讯、LED大型成套装置设计方面的研究工具和试验平台，结合其长期发展系统集成业务过程中积累的大型自动化工程、大型成套智能成套装置的总包经验，针对产品需求深入分析，确定发展重点，整合内部资源，开展集成创新。

（二）组建联盟，深化"制造商+用户"的发展模式

集团深化"制造商+用户"相结合的模式，与用户单位建立应用联盟，根据用户应用需求，集团按照开放合作、优势互补的原则，组织集团内公司，与重庆声光电、中科院沈阳自动化所、加拿大卓维国际公司等仪器仪表龙头企业成立联盟，发挥各集团的自身优势，结合用户单位的需求与多年的科研成果，按照"集成应用为先导，二次开发和技术升级并进，产业化与示范应用同步"的原则，开展新产品的研发及应用示范。推进以企业为主体，产学研合作、制造商与用户合作的技术创新模式，建立新的知识产权和成果转化的合作模式，构建协同创新、有序竞争、持续发展的发展格局。

（三）加强人才培养，建立高素质人才队伍

目前，集团已经形成了一支高素质的经营管理团队，拥有一支集技术研发、生产制造、质量控制、市场营销和售后服务等方面的业务技术骨干队伍，具备了在仪器仪表中高端市场竞争的人力资源优势。

以"国家级企业技术中心"、"企业博士后科研工作站"、"国家高技能人才培养示范基地"为平台，以承担的国家、省部项目为落脚点，培养和打造高层次管理、技术研发、专业技能人才队伍。集团结合自身发展需求，建立了具有特色的高层次专业技术职务体系，在营销、工程、财务分析、技师等岗位设立了"骨干"、"带头人"、"首席"职务，打通了多渠道职务晋升通道。同时，集团通过定期充实人力资源的方式建立扩大企业人才库，采取定向培养、多岗锻炼、综合业绩评价的方式，优化人才库，培养了一批优秀的中青年人才，建立了企业持续发展所需要的人才梯队。在技术工人培养方面，集团采取职业技能大赛和师徒传承的方式努力营造"比、学、赶、帮"人才成长氛围，为企业发展培养了一支高素质的技术人才队伍。

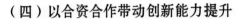

（四）以合资合作带动创新能力提升

集团总结发展经验，建立了"学习—消化—超越"的创新模式，以开展合资合作的方式，提高企业技术起点，实现对接国外前沿技术，缩短与国内外先进技术的差距，借鉴行业领先企业发展经验，提升企业运营管理能力和企业经营效益。四联仪器仪表集团较早与 ABB、横河、俄罗斯 ADASTRA 集团在智能系统软件、流量传感器、智能变送器、网络通讯技术等领域开展了深入的技术合作。近年来，四联集团在与西门子、霍尼韦尔、东芝建立了良好的商务合作关系基础上，继续深化双方合作，逐步开展了在技术领域的合作，进一步提高了产品的技术水平。同时，集团与国内多所大学、科研院所建立联合实验室，开展产、学、研合作，强化了技术交流和合作的广度和深度，提高对国外先进技术的消化吸收能力和自主创新能力。

第十六章　上海汽车集团股份有限公司

第一节　企业基本情况

一、发展历程与现状

1955 年 11 月，上海市内燃机配件制造公司成立，主营汽车零配件行业，标志着上汽的诞生。1956 年至 1963 年，经过四次结构调整，上海汽车零配件行业基本形成了专业化分工、协作化生产的体系。20 世纪 50 年代，上汽先后成功制造了汽车、摩托车和拖拉机，实现了从汽车修配向整车制造的历史性转折。1958年 9 月 28 日，凤凰牌轿车在上海汽车装配厂首次试制成功，实现上海轿车整车制造 "零" 的突破，中国轿车行业形成了 "北有红旗，南有凤凰" 的发展格局。20 世纪 60 年代后，上汽形成了整车批量生产能力，并成为当时中国最大的轿车生产基地，奠定了上汽腾飞的基础。1964 年，凤凰牌轿车更名为上海牌轿车，到 1975 年产能已达 5000 辆。60 年代至 70 年代，交通牌 4 吨载重汽车、15 吨倾卸式重型汽车、32 吨矿用自卸汽车、58–Ⅰ型三轮汽车、2 吨载重汽车、大客车等先后投产。同期，幸福 250 摩托车形成了系列化产品。1957 年，上海客车厂研制成功第一辆公共汽车。50 年代末至 70 年代初，工农 7 型、丰收 35 型和丰收 45 型拖拉机先后研制成功并批量生产。上海拖拉机厂（现上海拖拉机内燃机公司）生产的上海 50 型远销海内外，并在国内市场长期保持领先地位。1978 年，上汽抓住改革开放的历史机遇，首次实现了外资利用和技术引进。1978 年 11 月，上海轿车项目由引进改为合资。1985 年 3 月 21 日，上海大众汽车有限公司成立。1988 年 9 月 1 日，上海纳福传动轴有限公司成立，开始在零部件领域开展对外合作。1997 年 6 月 12 日，上海通用汽车有限公司成立。1999 年 1 月，上海江苏仪征汽车有限公司成立，上汽开始跨区域发展。200 年 10 月 9 日，上海大众销售总公司成立。2004 年 8 月 18 日，上汽通用金融有限责任公司成立。2002 年 11 月 18 日，国内最大的微型车生产基地——由上汽、通用中国和五菱三方合资的上汽通用五菱汽车股份有限公司成立，开创中外合作新模式。2004 年 6 月 8 日，上汽整合中汽成立上汽（北京）有限公司。2007 年 6 月 15 日，上汽和依维柯、重庆红岩共同出资成立上汽依维柯红岩商用车有限公司。2007 年 12 月 26 日，上汽和南汽全面合作，成为我国汽车工业兼并重组的里程碑事件。2011 年 5 月 25 日，上海汽车商用车有限公司无锡分公司成立。目前，上海汽车集团股份有限公司已经成为国内资本市场上规模最大的汽车上市企业。到 2013 年底，上汽集团总股本已经达到 100 亿股，下属乘用车公司、商用车公司、上海大众、上海通用、上汽通用五菱、南京依维柯、上汽依维柯红岩、上海申沃等整车企业。

二、企业组织机构

上汽集团的组织结构如下图所示。

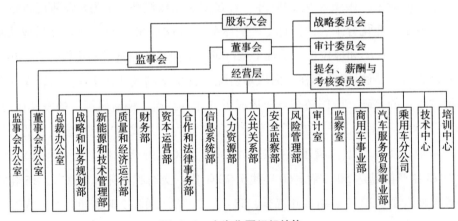

图16-1　上汽集团组织结构

数据来源：上汽集团，2014 年 12 月。

根据《公司法》、《证券法》等相关法律法规，上汽集团构建了比较完善的公司治理体系。公司的第五届董事会包括 9 名董事，其中 5 名为外部董事（含独立董事），占董事会人数的比重大于 50%；董事会设董事长 1 名，副董事长 2 名，公司经理层中只有总裁进入董事会并兼任副董事长；还有 1 名由公司职代会联席会议选举产生的职工代表董事。董事会下设战略、审计和提名薪酬与考核三个专门委员会。除战略委员会外，其余两个专门委员会的主任委员均由外部董事担任；专门委员会在公司发展战略、内部管控、激励机制、重要报告等经营决策中，发挥了关键性的作用。公司第五届监事会包括5位监事，设主席和副主席各1名，另有2名外部专职监事和2名由公司职代会联席会议选举产生的职工代表监事。监事会监督公司财务状况以及董事、高管履职的合法合规情况。经理层在董事会领导下负责公司日常经营管理。总裁通过总裁会议、总裁办公会议、总裁专题会议等会议制度对公司日常经营管理中的重要事项进行决策，并向董事会负责。

三、企业技术状况

2006年10月，上汽集团创立"荣威"汽车品牌，又通过与南汽的合作，获得了MG品牌和浦口基地。主要产品荣威750、荣威550、MG3SW、荣威350、荣威W5、MG6三厢、MAXUS大通V80和荣威950等先后上市。其中，荣威550荣获中国汽车工业科学技术奖特等奖。2009年，成立上海捷能汽车技术有限公司，并推出荣威新750Hybrid混合动力轿车和荣威E50新能源车。2011年，在德国柏林举行的第十一届必比登挑战赛上，"上海牌"燃料电池汽车取得总分第三的佳绩。2014年，上汽集团推出了全球领先的全新动力总成"CUBE-TECH"，涵盖缸内直喷发动机、TST 6速双离合变速器、TST 7速双离合变速器以及新一代发动机启停系统。未来5年，集团自主品牌汽车将全面搭载全新动力总成，努力实现"碳排放减少、动力性提升、燃油经济性提升"均"超过20%"的战略目标。

上汽集团长期坚持建设"绿色产业链"的战略举措，充分发挥整车企业的"龙头"作用，引领产业链上的供应商和经销商共同履行社会责任。对于产业链的上游，上汽要求供应商在产品设计和原材料选择时，要逐步减少使用有毒有害物质和难以自然降解的原材料。对于产业链的下游，加强控制和管理，减少汽车报废时有毒有害及不可降解残留物的扩散。对于绿色制造，上汽与合作伙伴一起持续创新制造工艺，减少能耗、节约用水、优化产能、提高效率，在减少"三废"排放和环境污染方面取得了显著的成效。2008年，上海通用提出了"绿动未来"的发展战略，提出要为消费者提供"更好性能、更低能耗、更少排放"的绿色产品。2013年，上海通用旗下3大品牌、28个系列、136款车型已全部升级为绿色产品，共减少燃油消耗7.5万吨、CO_2排放24万吨，大约相当于新种297万棵树。截至2013年，上汽集团及其所属企业中，有7家国家级技术中心、29家市级企业技术中心、65 家高新技术企业，拥有 1661 项专利（自主品牌有 315 项专利），其中有 417 项是发明专利，完成专利授权 1313 项（自主品牌完成专利授权 190 项）。

上汽集团的核心竞争力主要表现为：一是产业链整体竞争优势。公司的业务囊括了汽车产业链的所有环节，可以有效地发挥协同作用，有利于企业整体竞争力的提升。二是国内市场领先优势。公司在国内汽车市场长期处于领先地位，产品种类丰富、销售服务网络覆盖面广、布局合理，有效地提高了企业的市场影响力，增强企业快速、灵活满足用户需求的能力。三是持续提升的创新能力新优势。自主品牌方面，全球研发体系架构以初步建成；合资品牌方面，本土化研发能力不断提高。

第二节　生产经营情况

一、主营业务

当前，上汽集团主要有乘用车、商用车等整车和发动机、变速箱、动力传动、底盘、内外饰、电子电器等零部件的研发、生产、销售，物流、车载信息、二手车等汽车服务贸易以及汽车金融业务。

整车板块主要包括乘用车和商用车的研发、生产和销售，主要有上汽集团乘用车公司、上汽集团商用车公司、上海大众汽车有限公司、上海通用汽车有限公司、上汽通用五菱汽车股份有限公司、南京汽车集团有限公司、南京依维柯汽车有限公司、上汽依维柯红岩商用车有限公司和上海申沃客车有限公司等整车企业。2014 年，集团整车销量达到 561.99 万辆。

零部件板块主要包括发动机、变速箱、底盘、电子电器、制动系统、内外饰等汽车零部件的研发、生产和销售，主要有上海汽车变速器有限公司、联合汽车电子有限公司、上海汇众汽车制造有限公司以及华域汽车系统股份有限公司等企业。其中，华域汽车有下属 28 家企业：上海拖拉机内燃机有限公司、上海赛科利汽车模具技术应用有限公司、延锋汽车饰件系统有限公司、上海小糸车灯有限公司、上海实业交通电器有限公司、上海法雷奥汽车电器系统有限公司、上海三电贝洱汽车空调有限公司、上海纳铁福传动轴有限公司、上海皮尔博格有色零部件有限公司、上海乾通汽车附件有限公司、华域汽车电动系统有限公司等。

服务贸易板块涵盖了与汽车服务贸易相关的所有产业，包括 20 个类别、6

大板块。目前，已经构建起"安吉"和"安悦"两大品牌为中心的汽车服务贸易品牌体系。其中，安吉是上汽最早的汽车服务贸易品牌，在汽车服务领域已经耕耘近20年，具有深厚的专业底蕴和缝合的行业积累，目前已经成为我国汽车服务领域的领航者。安吉的业务范围主要包括汽车多品牌零售、租赁、维修保养、配件销售、救援服务、汽车物流等与"车生活"相关的各个领域。目前已在全国各地建立起了成熟完备的服务网络，能够为广大用户提供全球领先的技术与服务，全面地满足用户的需要。安悦，是我国最早开展专业客户服务的汽车服务品牌之一，基于汽车产业链，全力构建具备全球化服务能力的领先品牌。安悦的业务范围包括国际商贸、信息服务、节能服务、生活服务等，为广大汽车厂家提供专业化、高效率、具备国际竞争力的服务。

汽车金融板块的业务主要有汽车金融、公司金融和股权投资。企业金融的服务对象是广大经销商和汽车消费者，服务内容主要是融资；公司金融的服务对象是上汽集团的成员企业，服务内容包括符合国家相关法律法规的资金存贷、结算、票据、外汇及各种代理服务；股权投资的投资对象主要包括汽车产业链的早起项目、汽车产业链上下游的中长期项目、与汽车产业不相关的中短期项目以及以财务收益为目的的短期投资等。该板块的企业主要有上海汽车集团财务有限责任公司及其下属上汽通用汽车金融有限责任公司、上海汽车集团股权投资有限公司及其下属上海汽车创业投资有限公司。

二、生产运行

截至2014年9月底，上汽集团实现营业收入4685.47亿元，其中归属上市公司股东的净利润为204.09亿元，基本每股收益1.851元。上汽集团总资产达到3814.77亿元，归属于上市公司股东的净资产1448.34亿元。2014年，实现归属于上市公司股东的净利润279.73亿元，同比增长12.78%，基本每股收益2.54元。

2015年1月7日，上汽集团发布产销快报。2014年，集团销售整车561.99万辆，同比增长10.07%，连续十年领先全国。其中，上海通用整车销售176万辆，同比增长11.74%，上海大众整车销售172.5万辆，同比增长13.11%，上汽通用五菱整车销售180.6万辆，同比增长12.83%。

表 16-1　上汽集团各子公司近年销售情况

企业	销量（辆）		
	2014年	2013年	同比（%）
上汽大众	1725006	1525008	13.1
上汽通用	1760158	1575167	11.7
上汽乘用车	180018	230020	−21.7
上汽通用五菱	1805850	1600550	12.8
上汽商用车	21012	11300	86.0
上海申沃	3866	3783	2.2
上汽依维柯红岩	25000	28008	−10.7
南京依维柯	99008	132000	−25.0
合计	5619918	5105836	10.0

数据来源：上汽公司，赛迪整理，2015 年 1 月。

表 16-2　近年分月销售情况

年份	各月销量（万辆）											
	1月	2月	3月	4月	5月	6月	7月	8月	9月	10月	11月	12月
2014	57.9	44.4	50.1	46.1	45.5	42.2	40.4	42.9	49.3	45.6	45.7	52.0
2013	51.1	35.9	46.0	42.4	40.4	40.7	35.2	40.9	45.5	45.1	43.4	44.0
2012	38.0	36.7	39.4	36.8	36.8	35.6	32.1	35.8	39.4	41.4	42.0	35.0
2011	41.6	28.3	35.7	32.6	30.4	31.8	27.0	32.8	37.7	34.3	35.9	32.7

数据来源：上汽产销快报，赛迪整理，2015 年 1 月。

第三节　经营发展战略

一、战略目标

上汽集团在乘用车、商用车、零部件、汽车金融、新能源汽车等方面的中长期战略目标分别为：

（1）乘用车业务：一方面发展合资品牌，另一方面加大力度推动自主品牌发展，进一步加强公司在国内乘用车市场的领导者地位。

（2）商用车业务：以全系列经营为基础，通过兼并收购、自主开发和合资合作等方式加快发展；努力提高自主研发实力和经营管理能力。

（3）零部件业务：以自主品牌发展为中心，提高动力总成系统、底盘系统、电子系统的集成能力和同步开发能力，全力打造核心零部件的自主开发能力。

（4）汽车金融服务：扩大汽车金融服务市场规模，提高服务能力，丰富产品体系，为汽车经销商和最终用户提供方便迅捷、灵活多样的汽车金融服务。

（5）新能源汽车：为了响应国家的能源发展战略和节能减排的要求，上汽集团作为国内领先的汽车企业，以公司的总体战略为出发点，将新能源汽车作为发展重点，不断加大投资力度、增强研发实力，研发范围包括纯电动、混合动力、燃料电池等多种技术方案，车辆类型包括轿车、客车等。上汽集团新能源汽车板块的发展目标为：到2015年末市场占有率达到20%；节能战略和新能源汽车战略"双管齐下"，降低公司产品平均燃油消耗值，达到国家的相关目标。然后，为了实现这一目标，明确技术路线，将混合动力和电动汽车产业化作为发展重点。此外，还努力推进燃料电池汽车开发升级和示范运行。

二、战略实施

中国的汽车市场正处于快速发展的上升阶段，市场竞争格局也处于发育阶段，新产品具有较大的发展潜力；多样化和个性化的用户需求，是自主品牌走差异化发展道路的前提条件。

加深对外合作与加快自主品牌发展并进。加深与外资伙伴的合作是上汽集团的一个长期发展战略，接下来的主要任务就是充分发挥外资合作伙伴的优势力量，不断提高合资企业的本土化开发实力，不断推出满足中国消费者需求的新产品。另外，还要加强对国内外技术资源的整合能力，提高企业的自主开发能力，建设自主品牌体系，不断提高自主品牌的市场竞争能力。

中国的汽车市场将长期维持稳定增长的态势，这为合资品牌与自主品牌的共同发展、相互促进提供了基本的市场条件。而合资品牌和自主品牌之间的适当竞争可提高集团的整体竞争力。上汽集团将坚持差异化的发展战略，一方面加强自主品牌的发展，另一方面坚持加深合资合作，不断巩固并增大市场领先优势。

在国家和上海市中长期人才发展规划的指导下，上汽集团以企业战略为出发点，制定了上汽集团中长期人才发展规划纲要，以提高企业核心竞争力和全球化经营能力为先导，不断丰富人才"培养、引进、使用、激励"体系，提高人才工作的科学化水平，全力构建一支素质优良、专业过硬、支撑发展的人才队伍，推动员工队伍素质的整体提升，为上汽集团的可持续发展提供人力资源保障。具体目标为，到2015年要在人才使用和激励机制、关键紧缺人才的培养和引进、人才队伍素质能力提升等方面取得明显的进步，从人力资源的角度实现对上汽集团"十二五"发展规划的有力支撑。到2020年，打造一支结构优化、布局合理、创新能力强、辐射领域广的人才队伍，构建起国内领先、国际先进的领军型、创新型、复合型人才队伍，在全球范围内具备人才比较优势，为上汽集团提高核心竞争力和全球化经营能力发挥人才保障作用。

2007年，上汽集团提出了"三为两力，造车育人"的企业发展愿景，主动承担社会责任，并以此作为企业发展目标之一。从2009年开始，上汽集团一直都是"上证治理板块样本公司"，坚持每年都会披露年度企业社会责任报告。此外，上汽集团还按照中央和上海市的有关精神和要求，不断丰富和加深对社会责任的认识和理解，不断加强承担社会责任的实践力度，将社会责任作为企业的发展战略，并与企业的可持续发展紧密结合起来。在有效地认知利益相关者的基础上，结合行业特征、倾听利益诉求、明确责任定位、突出工作重点，进一步完善对社会责任深刻内涵的理解和认知，努力实现有质量、有效益、可持续的发展，为建设成为"世界著名汽车公司"的战略目标而奋斗。

2013年，上汽集团与国际知名咨询公司合作，对上汽集团2030年的发展战略进行研究。以与全球知名汽车企业对标的方式，梳理出世界著名汽车企业的4项外在特征和12项内在特质。其中"社会责任"即为12项重要的内在特质之一，并应用对标的方法研究了上汽集团与全球知名汽车企业的差距。

此外，上汽集团还实施了责任战略。在分析、研究企业内外部环境的基础上，上汽集团自上而下地构建了"董事会—总裁（经营层）—总部部室及基层企业"的三级社会责任管理组织体系。其中，公司董事会负责制定集团的发展战略，总裁及经营层负责战略的落实，总部部室及基层企业则根据分工来推进各项日常工作。目前，上汽集团的社会责任制度和目标管理体系尚处于构建阶段。集团董事会办公室、总裁办公室和公共关系部是社会责任工作的牵头部门，在充分走访调研的基础上，参考上海证券交易所的有关要求及权威机构发布的标准指南，编撰了《上海汽车集团股份有限公司社会责任报告编写指南》，对规范《年度企业社会责任报告》的编制工作起到了重要的作用，对探索建立具有上汽特色的社会责任管理体系具有重要意义。今后，上汽集团将进一步完善社会责任目标管理和考核体系，并适时引入第三方评价机制，保证集团社会责任战略的贯彻和落实。

第十七章　中航通用飞机有限责任公司

第一节　企业基本情况

一、发展历程与现状

中航通用飞机有限责任公司（以下简称"中航通飞"）为中国航空工业集团旗下依照国务院批复组建的大型国有企业集团，它由中航工业、广东恒健投资公司、广东粤财投资公司以及珠海格力航空投资公司在 2009 年投资成立，中航通飞控股贵航股份、中航重机、中航三鑫、中航电测共四家国内 A 股上市公司，注册资本为 100 亿元，资产达 544 亿元。成员单位包含汉航集团、贵航集团、石飞公司、六○五所、陕西宏远锻造公司、中国民机开发公司等。

中航通飞目前已批量生产西锐 SR20/SR22 系列飞机、小鹰 500 飞机、运 5B 飞机、A2C 飞机、浮空器等产品，还在研制领航 150 单发轻型涡桨公务机、大型灭火/水上救援水陆两栖飞机、Y15–2000 多用途飞机、海鸥 300 轻型水陆两栖飞机。另外，中航通飞和美国赛斯纳公司合作生产桨状 XLS+ 公务机和赛斯纳 208B 多用途飞机。

二、企业组织结构

中航通飞的下属企业包括中航通飞研究院有限公司、中航通飞华南飞机工业有限公司、中航通飞华北飞机工业有限公司、珠海中航通用航空有限公司、中航三鑫股份有限公司、中航通飞研究院/中国特种飞行器研究所、贵航汽车零部件股份有限公司、中航工业贵州西南工具（集团）有限公司、贵州平水机械有限责任公司、西锐飞机设计制造公司、中国航空工业标准件有限公司、都匀贵航东方机床有限公司、珠海中航飞行学校和爱飞客航空俱乐部有限公司。

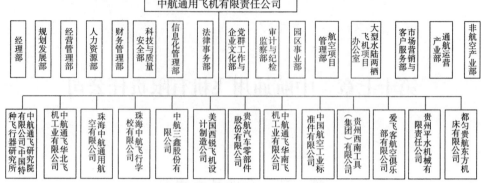

图17-1　中航通飞的组织结构情况

资料来源：赛迪智库，2015年4月。

三、企业研发设计

中航通飞研究院有限公司/中航工业特种飞行器研究所是中航通飞的主要成员单位之一，为国内专门进行通用飞机、浮空飞行器、水面飞行器等研发的高技术研究院所。主要开展通用飞机、浮空器、水陆两栖飞机的设计、试验、试飞等工作，对于水动力、腐蚀防护和浮空器的相关研究已经处于国内前列。正在研制的型号包括蛟龙600大型灭火/水上救援水陆两栖飞机、领航150通用飞机、海鸥300轻型水陆两栖飞机、高空飞艇、运15-2000多用途通用飞机、系留气球等。目前科研工作人员有800余人，包括了国家级新世纪百千万人才1名，受到国务院特殊津贴的专家24名，中航工业首席、特级和一级技术专家15名，研究员70名，高级工程师200余人。是国家重点保军单位和博士后科研工作站之一。

四、企业生产制造

中航通飞华南飞机工业有限公司是专门研制生产通用飞机和特种飞机的制造商，主要负责通用飞机和特种飞机的部装、总装、试飞，还有产品交付和售后的技术支持服务，以及特殊零件的制造工作。主要涉及的产品类型包括活塞通用飞机、涡桨型通用飞机、涡扇形公务机和大型水陆两栖飞机等，已经具备飞机复合材料零部件制造、飞机装配和生产交付试飞等能力。目前已有多种型号飞机产品在研在产。2012年10月12日，首批装成的三架飞机成功地在珠海机场完成了试飞，自研的领航150单发涡桨公务机首架样机在第9届珠海国际航展上隆重推出。

五、企业市场营销与客户服务

以塑造卓越产品品牌形象引领消费需求，以满足客户价值主张引导市场销售，以高效的客户服务超越竞争对手，打造品牌价值、市场销售、客户服务三位一体的通用航空营销和客户服务体系。深入把握通用航空作业市场、公务市场和私人市场的不同特点，准确分析活塞、涡桨及喷气式飞机的产品定位和市场定位，创新商业模式，实现规模营销，服务创造价值。

以超越客户期望的服务体系为标准，打造客户服务部门、业务支援部门和供应商为一体的无缝服务，为客户提供安全、专业和高效的价值服务。客户服务包括以下六个模块。（1）客户培训：提供培训教材、培训资料。（2）技术支援：编发服务通报，处理技术咨询，制订排放方案，处理AOG问题。（3）现场支援：指导客户制订维修计划，对客户使用操作和定检工作再培训，解答客户使用中提出的技术咨询，帮助客户确定使用中出现的故障并帮助排除，实施服务通报。（4）备件支援：制订备件计划，提供AOG备件，租赁备件。（5）维修工程：制订客户化的修理，大修技术方案，飞机修理、异地大修及机载设备修理。（6）技术出版物：持续适航文件编制，技术出版物使用培训，技术出版物更新。

第二节　生产经营情况

一、主营业务

中航通飞的主营业务包括通用飞机、教练机、无人机、特种飞行器及航空机载设备的设计、制造、销售及售后服务，还包括通用航空业务的投资和管理；汽车与特种车辆改装设计、制造、销售及售后服务；机电类产品的设计制造、销售及售后服务等。

二、生产运行

（一）通用飞机研制进程加快

AG600大型灭火 / 水上救援水陆两栖飞机进入到了工程制造阶段，第一个

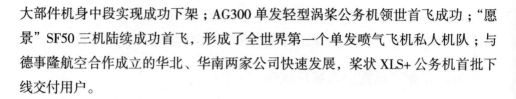

大部件机身中段实现成功下架；AG300单发轻型涡桨公务机领世首飞成功；"愿景"SF50三机陆续成功首飞，形成了全世界第一个单发喷气飞机私人机队；与德事隆航空合作成立的华北、华南两家公司快速发展，桨状XLS+公务机首批下线交付用户。

（二）全产业链布局有序推进

预计到2020年，全国布局50个爱飞客综合体，初步形成中国通用航空产业链；到2025年，建成全国"丝绸之路—带一路"、"长江经济带"、"京津冀"空中通航网络；到2030年，实现"便捷通航"，覆盖全国600个左右规模以上城市。目前，已经完成了6家爱飞客俱乐部的布局，其中有3家爱飞客俱乐部获得了运行合格证，深圳的爱飞客网络化营销平台已经开始运营。我国第一个通用航空综合体项目——荆门爱飞客镇签约建设，与昆山、天津、武汉、重庆、北京、珠海、沈阳、南通等地政府签订了战略合作协议。珠海通航实现了投资并购，并且顺利获得了CCAR-135部资质。飞行培训学校获得了141部资质，步入了全面运营阶段。与中国民航飞行学院实行全方位的战略合作。呼伦贝尔的中航通航公司仅准备了6个月就完成了CCAR-135部审定，已经成为国内第一家短途的客货运航空公司，海拉尔—根河、海拉尔—满洲里两条航线已经开通。在为民生服务的示范效应下，内蒙古自治区政府与中航通飞合作将通勤航空服务推向内蒙全区，将通航服务惠及到偏远地区和民众。此举解决了困扰通航产业扩张的商业模式问题，又带动了上游制造业，打通了整条产业链，奠定了西部偏远地区交通发展的新模态，也将构成通飞未来发展的重要模式。同时，与中石化一起出资成立了中航通用油料有限公司，进入了服务保障业务的价值链环节。还与中恒集团、德事隆航空联合成立了公务机运营公司，打造我国高端商务航空运营平台。

（三）非航空产业取得新业绩

非航空产业方面，市场化经营理念不断增强，经营规模与效益明显改善。贵航股份保持了稳步发展，特飞所航特公司经营规模与效益同步提升；西南工具保持了在制冷压缩机滑片市场的领先地位；中航标加快非航空产业的体制机制转换，高铁螺栓实现规模销售。按照"一厂一策、有进有退"的指导思想，对非战略性产业进行清理，推进混合所有制企业的发展，不断增强抵御市场风险的能力。

三、经济效益

在 2014 年,中航通飞的经济效益指标明显上升,全年营业收入达到 116 亿元,同比增长了 13.8%,利润较 2013 年改善 3.7 亿元,公司整体逆市扭亏为盈,经济增加值 EVA 同比提升 3.8 亿元。2014 年实现销售收入为 120.3 亿元,同比增长 17.39%;全年交付的各型飞机有 372 架,比 2013 年增加了 59 架;航展成交的各型飞机有 147 架。其中,交付了 308 架 SR20/22 飞机、12 架 Y5B 飞机、15 架小鹰 500 飞机、21 架 A2C 超轻型飞机、14 架凯旋 208B 飞机和 2 架桨状 XLS+ 公务机。

第三节　经营发展战略

一、战略目标

中航工业通飞集团公司的战略是"两融、三新、五化、万亿",全方位提高产品与服务价值的创造能力,力图到 2020 年成为"国内领先、世界一流"通用航空的解决方案提供商;积极融入世界航空产业链,参与新一轮的国际并购,高端切入通航产业链,在国际技术、运营、服务竞争中锻炼队伍、提升能力;积极融入地方产业圈,以爱飞客为载体谋划全国网络化的大布局;不断创新品牌价值、商业模式、集成网络,扩大通飞品牌影响力,增强盈利能力,整合资源,逐步实现引领通航产业发展的愿景;围绕市场需求,最终实现全球化、全谱系、全产业链、全价值链的宏大战略。即"一个能力,两个融入,三个创新,四个全面"的战略目标。

二、战略实施

(一)加快推动航空产品研制

中航通飞按照遵循市场规律、用户至上的理念,积极完善通用飞机产品规划,加强华北、华中、华南、东北和美国五大研发制造基地建设。以自主研发为核心,集合作研发、引进生产、投资并购多种手段于一体,以满足国内通航业的发展需求为导向,加强核心能力的建设,加快预研、在研通用航空装备研制,不断完善通用航空产品谱系,形成具有市场竞争力的产品。

（二）加强通航体系建设

实现通航作业单位的转型升级，从以工业航空为主的传统业务转变为短途运输等新兴业务和传统通航作业并举的业务布局。覆盖135部全部运营业务，重点开展通勤、海岛游、航空观光等业务。在现有3条低空航线的基础上，力争开通10条低空航线，掌控3—6个报告空域。加快推进通勤航空业务在河北、内蒙古等地网络化布局，适时开通新航线。

（三）完善全产业链战略布局

通用航空运营与服务的主要产业包括通航运营、飞行俱乐部、飞行培训和FBO，中航通飞在开展传统业务与新兴业务的同时，进行内部整合，统筹发展通用航空运营和服务行业，打造通用航空全产业链发展的模式。中航通飞的通航运营公司主要进行农林作业、航拍航摄等通航作业；通勤公司主要以CCAR-135资质为主进行短途客货运；爱飞客航空俱乐部主要进行航空文化传播，提供会员服务、飞行体验等业务；飞行培训学校可以开展121部航线运输驾驶员整体课程培训和商照培训；通用航空的油料保障与服务主要由油料公司提供；另外还成立的公司有机场管理公司及爱飞客文化传播公司。

（四）加快非航产业转型发展

非航民品产业方面，中航通飞按照"有进有退"的发展思路，加强对无效、低效投资清理，清理持续亏损、产品技术含量低、缺乏发展前景的长期股权投资。深化非航空民品产业经营体制机制改革，扩大股权激励和管理层持股试点范围，通过混合所有制推动股权多元化，引进社会资本，平衡规模和运营质量，加快非航空民品产业发展。

（五）建设新型营销服务体系

加快推进营销服务体系建设，通过调研商务飞机国内市场，完成国内商务飞机市场研究调研报告，为下一代产品研制提供决策支持。努力开拓领世AG300飞机国内、国外市场，加快市场营销体系建设，为今后市场销售创造有利条件。计划在2015年完成客服分公司的独立法人注册，初步建立支持中国区西锐飞机和公司通航运营业务的运营维修保障能力，并在年内取得145部维修机构资质，正式合法合规开展各项维修和航材业务。在珠海建设辐射亚太通航航材市场的亚太航材中心。

（六）打造通飞特色品牌影响力

通过企业文化建设，塑造具有航空特色、通飞特点且能够满足企业发展的文化氛围和价值导向，加强与新建、并购企业的文化融合。系统地构建通飞品牌宣传推广的方案，综合型号项目、重大事件、重要人物、政策推动、社会重点关注等全面考虑，强化策划，提高通飞的点击率与转发率。加强文化的传播体系建设，改造升级互联网站，改进微博、手机报、微信、电子刊物，充分发挥新媒体平台的作用，从而进行全方位的媒体传播，增大粉丝量，提高影响力。下功夫发展航空文化创意产业，重视品牌"十三五"规划建设，将品牌管理规范化，整理好型号项目，科学合理地进行全谱系飞机的品牌定位。继续加强对爱飞客品牌的推广，在集团公司文化传播、旅游资源的基础上，开展爱飞客影视作品的拍摄。开始新的爱飞客通用航空系列丛书的编写工作。以2015年在珠海举办的第一届"亚洲通航展"为机遇，全方位策划通航展的一系列宣传活动，打造崭新的通飞产品形象、品牌形象和产业形象。完善对舆情的监控措施，主动扩大比较正面的舆情，防范并处理比较负面的舆情，有效地化解舆情可能造成的风险，打造优良的企业发展舆情环境。

（七）重视人力资源工作

人力资源工作要通过创新市场化人才引进方式，进一步解放思想，采取特殊政策加大对关键岗位人才及紧缺人才的引进力度，让通航人才齐聚通飞，加大后备人才的选拔培养与使用，为通飞快速发展提供人才保障。要继续发挥好通飞大学、通飞党校、网上学习平台的作用，把培训做成系统化、模式化的专业平台，为不同层次、不同梯队、不同专业的人才提供学习机会，让学习的文化深入骨髓。要发挥好西锐公司和赛斯纳合资公司的平台作用，有计划地组织人才进行国际化培养，学习先进的研发制造和管理经验，快速提升人力资本与竞争力。要加强人工成本的管控与工资总额预算管理，做好e-HR系统建设，提升人力资源管理科学化水平。财务管理方面，要深化预算管理，加强预算监督。加强各单位应收账款、存货等运营资金的监控，控制有息负债与担保规模，防范资金风险。积极拓展融资渠道，充分利用各种金融政策，多种方式筹集资金，降低融资成本。加强对重点型号项目总会计师系统管理，控制项目研发成本与单机制造成本。

第十八章 烟台中集来福士海洋工程有限公司

第一节 企业基本情况

一、发展历程与现状

烟台中集来福士海洋工程有限公司（中集来福士）作为国内为数不多的拥有半潜式平台、自升式平台和海工特种船舶三大海洋工程装备主流产品总包建造能力的海工企业之一，烟台中集来福士海洋工程有限公司是国内最大的海洋工程装备建造基地之一，同时也是国内最大的半潜式平台建造基地。目前，企业产品涵盖自升式平台、半潜式平台、浮式生产储油船（FPSO）、海工特种船舶等大部分海工产品。现已在总包建造上初步形成批量建造能力，并积极参与国际市场竞争。

中集来福士的原身为建于 1977 年的国有烟台造船厂；1994 年经过合资和股权转让被新加坡的章立人收购，成为外商控股企业；1996 年创立烟台莱佛士船厂，海工出身的章立人将船厂的业务逐渐向海工装备转型，莱佛士船厂也成为国内最早进入高端海工装备设计建造的企业；2008 年与中集集团启动合作，实现了向现代企业管理制度的转变；2011 年中集集团完成了对其的业务和管理整合，并实现控股，公司更名为烟台中集来福士海洋工程有限公司；2013 年，中集集团完成对中集来福士的 100% 收购，股份收购的完成也将有利于中集集团集中资源支持来福士海工业务的发展。

二、企业技术状况

（一）技术能力体系

中集来福士现已形成"一个中心、两条辅线、六大核心能力"的技术能力体系。其中一个中心是指产品集成设计；两条辅线分别为关键共性技术和装备关键技术；六大核心能力分别指结构设计及强度分析优化设计能力、平台总体布置设计能力、系统集成调试能力、总体性能分析能力、振动噪音分析控制能力和系统集成设计能力。

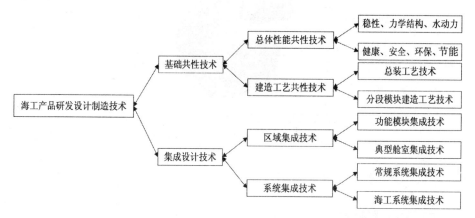

图18-1　中集来福士海工产品研发设计制造技术分解

资料来源：赛迪智库，2015 年 4 月。

（二）知识产权保护与人才结构

目前，中集来福士共申请专利 154 项，授权 68 项。其中发明专利 56 项，授权 13 项，4 项国外专利；实用新型 96 项，授权 54 项；外观 2 项，授权 1 项。专业期刊发表论文 80 余篇。中集来福士拥有 900 名左右研发设计人员，其中设计工程师 735 人，调试工程师 150 人，全职外籍专家 60 人。

表 18-1　中集来福士委员会构成

姓名	职务
刘燕嘉	美国船级社移动平台技术委员会委员
William Webster	美国工程院院士，加州伯克利大学教授
陶龙斌	美国纽卡斯尔大学"劳氏船级社讲席教授"，长江学者
孙丽萍	哈尔滨工程大学深海工程中心常务副主任
石山	新加坡国立大学客座教授，美国HOE公司合伙人
张大刚	哈尔滨工程大学深海工程中心海外教授，美国迪玛尔公司总裁
彭好力	资深海工建造专家，参与完成了多种船型的监造与指导
梁胜	海洋工程系统原理专家，拥有30年的海工工作经验
张旭东	海洋工程轮机设计专家，原新加坡吉宝首席工程师，拥有30年海工工作经验

资料来源：中集来福士，2014 年 5 月。

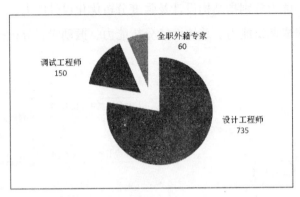

图18-2　中集来福士研发设计人才结构

资料来源：中集来福士，2014年5月。

（三）研发实验室

中集来福士拥有海工特殊材料实验室、海工超厚板焊接实验室、海工数字化虚拟仿真实验室和振动噪声实验室四个专业的实验室，用于从事技术研发工作。

海工特殊材料实验室：专业从事自升式平台核心构件桩腿半弦管、槽形板的压制，拥有国内唯一一条自升平台桩腿热压生产线。

海工超厚板焊接实验室：拥有国内唯一一条桩腿焊接生产线，掌握相应关键技术和工艺。

海工数字化虚拟仿真实验室：主要从事海工数字制造、分析、验证和演示的虚拟可视化平台、力学仿真和三维数字波浪水池等实验。

振动噪声实验室：目前正处于建设中，与中国海洋大学联合，主要从事海工装备振动噪声数值预报、舱室/环境噪声评价及降噪设计等技术研发。

（四）产学研用合作平台

中集来福士非常重视与高校、科研机构、相关企业的合作，于2013年11月，在中集来福士海洋工程研究院成立深海工程与高技术船舶协同创新中心，目前该中心拥有中集集团、中船重工、中船工业、海油工程、中国船级社、海装舰船所等企业机构成员和哈工程、大连理工、天津大学、华南理工、江苏科大和武汉理工等高校成员。

第二节　生产经营情况

一、主营业务

烟台中集来福士目前的主要产品包括自升式钻井平台、半潜式钻井平台和海洋工程辅助船等三大类。其中，自升式钻井平台手持订单 10 个，半潜式钻井平台手持订单 12 个，钻井船手持订单 4 个。中集交付的半潜式钻井平台已覆盖北海、里海、墨西哥湾、巴西海域等全球主流海洋油气产区。烟台中集来福士作为半潜式钻井平台建造、总装、调试交付基地，其全资子公司龙口中集来福士作为自升式平台的生产建造基地，海阳中集来福士作为模块建造基地。

表 18-2　中集来福士钻井平台与钻井船产品系列

类型	名称	简介
半潜式钻井平台	COSLPROSPECTOR	设计标准：挪威海事石油标准 工作海域：世界上海况最恶劣的挪威北海海域，能抵御百年一遇的风暴 项目模式：中集来福士负责总包建造
	维京龙号	中国首次进行极地冰区环境下作业的高端平台的核心技术方案的设计 工作海域：世界上海况最恶劣的挪威北海、北极海域，能抵御百年一遇的风暴 知识产权：拥有80%知识产权 项目模式：中集来福士负责总包建造
	FRIGSTAD DEEPWATER RIG A&B	我国唯一的双钻台设计，大幅提高钻井效率 作业水深达3658米，钻深达15000米，可覆盖我国所有水深海油气田，国内排名第一 目前世界上最大的半潜式钻井平台
钻井船	NORSHORE PACIFIC	设计标准：挪威海事石油标准 工作海域：世界上海况最恶劣的挪威北海海域 应用先进的无隔水管钻井技术和油田再生技术
自升式平台	JU2000E	设计公司：F&G 工作水深：400英尺 钻井深度：35000英尺 可变甲板载荷：6400吨 设计最低环境温度：-20摄氏度

（续表）

类型	名称	简介
	GAS COMPRESSION JACK UP（自升式气体压缩平台）	中集来福士自主研发设计，100%知识产权 气体处理能力：200百万标准立方英尺/日 工作水深：60米
	新胜利一号	工作水深：50米 钻井深度：7000米 可变甲板载荷：1850吨 居住能力：100人

资料来源：中集来福士，2014年5月。

二、生产运行

（一）平台自主设计由浅入深

经过十年磨砺，中集来福士实现了深水平台从概念设计、基础设计、详细设计，到设计工程化、用户使用和产品产业化的全线贯通。中集来福士目前已承接建造自升式钻井平台10座，其中所承接的 GAS COMPRESSION JACK UP（自升式气体压缩平台）完全由中集自主研发设计，拥有100%的知识产权，工作水深为60米，气体处理能力为200百万标准立方英尺/日；半潜式钻井平台订单12座，其中所承接的维京龙号平台完全由中集来福士负责总包建造，是中国首次进行极地冰区环境下作业的高端平台的核心技术方案的设计，拥有80%的自主知识产权，能够在世界上海况最恶劣的挪威北海、北极海域进行作业，能抵御百年一遇的风暴；所承接的 FRIGSTAD DEEPWATER RIG A&B 平台，是我国唯一一台拥有双钻台设计的半潜式钻井平台，能够大幅度提高钻井效率，作业水深达3658米，钻深达15000米，可覆盖我国所有水深海油气田，是目前世界上最大的半潜式钻井平台；2014年4月，拥有100%自主知识产权的两座深水半潜式生活平台SSCV 在巴西海域正式运营，有效作业效率达到95%以上，排名第一；2014年8月，中集来福士启动自主设计的第三座深水半潜式生活平台 CR600，这座深水平台将于2017年交付。

（二）专业建造能力强势突显

在自升式钻井平台领域，烟台中集来福士所承接的胜利石油工程有限公司的"新胜利一号"自升式钻井平台，其作业水深为50米，钻井深度7000米，可变甲板载荷1850吨，能够居住100人。在半潜式钻井平台领域，烟台中集来福士所承接的 NORSHORE PACIFIC 半潜式钻井平台完全按照挪威海事石油标准进行建造，应用先进的无隔水管钻井技术和油田再生技术，能够在世界上海况最恶劣的挪威北海海域作业。同时，在北海进行深水作业的柔性抛石船 Van Ood STORNES 创造了深水铺石新的世界纪录。

（三）技术创新能力不断提升

近年来，中集来福士通过与高等院校、科研院所的深入合作，集聚了创新资源和创新人才，尤其是在技术创新能力方面有了显著的提升。2014 年，中集来福士与哈尔滨工程大学等 6 所高校、中船重工等 6 家海工装备领域内龙头企业联合成立了国家级协同创新中心，旨在加强中集来福士与高校、科研院所、龙头企业在深水平台和高技术船舶及配套机电设备领域的深度协作，通过吸收船舶领域、海洋工程装备领域的高端复合型、融合型人才，不断集聚创新资源和提升团队的技术创新能力。与此同时，中集来福士积极与中国海洋大学、哈尔滨工程大学、美国船级社等国内外知名船级社在细分领域建立重点实验室和海工技术中心，目前已经建立 5 个重点实验室和技术中心、承接省部级重大专项 2 项。2014 年年底，中集来福士、杰瑞石油、中柏京鲁、巨涛海工、中石油（青岛）、潍柴重机、胜利油田钻井工艺研究院等山东省内的七家重点骨干企业和科研院所共同成立了"山东半岛蓝色经济区海洋装备产业联盟"，旨在推动海工装备领域优势产品的产业化、拓展和延伸海工装备产业链、建立海工装备标准化研究中心、助力重大项目的谋划和发展，从而形成海工装备产业聚集区，促进海工装备产业的高速发展。

（四）国际国内市场协同发展

国际市场主要通过收购进行开拓，2013 年年底，烟台中集来福士收购了海工装备领域知名设计公司瑞典 Bassoe Technology（BT），从此中集来福士在北欧拥有了自己的研发设计中心。中集来福士在自升式平台和半潜式平台的详细设计和施工设计方面拥有丰富的经验，而瑞典 Bassoe Technology 在半潜式平台和钻井船等高端海工装备产品的概念设计和技术设计方面具有较强实力，两者刚好实现了互补。在成功开拓多个国际主流市场后，烟台中集来福士在国内市场的开拓方面取得了重大突破，成功开拓了中海油服、中石化等国内市场。其中，2014 年，向中海油服按时交付了 1 座深水半潜式钻井平台、2 座自升式钻井平台和 1 座自升式修井平台；向中石化交付了 1 座自升式钻井平台，并获得 1 座 300 尺自升式钻井平台订单；同时还承担了中油海平台维修改造项目。

三、经济效益

2014 年，中集来福士通过努力实现了营业收入大幅增长并顺利扭转亏损的局面，共实现销售收入 118.65 亿元，首次超过百亿人民币，比 2013 年同期增长 69.94%；实现利润 0.05 亿元，比 2013 年同期增长 101.69%。中集来福士的主要营业收入来自深水半潜式平台和自升式平台总装建造，2014 年，公司共获得 11.21 亿美元订单，当前海工手持订单中集约 50 亿美元，包括 5 座深水半潜式钻井平台，占据全球在建的深水半潜式钻井平台 22% 市场份额[1]。

第三节　经营发展战略

一、战略目标

中集来福士拥有烟台、海阳和龙口三个建造基地，总占地面积约 2000 亩。下设的海洋工程研究院，是一个国际化、专业化的高端海工装备产品研发设计平台，2010 年获得国家发改委授牌，后被国家能源局授予国家级研发中心。海工院引进了力学分析软件 ABAQUS、水动力分析软件 SESAM、3D 设计软件 CATIA 以及平台稳性分析软件 NAPA 等，现已具备自升式钻井平台和半潜式钻井平台的基础设计、详细设计和施工设计能力。此外，为了业务需要，中集来福士在里海设立了运营公司。2014 年，中集来福士将自己的战略目标定位为：通过总装建造模式，奠定批量交付半潜式平台基石；模块化建造，将经验转化为标准作业流程；与国际最高标准接轨，打造优质系列产品；有所为有所不为，集中精力打造拳头产品。中集来福士将通过模块化建造完善海洋工程管理设立为自己的战略目标，并分步骤、分阶段进行了战略实施。

二、战略实施

（一）总装建造模式：奠定批量交付半潜式平台基石

1. 完整大型分段模块陆地建造

将空船重量为 2 万—4 万吨的整个平台分为上下船体 1 万—2 万吨两个总段，同时在陆地建造，在保证质量的前提下提高了建造效率，进而缩短整个建造周期。

---

[1]　中集集团官网：《中国国际海运集装箱（集团）股份有限公司2014年度报告全文》，2015年3月25日，见 http://www.cimc.com/。

2. 大型半潜驳船漂浮下水

用大型半潜驳船下水是当前世界上最先进的下水方式，下水工艺简单易控，操作安全。所使用的半潜驳船为中集来福士自主设计建造，最大承载能力为2万吨。通过专业滑道，将2万吨以下的船体分段滑至搬迁驳船上，之后驳船下沉，将船体漂浮于水面之上，从而完成由陆地到水上的下水过程，其中滑移过程中的精度和结构强度需要提前进行精准分析。

3. 两万吨泰山吊整体大合拢

中集来福士利用两万吨提升力的泰山吊对半潜式平台的上下船体进行整理合拢，坞内周期缩短至10天以内，而传统的坞内搭载法坞内周期约300天，液压提升合拢法坞内周期约110天。用2万吨泰山吊进行万吨级巨型分段的吊装和大合拢可以最大限度节省大坞使用周期，节省1/3工时，是中集来福士的突破性创新，也是当今世界上最经济、最安全、最快捷的大合拢方式。

4. 深水码头完整舾装及预调试

中集来福士利用新建的–18米深水码头，实现推进器码头边安装和调试，避免了传统的海上安装的缺陷，大大提高了推进器的安装效率。同时，中集来福士建立了完善的机械完工和调试数据库管理系统，能够实现机械完工（MC）及调试工作的自主化，试航调试能力与韩国、新加坡一流海工企业相当。

（二）模块化建造，将经验转化为标准作业流程

1. 模块化建造模式的优势

传统海洋工程装备建造模式通常存在多工种交叉作业，码头舾装周期延长；现场工作量大，施工材料浪费严重；现场工作环境恶劣，对于工人的健康以及自然环境不利等弊端。相比而言，模块化建造模式能够有效降低海洋平台的建造成本，提高生产率，缩短建造周期；模块建造团队熟练掌握模块的采购、设计、生产、调试等各环节，有利于提取标准化生产流程和工艺，形成规范化生产；模块化建造团队对负责的模块实现标准化、规范化管理，非常熟悉模块的结构和生产等基本信息，有利于提高平台设计和生产人员的专业化程度；模块化建造通过建立辐射状分布的以总厂船台为中心总装建造厂，周边分厂为大型系统模块建造分厂的格局，在分区内实现区域物流、各工厂独立预算、自负盈亏、提前划分任务，使得整体制造思路清晰，有利于管理的升级和生产效率的提高，进而实现平台的

总装建造模式。

2. 中集来福士模块化建造的管理战略

中心思想：以模块为中心，将业务相关的技术、采购、生产和调试等部门工作职责关联在一起。

技术管理：技术部门根据不同平台的特点，研究形成满足不同技术要求的平台模块的标准图纸清单、设备清单和材料清单。项目一旦启动，技术部门根据图纸清单，按照规范要求设计施工图纸和建造工艺；根据设备清单和材料清单，按照技术规格书要求进行设备和材料的申请，为下游部门业务提供信息输入。

采购管理：采购部门根据技术部门提供的设备和材料申请，由模块业务采购员进行市场询标，为模块的生产建造做好物料准备工作。

生产管理：生产部门根据采购提供的材料和设备，按照技术提供施工图纸和建造工艺要求进行模块的生产建造。根据项目模块的相关信息转变为生产计划、预测和客户订单，并据此安排各周期提供的产品种类和数量。

质检管理：质检部门参考技术提供的图纸，按照规范对质量的要求进行模块建造的质量的检验。

调试管理：调试部门参考技术部门提供的设计图纸和设备的功能要求，对生产部门完成的模块产品进行模块调试工作，保证该模块局部功能的实现。

（三）与国际最高标准接轨，打造优质系列产品

海工装备是一个国际化程度比较高的行业，海工企业要想在国际舞台上占有一席之地，必须采用国际最高层次的设计、建造和质量标准，这也就意味着任何一个产品细节都要求精益求精。只有与国际最高标准接轨，才能交付出最优质的海工装备产品，才能真正打入国际海工装备市场。

通过与国际最高标准接轨，中集来福士打造了多个系列的优质产品。半潜式平台目前已交付8座、在建5座、可选7座、在研6座，共26座，全水深覆盖（浅水、中深水、超深水），作为公司重点产品，远赴欧洲北海、中国南海、巴西、西非海域等海域作业。自升平台目前已交付5座、在建6座、待建3座、在研3座，共17座。

（四）有所为有所不为，集中精力打造拳头产品

中集来福士将企业的发展目标定为通过3—5年的努力，力争进入世界一流

海工装备企业行列，而并不追求产业链上的大而全。中集来福士发展海工装备只有十几年的时间，这与已有五六十年海工建造经验的新加坡吉宝、韩国三星等全球海工装备第一阵营企业相比，技术基础、建造经验等各方面差距依然明显，短时间内无法实现赶超。

为了在全球海工市场上占有一席之地，中集来福士秉承"有所为有所不为"的理念，开始制定差别化的全球竞争战略。海工装备产业以海洋钻井平台为主导产品，根据作业水深的不同，钻井平台可分为自升式钻井平台和半潜式钻井平台，其中自升式钻井平台作业于浅水海域，半潜式钻井平台则主要作业于中深水、超深水海域。相对而言，自升式钻井平台的设计建造技术相对成熟，目前国内外市场竞争异常激烈；而半潜式钻井平台的设计建造难度较大，国内少有企业涉足，中集来福士看到了这一细分市场空间，于2005年开始进行半潜式钻井平台的技术研发与设计，并通过努力获得挪威的第一笔订单，历时四年建成国内第一座深水半潜式钻井平台。随后，中集来福士的技术团队先后攻克并建造了多座高难度的半潜式钻井平台。

目前，半潜式钻井平台已成为中集来福士的拳头产品，企业已经拥有自主研发设计的产品，并具备较好的业绩，在全球市场上占有一席之地。中集来福士的竞争策略是先集中精力把半潜式平台都做到极致，即高效、成本可控、设计工艺定型、工期可控，然后凭借半潜式平台的设计研发与建造经验，循序渐进，逐步扩展成相对丰富的产品链。

政　策　篇

第十九章　2014年中国装备工业政策环境分析

第一节　全面深化改革深入贯彻落实，简政放权力度不断加大

作为深入贯彻落实党的十八届三中全会精神、全面深化改革的开局之年，2014年也是完成"十二五"规划的关键之年，中央全面深化改革领导小组确定的80个重点改革任务基本完成，此外，中央有关部门还完成了108个改革任务，共出台370条改革举措。

作为改革的重头戏，简政放权、放管结合成为国务院的2014年经济工作重点，国务院相继推出了一系列重要举措：2014年1月，国务院常务会议决定推出进一步深化行政审批制度改革三项措施，提出"公开国务院各部门全部行政审批事项清单、清理并逐步取消各部门非行政许可审批事项、重点围绕生产经营领域，再取消和下放70项审批事项，使简政放权成为持续的改革行动"；2014年4月，国务院常务会议部署落实2014年深化经济体制改革重点任务；2014年5月，国务院常务会议确定进一步减少和规范涉企收费减轻企业负担，部署落实和加大金融对实体经济的支持，决定对国务院已出台政策措施落实情况开展全面督察；为促进创业就业、为经济社会发展增添新动力以及进一步激发市场活力，2014年6月、8月、12月，国务院常务会议先后确定三批简政放权措施。2014年全年，"国务院各部门全年取消和下放246项行政审批事项，取消评比达标表彰项目29项、职业资格许可和认定事项149项，再次修订投资项目核准目录，大幅缩减核准范围"[1]。

作为工业主管部门，2014年，工业和信息化部上报国务院拟取消和下放行

---

[1]　《2015年政府工作报告》。

政审批事项 29 项，保留审批事项逐步实现了网上运行，5 项工商登记前置审批
事项改为后置审批。

第二节　创新驱动发展战略稳步推进，经济结构调整步伐加快

　　目前，我国经济发展进入新常态，"正在向形态更高级、分工更复杂、结构
更合理的阶段演化，经济发展方式正从规模速度型粗放增长转向质量效率型集约
增长，经济结构正从增量扩能为主转向调整存量、做优增量并存的深度调整"[1]。
作为国家经济结构调整优化的原动力，创新必须摆在国家发展全局的核心位置。
面对当前经济形势，党中央深刻认识到创新驱动的紧迫形势，高度重视创新的引
领与支撑作用。中共十八大报告提出"实施创新驱动发展战略"；2014 年 8 月，
习近平总书记在中央财经领导小组第七次会议"研究实施创新驱动发展战略"上
指出："实施创新驱动发展战略，就是要推动以科技创新为核心的全面创新，坚
持需求导向和产业化方向，坚持企业在创新中的主体地位，发挥市场在资源配置
中的决定性作用和社会主义制度优势，增强科技进步对经济增长的贡献度，形成
新的增长动力源泉，推动经济持续健康发展"；2014 年 9 月，习近平总书记又在
北京中关村举行的以实施创新驱动发展战略为题的第九次集体学习时提出了"着
力推动科技创新与经济社会发展紧密结合、着力增强自主创新能力、着力完善人
才发展机制、着力营造良好政策环境、着力扩大科技开放合作"等 5 个方面的任务。
　　科技创新是提高社会生产力和综合国力的战略支撑，为发挥好科技创新对经
济社会发展的引领支撑作用，加快创新驱动战略落实，打通科技成果转化通道，
国务院在《中共中央、国务院关于深化科技体制改革加快国家创新体系建设的意
见》《国务院关于改进加强中央财政科研项目和资金管理的若干意见》的指导下，
提出了一系列重要举措：2014 年 8 月，国务院常务会议部署加快发展科技服务业，
指出"要以研发中介、技术转移、创业孵化、知识产权等领域为重点，抓住关键
环节精准发力，深化改革，坚持市场导向，推动科技服务业发展壮大"；2014 年
11 月，国务院常务会议部署加强知识产权保护和运用，提出努力建设知识产权
强国，催生更加蓬勃的创新创造创业热潮，用智慧升级"中国制造"；2015 年 1 月，

---

[1]　2014年中央经济工作会议。

国务院常务会议决定设立总规模 400 亿元的国家新兴产业创业投资引导基金，重点支持处于"蹒跚"起步阶段的创新型企业；2015 年 3 月，《政府工作报告》提出"要实施'中国制造 2025'，坚持创新驱动、智能转型、强化基础、绿色发展，加快从制造大国转向制造强国"，同月，国务院常务会议部署加快推进实施"中国制造 2025"，实现制造业升级，强调要顺应"互联网+"的发展趋势，以信息化与工业化深度融合为主线，重点发展新一代信息技术、高档数控机床和机器人、航空航天装备、海洋工程装备及高技术船舶、先进轨道交通装备、节能与新能源汽车、电力装备、新材料、生物医药及高性能医疗器械、农业机械装备十大领域，强化工业基础能力，提高工艺水平和产品质量，推进智能制造、绿色制造。促进生产性服务业与制造业融合发展，提升制造业层次和核心竞争力。

2014 年以来，我国通过继续实施国家科技重大专项和知识产权运用能力培育工程、组织实施智能制造装备等专项工程，开展工业强基专项行动、推进两化融合专项行动等，工业特别是装备制造领域创新步伐正逐步加快。

第三节　自由贸易区建设不断扩容，"走出去"战略加快实施

当前，国际金融危机影响仍在，全球性经济危机与社会危机相互叠加，世界经济正处于深度调整之中。面对国际政治经济格局深刻调整的战略机遇，党中央确立了推动更高水平对外开放的战略目标，提出构建丝绸之路经济带和 21 世纪海上丝绸之路，建设亚洲基础设施投资银行，丝路基金也已于 2014 年 12 月成立。与此同时，自由贸易区建设有序推进，"走出去"战略加快落实。

党的十八大提出"要加快实施自由贸易区战略"。自 2013 年 8 月中国（上海）自由贸易试验区经国务院正式批准设立以来，自由贸易试验区建设步伐不断加快，2014 年 12 月，中共中央政治局就加快自由贸易区建设进行第十九次集体学习，习近平总书记指出"加快实施自由贸易区战略，是适应经济全球化新趋势的客观要求，是全面深化改革、构建开放型经济新体制的必然选择"，同月，国务院常务会议部署"推广上海自贸试验区试点经验、加快制定完善负面清单，推动更高水平对外开放"；2015 年 2 月，国务院以国函〔2015〕18 号批复商务部，同意建立国务院自由贸易试验区工作部际联席会议制度，由国务院分管自由贸易试验区工作的领导同志担任联席会议召集人，商务部、中央宣传部、中央财办、发展改

革委、教育部、工业和信息化部等 30 个部门和单位组成联席会议，主要目标是加强部门间协调配合，推进自由贸易试验区建设工作；2015 年 3 月，中共中央政治局审议通过广东、天津、福建自由贸易试验区总体方案，建设中国（上海）自由贸易试验区并总结推广试点经验，深化以备案制为主的对外投资管理方式改革，推进贸易投资便利化，提出推动建设亚太自由贸易区的倡议。

2014 年 3 月，《政府工作报告》提出"加快实施走出去战略。鼓励企业参与境外基础设施建设和产能合作，推动铁路、电力、通信、工程机械以及汽车、飞机、电子等中国装备走向世界"，李克强总理在全国两会上指出"中国的经济要升级，出口产品也要升级，我们不能总是卖鞋袜、衣帽、玩具，当然这也需要，但中国装备走出去可以在世界市场上接受竞争的检验，提质升级"；2014 年 12 月，国务院常务会议部署加大金融支持企业"走出去"力度，推出"简化审批手续、拓宽融资渠道、健全政策体系"三项重要举措；2015 年 1 月，国务院常务会议部署加快铁路、核电、建材生产线等中国装备"走出去"，提出"大力开拓铁路、核电等重大装备国际市场、支持企业利用国内装备在境外建设上下游配套的生产线、巩固通信、电力、工程机械、船舶等成套设备出口"；2015 年 4 月，李克强总理主持召开中国装备走出去和推进国际产能合作座谈会，强调"要完善政府推动、企业主导、商业运作的合作机制"。

第二十章　2014年中国装备工业重点政策解析

第一节　《国家增材制造产业发展推进计划（2015—2016年）》

一、背景

增材制造是以数字模型为基础，将材料逐层堆积制造出实体物品的新型制造技术，体现了信息网络技术与先进材料技术、数字制造技术的密切结合，是先进制造业的重要组成部分。经过20多年的快速发展，目前增材制造已经在全球范围内初步形成较为完善的技术体系和产业体系，应用范围已从工业产品的开发设计、模具制造、扩展到零部件直接制造，应用领域扩大到航空、航天、汽车、生物医疗、文化创意等诸多领域。据沃勒斯协会增材制造年度发展报告称，2013年全球增材制造产业规模30.7亿美元，比2012年增长34.9%。据麦肯锡咨询公司预测，到2025年，增材制造产业每年可以产生2300亿—5500亿美元的产值。

增材制造技术虽然具有较好的发展前景，但也面临制造精度有待进一步提高、生产效率相对较低、成本仍然较高等诸多问题，增材制造技术实现单件、小批量快速制造的特点决定了其将在产品创新中发挥明显作用。但对于传统大规模批量生产，目前，增材制造技术还只是传统制造技术的补充，有待技术的进一步突破。以美国、德国、英国、法国为代表的世界主要经济体高度重视增材制造这一新兴技术及产业的发展，将其作为增强科技创新能力、重振制造业的重要手段，纷纷进行战略布局，通过资金、政策等手段扶持组建新型研发机构，加大对材料、装备、工艺、标准等领域的研发，抢占增材制造技术与产业发展的战略制高点。

经过多年的发展，我国增材制造技术虽与世界先进水平基本同步，部分技术领域已达到国际领先水平，在航空、航天、汽车、生物医疗、模具制造、文化创意等领域得到初步应用，2013 年，我国增材制造产业规模约为 1.6 亿美元，但与先进发达国家相比，仍处于产业化起步阶段，还存在较大差距，表现在：一是关键核心技术尚待突破，在材料制备、装备及关键零部件、工艺控制和软件开发等技术领域仍存在不足，一半以上的增材制造装备依赖进口；二是产业规模化程度低，2013 年，我国增材制造产业规模仅为全球的 1/20 左右，国内最大规模企业的销售收入还不到美国 3D Systems 公司销售收入的 1/30；三是技术创新体系尚需完善，尚未建立起有效的增材制造共性技术平台；四是产业体系尚未建立，尚未形成涵盖材料、装备、软件与服务的完整的增材制造产业链；五是应用推广和教育培训缺乏，企业购置增材制造装备的数量非常有限，且多从国外进口。为把握发展机遇，抢占未来科技制高点，培育未来产业发展新的增长点，2015 年 2 月 28 日，工业和信息化部会同国家发展改革委、科技部制定下发了《国家增材制造产业发展推进计划（2015—2016 年）》（以下简称《推进计划》）。

二、政策要点

（一）明确了增材制造发展的战略取向

《推进计划》指出：以直接制造为增材制造产业发展的主要战略取向，兼顾增材制造技术在原型制造和模具开发中的应用，面向航空航天、汽车、家电、文化创意、生物医疗、创新教育等领域重大需求，聚焦材料、装备、工艺、软件等关键环节，实施创新驱动，发挥企业主体作用，加大政策引导和扶持力度，营造良好发展环境，促进增材制造产业健康有序发展。

（二）提出了增材制造的近期发展目标

《推进计划》提出：到 2016 年，初步建立较为完善的增材制造产业体系，在航空航天等直接制造领域达到国际先进水平，形成 2—3 家具有较强国际竞争力的增材制造企业，部分增材制造工艺装备达到国际先进水平，初步掌握增材制造专用材料、工艺软件及关键零部件等重要环节关键核心技术，成立增材制造行业协会，建立 5—6 家增材制造技术创新中心。

（三）制定了增材制造推进计划的实施内容

一是着力突破增材制造专用材料，针对航空航天、汽车、文化创意、生物医疗等领域的重大需求，突破一批增材制造专用材料，到 2016 年，基本实现钛合金、高强钢、部分耐高温高强度工程塑料等专用材料的自主生产，满足产业发展和应用的需求；二是要加快提升增材制造工艺技术水平，积极搭建增材制造工艺技术研发平台，建立以企业为主体，产学研用相结合的协同创新机制，加快提升一批有重大应用需求、广泛应用前景的增材制造工艺技术水平；三是要加速发展增材制造装备及核心器件，依托优势企业，加强增材制造专用材料、工艺技术与装备的结合，研制推广使用一批具有自主知识产权的增材制造装备，重点研制与增材制造装备配套的嵌入式软件系统及核心器件；四是要建立和完善产业标准体系，研究制定增材制造工艺、装备、材料、数据接口、产品质量控制与性能评价等行业及国家标准，开展质量技术评价和第三方检测认证；五是要大力推进应用示范，组织实施应用示范工程，支持建设公共服务平台，组织实施学校增材制造技术普及工程。

三、政策解析

增材制造技术是新一轮科技革命的一项重要内容，作为在新一轮科技革命和产业变革与我国工业转型升级的历史性交汇期所作出的一项战略安排，《推进计划》不仅有利于我国加快转变经济发展方式和产业提质增效升级，而且有利于发挥增材制造技术在破解航空航天等国家战略制造领域里一些传统工艺无法加工或难加工的高性能零部件制造难题方面的重要作用，同时，通过与精密铸造、模具开发、机械加工等传统工艺结合，能有效提高复杂零部件的制造效率，减少制造周期和制造成本，此外，还会对提升设计创新能力，拓展创新创意空间起到良好的带动作用。

第二节　《关于推进工业机器人产业发展的指导意见》

一、背景

随着全球工业化进程的加快推进和机器人技术的不断发展，工业机器人优势日益显现，应用领域不断扩展，汽车、电子、半导体、纺织、物流、生化制药、食品等行业正不断将成为重要的机器人应用市场，据国际机器人协会(IFR)统计，2002—2013年，全球新装工业机器人年均增速达9%，2013年，全球工业机器人销量达16.8万台。其中，受人口红利逐渐消失、劳动力成本不断攀升等因素影响，中国工业机器人市场得到快速发展，2007—2013 年，中国工业机器人销量年均复合增长率达 25%，2013 年，中国市场共销售工业机器人近 37000 台，超过日本成为全球第一大工业机器人市场。

国家一直重视工业机器人的发展，2012 年 5 月，工业和信息化部印发《高端装备制造业"十二五"发展规划》《智能制造装备产业"十二五"发展规划》，2012 年 7 月，国务院发布《"十二五"国家战略性新兴产业发展规划》，纷纷在智能制造装备产业领域将工业机器人及其核心关键技术作为发展重点。2013 年 4 月，为促进我国工业机器人行业发展，指导国内企业间的合作与技术进步，由中国机械工业联合会牵头成立的中国机器人产业联盟在北京成立。然而，我国工业机器人自主品牌薄弱、核心零部件研发滞后、产品认知度与附加值低等问题依然较为突出。为进一步加强行业管理，推动我国工业机器人产业有序健康发展，2013 年 12 月 22 日，工业和信息化部下发《关于推进工业机器人产业发展的指导意见》(以下简称《指导意见》)。

二、政策要点

（一）明确了我国工业机器人的 2020 年发展目标

《指导意见》指出：到 2020 年，形成较为完善的工业机器人产业体系，培育 3—5 家具有国际竞争力的龙头企业和 8—10 个配套产业集群，高端产品市场占有率提高到 45% 以上，机器人密度（每万名员工使用机器人台数）达到 100 以上。

（二）制定了推进工业机器人发展的主要任务

《指导意见》制定了推进工业机器人发展的七项主要任务：一是围绕市场需求，突破核心技术；二是培育龙头企业，形成产业集聚；三是突出区域特色，推进产业布局；四是推动应用示范，促进转型升级；五是加强总体设计，完善标准体系；六是强化公共服务，创新服务模式；七是推进国际合作，提升行业水平。

三、政策解析

《指导意见》在充分认识我国工业机器人产业发展所面临的发展问题的基础上，提出了具有较强针对性的应对策略。尽管我国已成为成为全球第一大工业机器人市场，但是我国机器人产业总体上还处于起步阶段，高性能交流伺服电机、精密减速器、控制器等关键核心部件长期依赖进口，国内机器人市场基本被瑞典

ABB、日本发那科和安川电机、德国库卡等外资企业和品牌占据。对此,《指导意见》提出"建立以工业机器人主机企业、系统集成企业为牵引,零部件及产业服务企业协同发展的产业发展格局,大力培育具有国际竞争力的工业机器人骨干企业;选择汽车、船舶、电子、民爆、国防军工等重点领域,攻克伺服电机、精密减速器、伺服驱动器、末端执行器、传感器等关键零部件技术"。与此同时,面对工业机器人市场的快速增长,全国各地纷纷将工业机器人作为发展重点,产业低层次投资和重复竞争格局初显,上海、天津、沈阳、青岛、重庆等地相继提出建设产业园区,据不完全统计,我国已建成和正在建设的机器人产业园区达40多家,国内已有超过4000多家机器人相关企业,平均每天还在新增两家企业。各地区机器人产业园的重复建设和企业的热情高涨势必造成国内工业机器人恶性竞争、良莠不齐,最终将会制约国产机器人的产业化进程。为此,《指导意见》指出"各地方根据自身条件,合理确定工业机器人产业发展模式和规模,科学谋划,因地制宜,有序推进工业机器人区域差异化发展"。此外,《指导意见》提出"抓好一批效果突出、带动性强、关联度高的典型应用示范工程,开展自主品牌工业机器人的应用示范"。

《指导意见》的实施在加强行业管理的同时,将进一步加快工业机器人的推广应用,这不仅将降低人工成本上升和人口红利减少对中国工业竞争力的影响,而且有利于提高生产效率和产品质量,降低生产成本和资源消耗。

第三节 《关于加快新能源汽车推广应用的指导意见》

一、背景

作为缓解燃油供求矛盾,改善大气环境,促进汽车产业技术进步和优化升级的重要举措,新能源汽车已上升为国家战略,是国家加快培育和发展的七大战略性新兴产业之一。2012年7月出台的《节能与新能源汽车产业发展规划》明确了新能源汽车的产业化目标:"到2015年,纯电动汽车和插电式混合动力汽车累计产销量力争达到50万辆。"为加快推进目标落实,2013年9月,财政部、科技部、工业和信息化部、国家发展改革委联合制定下发了《关于开展节能与新能源汽车示范推广试点工作的通知》,明确了示范城市或区域所需条件,分类细化了新能源汽车补助标准。此外,为加快推进节能与新能源汽车产业发展,2013年11月,国务院以国函〔2013〕122号文批复同意建立由工业和信息化部牵头的由18个部门组成的节能与新能源汽车产业发展部际联席会议。

在上述政策措施的推动下,我国新能源汽车发展虽然取得一定成效,但与《规划》目标还有很大差距,在新能源汽车推广应用中还存在着有些地方对发展新能源汽车心存疑虑、充电设施建设滞后、企业盈利模式尚未形成、扶持政策有待完善、存在着不同形式的地方保护、产品性能需要进一步提高等一系列问题。2013年全国新能源汽车产量仅为1.75万辆,离"2015年末,全国累计推广新能源汽车50万辆"的目标尚有较大差距。更重要的是,未来新能源汽车产业的发展方向及运行模式的选择,都亟待国家予以明确。为进一步指导和解决新能源汽车"推而不广"的问题,加大政策措施力度,2014年7月,国务院办公厅下发了《关于加快新能源汽车推广应用的指导意见》(以下简称《指导意见》)。

二、政策要点

(一)进一步明确了新能源汽车的发展方向和基本原则

《指导意见》指出:以纯电驱动为新能源汽车发展的主要战略取向,重点发展纯电动汽车、插电式(含增程式)混合动力汽车和燃料电池汽车,要求"新能源汽车生产企业和充电设施生产建设运营企业要着力突破关键核心技术,加强商业模式创新和品牌建设",明确地方政府要相应制定新能源汽车推广应用规划,承担新能源汽车推广应用主体责任,并"把公共服务领域用车作为新能源汽车推广应用的突破口"。

(二)制定了加快充电设施建设的具体举措

为解决充电设施建设滞后问题,《指导意见》制定了包括"制定充电设施发展规划和技术标准、完善城市规划和相应标准、完善充电设施用地政策、完善用电价格政策、推进充电设施关键技术攻关、鼓励公共单位加快内部停车场充电设施建设、落实充电设施建设责任"等加快充电设施建设的七项具体举措。

(三)推动公共服务领域率先推广应用

一是扩大公共服务领域新能源汽车应用规模,新能源汽车推广应用城市新增或更新车辆中的新能源汽车比例不低于30%;二是推进党政机关和公共机构、企事业单位使用新能源汽车,2014—2016年,中央国家机关以及新能源汽车推广应用城市的政府机关及公共机构购买的新能源汽车占当年配备更新车辆总量的比例不低于30%,以后逐年扩大应用规模。

(四)指出要进一步完善政策体系

为加快新能源汽车的推广应用,有效推动《指导意见》的贯彻落实,《指导意见》指出,要加快制定落实"完善新能源汽车推广补贴政策、改革完善城市公交车成品油价格补贴政策、给予新能源汽车税收优惠、多渠道筹集支持新能源汽车发展的资金、完善新能源汽车金融服务体系、制定新能源汽车企业准入政策、建立企业平均燃料消耗量管理制度、实行差异化的新能源汽车交通管理政策"等配套政策和举措。

(五)明确要坚决破除地方保护

《指导意见》指出:各地区要严格执行全国统一的新能源汽车和充电设施国家标准和行业标准,不得自行制定、出台地方性的新能源汽车和充电设施标准。有关部门要加强对新能源汽车市场的监管,推进建设统一开放、有序竞争的新能源汽车市场。坚决清理取消各地区不利于新能源汽车市场发展的违规政策措施。

三、政策解析

《指导意见》在准确把握了我国新能源汽车产业发展所面临的问题和瓶颈的基础上,进一步明确细化了我国新能源汽车产业的发展思路。为使得《指导意见》的操作性更强,有针对性地提出了破解瓶颈的发展举措,同时注重政策的系统性、整体性,细化明确了亟须完善的配套政策,从而坚定了汽车行业发展新能源汽车的信心和决心,推动了能源汽车市场快速发展,据工业和信息化部统计,2014年新能源汽车累计生产8.39万辆,同比增长近4倍。

第四节 《海洋工程装备工程实施方案》

一、背景

近年来,我国海洋工程装备取得快速发展,据中国船舶行业工业协会发布数据显示,2013年,我国承接各类海洋工程装备订单超过180亿美元,约占世界市场份额的29.5%,比2012年提高16个百分点,超过新加坡居世界第二。其中,在自升式钻井平台方面,中国企业共承接了全球68个订单中的37个,占全球订单量的 54%；从订单金额来看，接获订单总值约 77 亿美元，占全球订单总额的 48%。此外，在半潜式钻井平台以及浮式生活装置的接单量和接单金额上也都排在全球首位。虽然我国在海洋工程装备的订单量以及订单金额上有了大幅提升，但是我国海洋工程装备基础技术与自主研发设计能力薄弱、产业集中度与配套水平低、产品价值量与投资群体质量不高等问题依然突出。如在自升式钻井平台方面，新加坡所接获订单的 76% 左右都是采用自主设计，拥有完全的自主知识产权，而我国基本采用欧美设计，我国海工企业的利润空间相比大大缩减。此外，低首付、低报价依然是赢得订单的主要方式，存在着较大的风险。

海洋工程装备产业是我国重点培育和发展的战略性新兴产业，为推动海洋资源开发和海洋经济发展，2012 年 2 月，工业和信息化部会同发展改革委、科技部、国资委、国家海洋局制定了《海洋工程装备制造业中长期发展规划》，提出"经过十年的努力，推动我国成为世界主要的海洋工程装备制造大国和强国"，2012 年 7 月，国务院发布《"十二五"国家战略性新兴产业发展规划》，指出要"大力发展海洋油气开发装备，重点突破海洋深水勘探装备、钻井装备、生产装备、作业和辅助船舶的设计制造核心技术，全面提升自主研发设计、专业化制造、工程总包及设备配套能力"。为进一步加快推进海洋工程装备发展，2014 年 4 月 24 日，国家发展改革委、财政部、工业和信息化部会同科技部、国家海洋局、国家能源局、国资委、教育部、国家知识产权局等部门联合编制了《海洋工程装备工程实施方案》（以下简称《实施方案》）。

二、政策要点

（一）制定了海洋工程装备工程实施的总体目标

《实施方案》指出：到 2016 年，我国海洋工程装备实现浅海装备自主化、系列化和品牌化，深海装备自主设计和总包建造取得突破，专业化配套能力明显提升，基本形成健全的研发、设计、制造和标准体系；到 2020 年，全面掌握主力海洋工程装备的研发设计和制造技术，具备新型海洋工程装备的设计与建造能力，形成较为完整的科研开发、总装建造、设备供应和技术服务的产业体系。

（二）明确了海洋工程装备工程实施的主要任务

一要加快主力装备系列化研发，形成自主知识产权；二要加强新型海洋工程装备开发，提升设计建造能力；三要加强关键配套系统和设备技术研发及产业化，

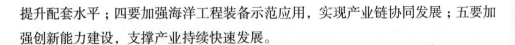

提升配套水平；四要加强海洋工程装备示范应用，实现产业链协同发展；五要加强创新能力建设，支撑产业持续快速发展。

（三）提出了海洋工程装备工程实施的组织方式

为顺应海洋工程装备产业发展趋势，实现我国海洋工程装备产业化、规模化、品牌化。《实施方案》提出了海洋工程装备工程组织实施的三个途径：深海油气资源开发装备创新发展、深海油气资源开发装备应用示范、深海油气资源开发装备创新公共平台建设，并制定了三个途径的发展目标、实施原则，明确实施重点。

三、政策解析

《实施方案》通过明确主要任务以及"海洋工程装备工程"组织实施方式，将极大提高海洋工程装备产业上下游各方参与的积极性，有利于加快完善我国海工装备产业链。此外，《实施方案》提出了如研发费用在计算应纳税所得额时加计扣除、构建产业创新联盟、国产首台（套）产品的风险补偿机制等更为具体化的保障措施，这不仅将进一步加快提升我国海洋工程装备产业的自主创新能力，还将促进我国海工装备建造水平、配套能力的协同发展，进而提高我国海工装备本土化建造水平。

第五节 《关于开展首台（套）重大技术装备保险补偿机制试点工作的通知》

一、背景

近年来，我国装备自主化迈上新台阶，中国载人航天与探月工程、"蛟龙"载人深潜器取得重大突破，大型运输机和大型客机研制工作取得重要进展，百万千瓦级超超临界火电机组、百万千瓦级核电机组、特高压交直流输变电设备、高速龙门五轴加工中心、1.2万米深海钻井装备、高速轨道交通装备等一批重大技术装备研制成功。然而，与世界工业发达国家相比，我国前沿领域依然存在空白，高端领域明显落后，核心部件仍受制于人。其中"首台套应用"已成为制约我国重大技术装备发展的重要因素，不仅用户尤其是企业决策者担心我国首台套装备设计制造达不到技术要求，影响正常生产，而且招投标中存在歧视性条款和"潜规则"现象，致使我国首台套装备在市场竞争中长期处于劣势地位。

目前，国际上在核电、航空、航天、船舶等大型装备保险方面已有一些成熟的经验，2011年1月，在中国保监会有关部门与北京市中关村管委会的共同推动下，国产首台套设备保险机制在中关村获得先行先试，此后，江苏、辽宁、黑龙江、贵州、宁夏等10个地区出台了首台（套）重大技术装备专项扶持政策，浙江也建立了首台（套）重大技术装备保险补偿机制。为加快推动重大技术装备创新应用，财政部、工业和信息化部、中国保险监督管理委员会决定开展首台（套）重大技术装备保险补偿机制试点工作，2015年3月2日，联合发布了《关于开展首台（套）重大技术装备保险补偿机制试点工作的通知》（以下简称《通知》）。

二、政策要点

（一）界定了首台（套）重大技术装备的产品类型

《通知》指出：首台（套）重大技术装备是指经过创新，其品种、规格或技术参数等有重大突破，具有知识产权但尚未取得市场业绩的首台（套）或首批次的装备、系统和核心部件。其中首台（套）装备是指在用户首次使用的前三台（套）装备产品；首批次装备是指用户首次使用的同品种、同技术规格参数、同批签订合同、同批生产的装备产品。

（二）明确了首台（套）重大技术装备保险补偿机制运行方式

明确要"坚持'政府引导、市场化运作'原则。由保险公司针对重大技术装备特殊风险提供定制化的首台（套）重大技术装备综合险，承保质量风险和责任风险。装备制造企业投保，装备使用方受益，中央财政对符合条件的投保企业保费适当补贴"。

三、政策解析

此次试点明确由中央财政对重大成套设备的前三套或前三批次合同保险费用予以补贴，是中央财政首次对工业领域实行保费补贴。首台套重大技术装备保险补偿机制打破了传统的"谁投保谁受益"的保险补偿模式，采取生产方投保，购买方受益的做法，保险公司直接将赔款补偿给首台套重大技术装备购买方，这一补偿方式将有力增强购买方信心，推动首台套重大技术装备的推广和应用。

为推动首台套重大技术装备保险补偿机制试点工作有效落地，本着抓重大、抓尖端、抓基本的原则，工业和信息化部组织制定了《首台（套）重大技术装备推广应用指导目录》，包括 14 个领域 360 多项装备产品，基本涵盖了装备制造业发展较为迫切的主要重大技术装备。首台套重大技术装备保险补偿机制试点的探索将为今后高端装备乃至整个装备制造业保险工作提供可复制的有效经验，有利于推动制造业与保险业实现互利共赢。

第六节 《智能制造试点示范专项行动实施方案》

一、背景

当前，全球新一轮科技革命和产业变革正在孕育兴起，工业技术与信息技术即"两个 IT"深度融合成为制造业发展新趋势。主要发达国家正着力加快新一代信息技术与先进制造技术融合发展，力图通过发展智能制造，抢占新一轮产业竞争制高点。美国实施先进制造业伙伴计划，德国推行"工业 4.0"战略，核心都是通过发展智能制造，打造信息化背景下本国制造业的国际竞争新优势。智能制造不仅已成为当今全球制造业发展趋势，也是我国今后一段时期推进两化深度融合的主攻方向。党中央、国务院高度重视和关注智能制造发展，要求以智能制造作为主攻方向，推进信息化和工业化深度融合。为抢抓新一轮产业变革重大历史机遇，加快推动工业转型升级，2015 年 3 月 9 日，工业和信息化部印发《关于开展 2015 年智能制造试点示范专项行动的通知》，并下发《2015 年智能制造试点示范专项行动实施方案》（以下简称《实施方案》）。

二、政策要点

（一）《实施方案》提出了专项行动的总体思路和目标

明确"要坚持立足国情、统筹规划、分类施策、分步实施的方针，以企业为主体、市场为导向、应用为切入点，持续推进试点示范。通过试点示范，关键智能部件、装备和系统自主化能力大幅提升，产品、生产过程、管理、服务等智能化水平显著提高，智能制造标准化体系初步建立，智能制造体系和公共服务平台初步成形。试点示范项目实现运营成本降低 20%，产品研制周期缩短 20%，生产效率提高 20%，产品不良品率降低 10%，能源利用率提高 4%"。

（二）《实施方案》明确了六大重点试点示范领域

2015 年将聚焦制造关键环节，在基础条件好、需求迫切的重点地区、行业和企业中，选择试点示范项目，分类开展试点示范：一是以智能工厂为代表的流程制造试点示范；二是以数字化车间为代表的离散制造试点示范；三是以信息技术深度嵌入为代表的智能装备和产品试点示范；四是以个性化定制、网络协同开发、电子商务为代表的智能制造新业态新模式试点示范；五是以物流信息化、能源管理智慧化为代表的智能化管理试点示范；六是以在线监测、远程诊断与云服务为代表的智能服务试点示范。

（三）《实施方案》部署了 2015 年专项行动的具体工作

为推进专项行动的实施，2015 年将编制并发布《智能制造试点示范要素条件》，遴选 30 个以上智能制造示范项目。同时，部署了开展智能制造综合标准化体系建设，制定发布《智能制造综合标准化体系建设指南》，开展智能制造网络安全保障能力建设，组织开展智能制造中长期发展战略研究及智能制造重大工程论证，组织召开 2015 年世界机器人大会。

三、政策解析

当前，我国制造业正处于机械化、自动化、信息化并存的阶段，智能化基础、发展进程在不同行业、企业及地区之间存在多层次的不均衡，因此，发展智能制造是一项长期性、系统性的战略任务，只有坚持立足实际、统筹规划、远近结合、有序推进，以标准体系建设为先导，以自主可控的智能装备和软硬件产品为重要支撑，以试点示范带动推广应用为抓手，以智能工厂建设为载体，不断提升制造业产品、装备、生产、管理和服务的智能化水平，培育新型生产方式和商业模式，才能加快制造业升级发展进程。

《实施方案》的发布不仅可以通过市场需求牵引，充分发挥企业主体作用，支持具备较好发展条件的企业率先开展试点示范，调动企业发展智能制造的积极性，而且可以推进物联网、云计算、大数据等新一代信息技术在制造业的应用，带动关键部件、装备和系统的产业化发展。与此同时，可以围绕国民经济重点领域的市场需求，在有基础有条件的区域、行业和企业率先试点示范，形成有效经验和模式后，在制造业领域全面推广应用。此外，还可以将生产过程的智能化作为突破口，围绕数字化车间／智能工厂建设，推进装备智能化升级、工艺流程改造，实现关键工序智能化和关键岗位机器人替代。

热 点 篇

第二十一章　工业4.0引发业界持续关注

第一节　主要情况介绍

一、背景

"工业 4.0"战略是德国政府于 2013 年 4 月在汉诺威工业博览会上正式推出的，是德国 2010 年发布的《高技术战略 2020》确定的未来十大项目之一，旨在支持工业领域新一代革命性技术的研发与创新。"工业 4.0"项目由德国联邦教研部与联邦经济技术部联手资助，投入达 2 亿欧元。目前，弗劳恩霍夫协会、西门子公司、SAP 公司等德国科研机构和企业均已加入项目。德国推出"工业 4.0"战略主要基于以下几个方面：

（一）应对国际金融危机的挑战

2008 年，国际金融危机爆发后，世界各国的经济发展受到不同程度的冲击和影响。欧美等发达国家重新认识到实体经济尤其是制造业的重要性，相继推行以重振制造业为核心的"再工业化"战略，积极抢占先进制造业发展的制高点。虽然德国在此次金融危机中依托强大的装备制造业保持了"一枝独秀"，但由于出口出现萎缩，经济发展也渐现疲态。为此，德国积极寻求新的发展战略路径，以应对国际金融危机带来的挑战。

（二）抢占新工业革命战略机遇

当前，以信息网络技术与制造业深度融合为核心的新工业革命加速孕育。欧美发达国家或地区正以关键领域技术创新为核心，力图掌控技术创新主导权，以确立新工业革命进程中的优势地位。美国推出了"先进制造业伙伴计划"，并建立了国家制造业创新网络。德国早在 2010 年就推出了《高技术战略 2020》,"工业 4.0"项目正是这一战略的组成部分,其目的就是支持工业领域新一代革命性技术的研发与创新。

(三)强化全球制造业领先地位

德国是全球制造业强国,在装备制造业领域拥有领先地位。为确保这一领先地位,顺应制造业智能化、个性化发展趋势,优化资源利用效率,应对老龄化挑战,德国积极寻求新的制造模式和商业模式,将"工业 4.0"确立为新的发展战略,发挥并提升其在高科技产品研发、对复杂工业过程的管理以及信息技术、自动化技术在制造业的应用等方面的优势,从而确保德国在全球制造业的领先地位。

二、内容

(一)一大愿景:将物联网和服务网广泛应用于制造业

德国"工业 4.0"报告认为,人类社会已经历了三次工业革命。第一次工业革命始于 18 世纪末,以蒸汽机为动力的纺织机等机械设备彻底改变了传统手工作坊生产方式。第二次工业革命始于 19 世纪末 20 世纪初,在劳动分工的基础上,电力驱动的采用实现了大规模生产。20 世纪 70 年代初,通过引入电子信息技术(IT),制造过程不断自动化,机器不仅取代了大量的体力劳动,而且还替代了一些脑力劳动,出现了第三次工业革命。

目前,将服务网和物联网应用到制造业正在引发第四次工业革命。在新工业革命中,企业将建立全球性的网络,把机器、生产设施和存储系统融入到虚拟网络——实体物理系统(CPS)中,从根本上改善包括制造、材料使用、工程、供应链和生命周期管理的工业过程。"工业 4.0"的实施,目的是制定一揽子最佳计划,通过充分利用德国高技能、高效率并且掌握技术诀窍的劳动力优势来形成一个系统的创新体系,以此来激发现有的技术和经济潜力,确保德国制造业在全球的领导地位。

(二)双重战略:成为领先的应用市场和装备提供者

实施"工业 4.0"需要采取双重战略:一是在德国制造业中推行 CPS;二是牢牢占据 CPS 技术及产品市场,以增强装备制造国际竞争力。其目的有两个,一是在德国本土制造业中通过应用 CPS 提高生产效率,二是通过占据 CPS 技术及产品这一高端市场，确保德国装备制造业在全球范围内的领先地位。

这一双重战略具有三个方面的关键特征：一是价值网络的横向一体化，即通过应用 CPS，加强企业之间在研究、开发与应用的协同推进，以及在可持续发展、商业保密、标准化、员工培训等方面的合作；二是全价值链的垂直一体化，即在企业内部通过采用 CPS，实现从产品设计、研发、计划、工艺到生产、服务的全价值链的数字化；三是垂直一体化与网络制造系统相结合，即在工厂生产层面，通过应用 CPS，根据个性化需求定制特殊的 IT 结构模块，确保传感器、控制器采集的数据与 ERP 管理系统进行有机集成，打造智能工厂。

（三）八大行动：为"工业 4.0"战略的实施打造平台

为推进"工业 4.0"战略，需要采取切实的政策措施，核心是采取八大优先行动来打造"工业 4.0"战略的实施平台。一是开展标准化体系建设，即为合作企业提供一个涵盖软件开发、系统集成、设备制造、生产管理与服务的通用标准化体系；二是加强复杂系统的管理，即通过建立计划、描述及说明模型为产品和制造系统提供管理的基础；三是提升综合性的基础宽带设施建设，即通过提升现有的通信网络，建立一个更大容量和更高质量的数据交换基础设施；四是提供安全保障，即防止设备、产品和生产过程对环境造成危害，维护数据和数字服务系统的安全，防止被侵权、恶意修改或损害；五是加强工作的组织和设计，即通过创新组织模式使员工更具责任感、自主权和合作意识；六是加强培训和职业发展；七是建立相应的法规制度，包括指导方针、标准合同和公司协议，或者自律行为约束等；八是提高资源利用效率，引导企业权衡智能工厂"带来的潜在节约"与"额外资源投入"之间的利弊，实现资源使用效率最大化。

第二节　关键时间事件

一、"工业4.0"合作纳入《中德合作行动纲要》

2014 年 10 月 10 日，中德双方在德国柏林发表《中德合作行动纲要：共塑创新》。其中，"工业 4.0"合作被作为行动纲要第二项"互利共赢：可持续的经济发展和金融领域合作"的重要内容。具体包括以下四个方面：[1]

---

[1]　以下具体四个方面的内容来源于新华网。

1. 工业生产的数字化（"工业 4.0"）对于未来中德经济发展具有重大意义。双方认为，该进程应由企业自行推进，两国政府应为企业参与该进程提供政策支持。

2. 中国工业和信息化部、科技部与德国联邦经济和能源部、联邦教研部将以加强此领域信息交流为目的，建立"工业 4.0"对话。双方欢迎两国企业在该领域开展自愿、平等的互利合作。加强两国企业集团及行业协会之间专业交流有利于深化合作。两国政府将为双方合作提供更为有利的框架条件和政策支持。

3. "工业 4.0"在世界范围内的成功取决于国际通行的规则与标准。中德两国将在标准问题上紧密合作，并将"工业 4.0"议题纳入中德标准化合作委员会。双方将继续加强中德标准化合作委员会框架下的现有合作，致力于开展更具系统性和战略性的合作。双方一致决定更多关注未来领域，如电动汽车、高能效智慧能源控制 / 智慧家居、供水及污水处理。

4. 以中国担任 2015 年德国汉诺威消费电子、信息及通信博览会（CeBIT）合作伙伴国为契机，以公正、开放的贸易及产品竞争为基础，进一步深化两国在移动互联网、物联网、云计算、大数据等领域合作。

二、中德就"工业4.0"合作达成六点共识

中德两国政府在加强"工业 4.0"领域合作已经达成了六点共识：一是建立合作机制。在中德两国政府间要建立"工业 4.0"的对话机制，落实中德合作行动纲领；二是联合开展基础性、前瞻性的研究；三是"工业 4.0"很重要的一点，就是标准的制定，合作制定一些新的标准；四是加强工业设计领域的合作；五是加强智能制造、试点示范的合作；六是大力开展人才交流方面的培训和合作。

第三节　效果及影响

一、专家观点

德国推行"工业 4.0"战略以来，业界专家围绕其提出的背景、内涵及对我国的意义从不同角度给予了详细解读。

全国政协经济委员会副主任李毅中：在首届 JIC 投资论坛中指出"德国近年来提出了工业 4.0 的战略。中国在精心谋划工业 4.0 的时候还必须着力打造工业

3.0，甚至不得不去补2.0的欠账，包括资源、环境、质量等，这是中国的国情。所以在发展高端制造业的同时，必须要加快中低端制造业优化升级，加快淘汰落后产能。"他指出"我们现在行业的机械化还不够，产品质量还有很多问题，这些都是2.0应该要去弥补的"。

中国电子信息产业发展研究院院长罗文：德国"工业4.0"战略的要点可以概括为：建设一个网络、研究两大主题、实现三项集成、实施八项计划。"工业4.0"为我们展现了一幅全新的工业蓝图：在一个"智能、网络化的世界"里，物联网和务联网（服务互联网技术）将渗透到所有的关键领域，创造新价值的过程逐步发生改变，产业链分工将重组，传统的行业界限将消失，并会产生各种新的活动领域和合作形式：一是"工业4.0"将使得工业生产过程更加灵活、坚强；二是"工业4.0"将发展出全新的商业模式和合作模式；三是"工业4.0"将带来工作方式和环境的全新变化；四是"工业4.0"将促进形成全新的信息物理系统平台。"工业4.0"成为国内政府、学界、业界以及媒体的"新宠"，这是因为"工业4.0"很对当前中国工业发展的"胃口"[1]。中国工业能否在借鉴"工业4.0"的基础上，挖掘出新优势，厘清自身短板，对中国工业能否实现顺利升级也就显得格外重要。就"工业4.0"战略的中国启示，他指出：一是把两化深度融合作为主要着力点；二是超前部署建设国家信息物理系统网络平台；三是超前部署建设国家信息物理系统网络平台；四是用标准引领信息网络技术与工业融合；五是构建有利于工业转型升级的制度保障体系；六是产学研用联合推动制造业创新发展。[2]

工业和信息化部电子信息司副司长、中国信息化百人会成员安筱鹏："工业4.0"在这么短的时间内在德国得到广泛认同，有其偶然性也有必然性，这种认识来自于德国长期以来把工业作为国家经济的基石，来自于信息通信技术给工业带来的革命性影响，也来自于新一轮科技革命中对德国工业地位的担忧。他指出德国"工业4.0"战略旨在通过充分利用信息通讯技术和信息物理系统（CPS）相结合的手段，推动制造业向智能化转型。德国"工业4.0"主要表现互联、集成、数据、创新、转型等几个方面，通过将物联网和（服）务联网将渗透到工业的各个环节，形成高度灵活、个性化与智能化的产品与服务生产模式，推动生产方式向大规模定制、服务型制造、创新驱动转变。"工业4.0"与两化深度融合：如出

[1] 《中国版"工业4.0"渐行渐近》，《瞭望新闻周刊》2014年第47期。
[2] 罗文：《德国工业4.0战略对我国推进工业转型升级的启示》，《工业经济论坛》2014年第4期。

一辙、异曲同工、殊途同归。"工业 4.0"是德国制造的新品牌、新名片，它的实施是在举全国之力，优先行动是标准、技术、人才，信息安全是全球的共同挑战。要结合中国的实践，坚定不移地实施两化深度融合战略：一是凝聚行业共识，把智能制造作为两化融合的主攻方向；二是整合产业资源，把增强智能装备和产品自主发展能力作为智能制造的突破口；三是突出试点示范，把推广普及智能工厂作为智能制造的切入点；四是创新体制机制，把培育新业态、新机制、新模式作为智能制造的核心任务；五是坚持标准先行，把制定智能制造标准化作为智能制造的优先领域；六是夯实产业基础，把构建自主的信息技术产业体系和工业基础能力作为建设智能制造的重要支撑；七是强化保障能力：人才、信息安全和制造业创新体系。

机械工业联合会特别顾问朱森第："德国工业 4.0"是德国从自身制造业发展所面临的形势出发、力图继续保持其竞争优势而提出的战略，其核心是将制造业置于信息通信技术迅猛发展和新一轮产业革命来临的时代之中，以构建信息物理系统来创建新的制造模式，从而提升德国制造业，保障德国制造业的未来。"中国制造 2025"是中国制造业从制造大国迈向制造强国第一个十年的行动纲领，数字化网络化智能化制造是其主线。对于信息通信技术对制造业发展的影响的认识，两者是共同的，但毕竟两国国情有较大差异、两国制造业的发展情景不一，必然有不同的路径和做法。德国制造业总体来说，处于从"工业 3.0"走向"工业 4.0"，有些先进企业目前处于"工业 3.7"水平；而中国制造业的发展水平参差不齐，有的企业也就处于"工业 2.0"阶段，因此中国制造业必须经历"工业 2.0"补课、"工业 3.0"普及、"工业 4.0"示范的过程，逐渐从整体上向"工业 4.0"逼近。[1]

中国电子信息产业发展研究院装备工业研究所所长左世全："工业 4.0"是德国基于自身制造业实际和面临的形势提出的国家战略，金融危机爆发后，德国工业尤其是在制造业领域也面临"双重挤压"：一方面美国凭借信息通讯技术优势正在推进以工业互联网为核心的"再工业化"；另一方面，中国等发展中国家在中低端甚至部分高端领域开始抢夺德国市场[2]。中国工业现状与德国有着明显不同。德国工业以中小企业为主，发展水平普遍较高且均衡。而中国地域辽阔，工

[1] 朱森第：《中国走向制造强国的战略路径》。
[2] 左世全：《理性看待"工业4.0" 切忌盲目跟风》，《东方早报》。

业发展存在明显的区域、行业发展不平衡,因此在借鉴"工业 4.0"的基础上,走分行业、分区域的渐进式的工业升级之路更符合中国国情。

二、后续影响

(一)中德"工业 4.0"合作将进一步深化

中德两国将加快落实"工业 4.0"合作六点共识:据悉,中德双方已委派相应机构建立"工业 4.0"的对话与合作机制,在标准制定、基础性与前瞻性的研究、工业设计、智能制造试点示范以及人才交流等几个方面开展务实合作。

(二)中德企业和研究机构合作顺利开展

中国华为技术有限公司、中国电子信息产业发展研究院、沈阳机床(集团)有限责任公司、中国科学院沈阳自动化研究所与德国西门子、SAP 公司等发起成立了"工业 4.0"星火小组,共同推进"工业 4.0"的全球示范样板点建立。中国工程院、中国机械工程学会、中国电子信息产业发展研究院与德国工程院、Fraunhofer 通过研讨会等方式开展交流与合作。

198

第二十二章　新能源汽车爆发增长

第一节　主要情况介绍

一、背景

新能源汽车包括混合动力汽车、纯电动汽车、燃料电池电动汽车、氢发动机汽车、其他新能源汽车（如高效储能器）等。发展新能源汽车既是我国汽车产业持续快速发展的必然选择，也是赶超国际水平、实现跨越式发展的重要机遇，对保障国家能源安全、促进环境保护也具有重要意义。

（一）新能源汽车产业政策扶持力度加强

2014 年国家共出台了 16 项关于新能源汽车的产业政策，内容主要包括：破除地方保护，执行统一的技术标准和推广目录；加大补贴力度，承诺补贴的持续性；扩大新能源汽车推广应用城市范围；免征新能源汽车购置税；新能源汽车充电设施建设奖励；明确政府机关和公共机构公务用车"新能源化"的时间表和路线图；电动汽车用电价格优惠等，初步形成了完整的新能源汽车产业政策框架。

（二）技术创新取得较大进步

在国家科技计划的大力支持下，经过十多年的努力，我国新能源汽车技术研发能力从无到有、从弱到强，自主创新取得重要进展，混合动力汽车方面，在专用发动机技术、多能源控制技术、机电耦合技术、构型与能效优化技术等方面取得了较大突破；燃料电池汽车方面，攻克了车用燃料电池动力系统集成、控制和适配等关键难点，形成燃料电池发动机、动力电池、DC/DC 变换器、驱动电机、储氢与供氢系统等主要零部件研发体系；纯电动汽车方面，已经掌握整车动力系统匹配与集成设计、整车控制方面的核心技术，产品从微型轿车到大型客车覆盖整个产品系列；关键零部件技术方面，在高效低排放内燃机技术、燃料电池发动机、动力蓄电池、驱动电机、动力系统集成与控制技术等方面取得新的突破。

（三）商业模式创新推动产业化

目前，新能源汽车的主流商业模式包括整车销售、整车租赁和电池租赁三种。整车销售是指消费者既购买裸车又购买动力电池，并由消费者自己负责充电；整车租赁模式是指整车企业捆绑电池租赁（或者裸车租赁），能源供给服务企业建设充电桩和充电桩网络（或提供电池租赁）并负责运营；电池租赁模式是指车主只需购买不含电池的裸车，电池通过租赁获得，汽车通过直接更换电池实现充电。

（四）"限购限行"政策促进了新能源汽车的推广

为缓解交通拥堵压力、改善大气环境质量，上海、北京、广州、贵阳、石家庄、天津、杭州和深圳先后实施汽车"限购限行"政策，一方面通过新增车辆牌照管理严格控制新增汽车数量，另一方面通过"尾号限行"等措施减少城市车流量。在限购限行的同时，为了促进新能源汽车的推广，北京市将新能源汽车和普通汽车分池摇号，极大地提高了新能源汽车的中签概率，并规定新能源汽车不受"尾号限行"政策的影响；上海市规定购买新能源汽车可以免费获得牌照并不受限行的影响；其他城市均针对新能源汽车均出台了"优待"政策。此外，交通部在 2015 年 3 月 18 日发布的《关于加快推进新能源汽车在交通运输行业推广应用的实施意见》提出，要争取当地人民政府支持，对新能源汽车不限行、不限购。在限行限购的背景下，对新能源汽车给予购置和行驶的便利，将促进新能源汽车的推广。

二、内容

2014 年中国新能源汽车迎来了"爆发式"增长，全年新能源汽车的销量仅次于美国，居世界第二位。据中国汽车工业协会的数据显示，2014 年，我国新能源汽车产销分别达到 7.85 万辆和 7.48 万辆，同比分别增长 3.5 倍和 3.2 倍。其中，纯电动汽车产销分别完成 4.86 万辆和 4.5 万辆，比 2013 年分别增长 2.4 倍和 2.1 倍；插电式混合动力汽车产销分别完成 2.99 万辆和 2.97 万辆，比 2013 年分别增长 8.1 倍和 8.8 倍。

第二节　关键时间事件

一、国务院发文确定新能源汽车重点发展方向，破除"地方保护"

2014年7月14日，国务院办公厅发布《关于加快推广新能源汽车推广应用的指导意见》，提出以纯电驱动为新能源汽车发展的主要战略取向，重点发展纯电动汽车、插电式（含增程式）混合动力汽车和燃料电池汽车。对加快新能源汽车推广应用提出了以下六条具体措施。一是加快充电设施建设。制定充电设施发展规划和技术标准、完善城市规划和相应标准、完善充电设施用地政策、完善用电价格政策、推进充电设施关键技术攻关、鼓励公共单位加快内部停车场充电设施建设、落实充电设施建设责任。二是积极引导企业创新商业模式。加快售后服务体系建设、积极鼓励投融资创新、发挥信息技术的积极作用。三是推动公共服务领域率先推广应用。扩大公共服务领域新能源应用规模、推进党政机关和企事业单位使用新能源汽车。四是进一步完善政策体系。完善新能源汽车推广补贴政策、给予新能源汽车税收优惠、多渠道筹集支持新能源汽车发展的资金、完善新能源汽车金融服务体系、制定新能源汽车企业准入政策、建立企业平均燃料消耗量管理制度、实行差异化的新能源汽车交通管理政策。五是坚决破除地方保护。统一标准和目录、规范市场秩序。六是加强技术创新和产品质量监管。加大科技攻关支持力度、组织实施产业技术创新工程、完善新能源汽车产品质量保障体系等。

二、五部委联合发文明确政府机关和公共机构公务用车"新能源化"的时间表和路线图

2014年6月11日，国家机关事务管理局、财政部、科技部、工业和信息化部、国家发展改革联合发布《政府机关及公共机构购买新能源汽车实施方案》提出，为了在各级政府机关及公共机构推广和应用新能源汽车，2014年至2016年，中央国家机关以及纳入财政部、科技部、工业和信息化部、发展改革委备案范围的新能源汽车推广应用城市的政府机关及公共机构购买的新能源汽车占当年配备更新总量的比例不低于30%，以后逐年提高。除上述政府机关及公共机构外，各省（区、市）其他政府机关及公共机构，2014年购买的新能源汽车占当年配备更新

总量的比例不低于10%（其中京津冀、长三角、珠三角细微颗粒物治理任务较重区域的政府机关及公共机构购买比例不低于15%）；2015年不低于20%；2016年不低于30%，以后逐年提高。另外，还就配套基础设施、运行保障制度、规范新能源汽车采购管理等内容进行了规定。

三、北京市纯电动汽车"不限行"

2015年3月30日，北京市政府发布《北京市空气重污染应急预案》，规定重度污染天气启动一级预警时，全市范围内依法实施机动车单双号形势，但纯电动汽车除外，纯电动汽车获得单双号限行的豁免权。2015年4月2日，北京市政府发布《关于实施工作日高峰时段区域限行交通管理措施的通告》，继续实施工作日高峰时段区域限行交通管理措施，但纯电动小客车（以可充电电池作为唯一动力来源、由电动机驱动的小客车）不受工作日高峰时段区域限行交通管理措施限制。

第三节　效果及影响

一、专家观点

2014年中国新能源汽车呈现爆发式增长，被称为中国新能源汽车商业化元年。中汽协常务副会长兼秘书长董扬表示，2014年新能源汽车的快速增长是符合预期的，因为2014年国家出台的所有关于汽车的政策法规，只有新能源汽车的推广政策是最有利于汽车产业发展的，成效也是最显著的。另外，2014年很多城市开始推出汽车"限购限行"政策，这些政策对传统汽车的影响是负面的，但对于新能源汽车来说却是正面的。对于2015年的新能源市场，他认为新能源汽车销量至少会再翻一番，达到15万至20万辆。

对于2015年的新能源汽车市场，国务院发展研究中心原党组书记、副主任、中国电动汽车百人会理事长陈清泰也同样看好。他表示2015年中国新能源汽车市场将延续2014年的高速增长态势，经过2013至2014上半年的密集调研和厚积薄发，2014年7月后国家密集出台了一系列具有较强针对性、力度较大的政策，新能源汽车产业高速发展，表明找到了当前新能源汽车产业的问题所在。

二、后续影响

（一）新能源汽车将继续保持高速增长，公共领域用车将成为一大亮点

一是随着我国经济的快速增长、居民生活水平的不断提高，汽车需求总体上将继续保持增长态势；二是新能源汽车政策体系将进一步完善，在落实原有政策的基础上，充电设施补贴标准、充电设施强制标准、不限行、不限购、免过路费等新的优惠政策或将出台，这必将进一步推动新能源汽车需求增长；三是随着《政府机关及公共机构购买新能源汽车实施方案》的出台和落实，政府采购以及公交、出租、公务、环卫、邮政、物流等公共领域的新能源汽车需求量将出现显著的增长；四是随着近几年新能源汽车推广力度的不断加大以及技术的不断提高，人们对其安全性和里程持续性都有了新的认识，消费观念逐渐转变，开始认为新能源汽车是时尚、绿色、科技的代表。

（二）新能源汽车车型将密集推出，产品类型将进一步丰富

在火爆的市场以及对未来良好预期的驱使下，各大车企纷纷加大新能源汽车推出力度。2015年，约有30款新车上市，平均每月超过2款，其密集态势可见一斑。自主品牌方面，比亚迪2015年将有6款新能源车上市，分别是中型SUV"唐"和"宋"、紧凑型SUV"元"、MPV"商"、改款的"秦"以及一款纯电动中型车；北汽新能源2015年将推出C10IB(微型车)、C50EB(紧凑型车)、C71GB(中型车)三款产品；奇瑞汽车艾瑞泽7插电混动版以及艾瑞泽3纯电动车均有望在2015年内上市；长安汽车的首款混合动力新能源车逸动纯电动版也将面世；吉利2015年也将会推出两款全新的新能源车。合资品牌方面，大众将有两款新能源车面世，分别为高尔夫GTE插电式混合动力车和2015款高尔夫电动版车型；广汽丰田计划在2015年推出雷凌混动版；现代汽车将会在2015年面向全球市场推出全新插电式混动版索纳塔以及K5车型。豪华品牌近两年也非常热衷推出新能源车，除已上市的新BMW5系插电式混合动力外，奥迪、沃尔沃、雷克萨斯、讴歌、英菲尼迪等品牌在新能源方面都有新的动作。

第二十三章 低空开放与通用航空发展破冰在即

第一节 主要情况介绍

一、背景

低空空域像国土资源、海洋资源一样是国家的重要战略资源，有着极大的经济、国防和社会价值，是军航和通用航空的主要活动区域。一般而言，全国范围内真高 1000 米（含）以下的区域被称为低空空域，该空域主要是通用航空器的飞行空域，包括以飞行训练、科研活动、气象飞行、航空医疗救护、海洋监控监视等为目的的飞行，不含边防缉私、军用航空器以及公共性质的商业航班。因此，对于通用航空发展而言低空空域非常重要。

根据我国的现行政策，军方管控空域，军用和民用航空主管部门具有审批民用和私人飞行的权力，不过一般审批周期会耗时数周甚至更长时间。受此影响，我国通用航空产业的规模相对较小。美欧等国在低空空域开放方面走在世界前列，其中美国和德国的通用航空产业最为发达。在二战结束之后，美国开放了大约 85% 的低空领域以供民用。在 1978 年，美国又对私人飞机开放了 3000 米以下的空域。在这之后，除了指定的禁飞区之外，私人飞机可以自由飞行。美国私人飞机的发展壮大带动了机场、油库、修理、服务等相关产业，创造了很多的就业岗位。

二、内容

低空空域开放是指在某些低空空域对部分航空器解除封锁、禁令和限制等。我国的空域在国家空管委的统一领导下，民航管制指挥航路内的飞行，军航管制指挥航路外的飞行。目前，通用航空飞机必须同时满足三个条件才能起飞：一是取得民航局核发的飞机适航许可证；另外，飞行员必须获得了相关部门核发的飞行驾照；最重要的一点是向空管部门提出申请，报告飞行空域和飞行计划，并且得到空管部门的批准。

第二节　关键时间事件

2008年，国家空管委开展低空改革试点，选择长春、广州和海口为试点地区。

2010年，国务院和中央军委出台了《关于深化低空空域管理体制改革的意见》，作为指导我国低空空域管理改革的一个纲领性文件。该文件将改革分为三个阶段：首先是试点阶段，即2011年前在沈阳、广州进行试点，以积累经验；接下来是推广阶段，即2015年年底前，将试点成果在全国范围内进行推广，从而形成市场化运作、全国一体化、政府监管、行业指导的低空空域服务保障体系和运行管理体系；最后是深化阶段，即在2020年年底前，通过构建科学合理的法规体系、空管理论体系、运行管理体系和服务保障体系，实现对低空空域资源的充分开发和有效利用。

2011年，低空空域管理改革试点工作阶段性总结座谈会在长春召开。

2012年，低空空域管理改革试点地区扩大到全国陆地面积的31.6%，覆盖了整个东北地区、中南地区，以及西安、杭州、唐山、青岛、宁波和昆明等地。

2013年，总参谋部和中国民航局联合发布《通用航空飞行任务审批与管理规定》。该规定基于前期的改革试点经验，结合我国通用航空产业的发展需求，规范了通航审批与管理，在制度上保障了国家空中安全并促进了通航发展。

2014年，在国务院、中央军委空中交通管制委员会的组织下，全国低空空域管理改革工作会议召开，会议提出争取2015年在全国开放1000米以下的空域。

2015年4月，工业和信息化部、国家发展和改革委员会、中国民用航空局三部委围绕通用飞机制造、机场及航空港建设、运营服务等三位一体，联合组织召开了全国通用航空产业发展研讨会，以统筹资源，形成政策合力，大力推进通用航空产业健康发展。

第三节 效果及影响

一、专家观点

（一）我国低空空域管理改革刻不容缓

改革开放以来，我国经济快速增长，社会大众的消费能力不断提升。近年来，通用航空在森林灭火、喷洒农药、海上救援等领域的应用越来越多，市场需求呈现旺盛的增长态势。然而，我国目前的空域管理方法已经对通航产业的发展形成了严重的制约。所以，应当继续推进空域改革试点的范围，在保障国家空防安全的前提下，快速推进低空空域的开放，从而解决制约通航发展的瓶颈问题。

（二）低空空域的开放要以安全为中心

通用航空器具有飞行高度低、飞行速度慢、体积小的特点，空军对于通用航空器的探测、识别和防御都存在一定程度的困难，因此，假如低空空域管理不当，低空航空器或不明飞行物很难控制，这样就会严重妨碍空防安全。低空空域的安全管理工作要严抓航空用户和空中管理两方面。航空用户自身要完善低空空域航行安全体系，严格遵守空管部门制定的规章制度，积极配合各区域空管部门的指挥和情报示警。空中管理部门要严格掌控航空用户的飞行动态，防止安全事故的发生，同时要与政府各部门协商合作制定反应机制，从始至终将安全放在第一位置。

（三）注重低空空域管理的科学性

为了改革和完善低空空域的管理，第一要对低空空域的管理区域进行合理规划，可以按照工作种类性质的不同，将低空空域划分为管制空域、监视空域和报告空域。第二是必须加快对低空空域管理改革的进程，在国家空管部门的统一部署下，吸收试点地区低空空域的飞行管制管理经验，从而出台加快管理改革的具体方案，明确目标任务，采取合理的计划，按步骤推进管理改革。然后在推进过程中，进一步总结出适合航空低空空域管理的管理体系和机制。理论研究和实践操作相结合，在党和国家的统一指挥下，在保障安全的基础上，突破原有陈旧的管理体系，实现低空空域体制的创新，进而加强我国航空低空空域的管理。

（四）要完善低空空域管理的法规体系

只有在法律和规章制度的基础上，才能更好地进行低空空域的管理，才能使得我国的通用航空事业更好地发展。2014 年 11 月，全国低空空域管理改革工作会议讨论了《无人驾驶航空飞行器管理规定》《目视飞行航空地图管理规定》《通用航空信息服务站系统建设和管理规定》和《低空空域使用管理规定》等法规草案。在制度层面，推进低空空域管理改革的制度也需紧跟通航产业的发展形势。

（五）要加强服务保障体系建设

通用航空产业服务保障体系包括通信导航体系、低空飞行服务站（相当于通信导航体系在地面的基站）和通航机场等重要组成部分。低空空域的开放使通用航空产业发展加快的同时，也需要更加完善的服务保障体系作为支撑。

二、后续影响

（一）我国通用航空产业的规模将持续扩大

目前，我国通用航空产业迎来了历史性的发展机遇，低空空域改革正在稳步推进，市场需求非常旺盛。根据民航局的数据，2005 年到 2013 年，我国通用航空企业的数量一直保持增长态势，而且平均增幅超过 15%。截至 2013 年年底，共有 189 家通用航空企业获得通用航空经营许可证。据相关机构预测，从 2013 年到 2020 年，我国的通用航空器数量将从 1500 架增长到超过 1 万架，与此同时，通用飞行时间也将从 2013 年的 52.98 万小时增长至 2020 年的 200 万小时。此外，随着我国经济的转型升级，以后低空经济将会成为我国经济一个重要的增长点。继汽车产业之后，我国的通用航空产业将在未来几十年里成为推动我国经济增长的一个重要引擎。

（二）发展通航教育培训事业势在必行

通用航空产业的迅猛发展必然会需要大量的人力资源作为支撑。目前我国的通用航空人才现状不容乐观，飞行员、机务维修人员和航务、机场、管理人员等都比较少，通航培训市场潜力和发展空间巨大。国内培训通用航空人才的院校以培训运输航空人才为主，较少培养通航飞行员。中航通飞、蔚蓝航校、上海东方等属于社会培训力量，不过多以通航作业为主，兼顾通航飞行员培训，而且很少涉及机务、航务、管理等专业。

（三）通用航空应急救援体系将逐步建立

通用航空应急救援体系在国家应急救援体系中占有十分重要的地位。在国家和政府的指导下，通用航空应急救援体系可以提供各种救援服务，如突发事件、自然灾害和社会公共服务等，也可以承担一些生活中发生的个体、小规模事故救援，通过最快速、最专业的通用航空救援服务可以保护个体或小群体的生命财产安全。鉴于我国自然灾害频发，党中央已经高度重视建立我国航空应急救援产业体系。不过，我国的通用航空应急救援体系建设还在初级阶段，救援中对部队过度依赖，而且欠缺导航数据。不过随着低空空域的逐渐开放和通航产业的成长，我国通用航空应急救援体系将持续发展和完善。

第二十四章　工业机器人增长加速

第一节　主要情况介绍

一、背景

近年来，工业机器人技术及其市场应用已经成为越来越被关注的热点问题，各级政府大力鼓励开发应用工业机器人。工业机器人主要用于有害危险作业环境和重复繁重劳动岗位等，具有提高生产效率、降低维护成本及提高产品质量和精度等优势。三次工业革命是智能制造时代，机器人化是其重要标志之一。预计2020年中国工业机器人市场将达到千亿，未来6年总安装量需求范围在63.8万—176万台套，保守估计85万台。

二、内容

在工业机器人的总销量方面，我国已于2013年超过日本，成为全球第一大工业机器人市场，共销售工业机器人近37000台，占全球销量的20%左右，但是主要仍以进口为主，基本占到销量总数的四分之三。造成这种格局的原因，首先是因为国内的工业机器人的关键部件自主生产能力不足，在制造、装配等方面的技术较弱，需要依赖进口，导致国产工业机器人成本劣势，其成本构成主要可分为四个部分：减速器、伺服系统、机器人本体和运动控制器，分别可占总成本的30—35%、20—25%、25—35%和10%左右。另外，中国工业机器人有40%的需求来自汽车行业，而汽车厂商往往有指定的机器人供应商，更换供应商会有很大的风险成本。

截至2014年9月底，国内机器人的销量继续保持高速增长，工业机器人销量 3.36 万台，同比增长 32.5%，预计全年将达到 4.5 万台。工业机器人增长的主要原因之一是由于成本的变化，一是因为工业机器人价格持续降低，年均下降速度约为 4%；二是因为我国劳动力成本不断提高，从 2004 至 2013 年，劳动力平均工资上涨了 15%。

因此，企业应用机器人的投资回报期越来越短，预计 2015 年将从 2010 年的 6 年缩短到 2.4 年左右。但我国的工业机器人应用水平还不高，发展潜力还非常大。根据国际机器人联合会的数据，全球每万名工人的机器人保有量为 58 个，韩国、日本和德国分别为 396、332 和 273 个，而中国只有 23 个。

当今，工业机器人的技术已经成熟，可以在负载数百公斤的情况下达到毫米级的定位精度。通过对工业机器人主要公司的最新产品和动向进行调研，可以发现几个相关的趋势。第一，工业机器人产品将向着轻量化发展，提出了更高的节能、节约空间的要求。第二，工业机器人将向智能化发展，工业机器人具备学习功能，安装有视觉系统、力传感器系统等，对环境的适应增强，与操作人员的互动性和安全性增强。如 KUKA 公司开发的 LBR IIWA 型号系列机器人，实现了人和机器人之间的合作操作。第三，强调工业机器人生产线的柔性化，通过与客户的对话，针对更为广阔的需求和各种各样的问题提供多种专门的解决方案。此外，这些公司同一型号的机器人，经过简单的改造，可以形成具有不同特性的系列产品，以满足大负载、高精度或高速度的要求。

第二节 关键时间事件

2014 年 6 月 18 日晚间，均胜电子发布公告，公司控股子公司德国普瑞拟以 1430 万欧元购买瑞士 Feintool 公司持有的 IMA 公司 100% 的相关知识产权。

IMA 是全球著名的工业机器人制造公司。业内人士认为，该收购标志着均胜电子发展工业机器人战略进入持续实施阶段，并购实施后，或引领国内机器人产业"蝶变"。

IMA 成立于 1975 年，总部位于德国巴伐利亚州的安贝克市。IMA 在工业机器人细分市场已处于全球领先地位，客户包括汽车、电子、医疗和快速消费品领域的一线跨国集团。截至 2013 年 12 月 31 日，IMA 公司账面总资产为 1895 万欧元。2013 年，IMA 实现销售收入 3398 万欧元，净利润 134 万欧元。预计 IMA 公司在 2014 年和 2015 年营业收入将分别达到 3780 万欧元和 3820 万欧元，毛利率达到 30% 以上。

均胜电子成立于 2004 年，企业初创时期就确立了同步设计理念，与客户同步，实时作出反应，随时解决客户问题。为前沿客户量身打造全方位解决方案，切实满足客户需求。2009 年开始企业实施并购战略，创新产品升级改造途径，2009 年并购上海华德，扩张并整合国内产品系。2011 年并购德国普瑞，通过德国普瑞的海外并购，均胜电子使得德国普瑞的创新能力和生产品质管控与中国公司的资金优势和市场资源互补，提前实现了全球化和转型升级战略目标。

均胜电子立足于中国和德国两大基地，实现全球资源配置，企业产品系列包括驾驶员智能控制系统、电动汽车电池管理系统、工业自动化生产线、空调控制系统、传感器系统、电子控制单元、汽车发动机涡轮增压进排气系统、空气管理系统、车身清洗系统、后视镜总成等。

均胜电子将对 IMA 的收购作为其持续发展战略实施的关键步骤。IMA 公司和德国普瑞公司同为全球工业机器人及自动化细分领域领先企业，在产品线、市场和客户方面又各有侧重。通过对 IMA 的收购和整合，将进一步促进均胜电子从战略层面完善产业链与产品布局，实现优势互补、资源共享、产生协同效应、提高经济效益。预计新成立的公司年销售额将接近 1 亿欧元，处于全球工业机器人细分市场领先地位。

目前，均胜电子在工业创新自动化方面已经取得阶段性成果，其工业机器人项目主要是向全球汽车零部件供应商提供高度标准化及自动化解决方案。因为操作简便，维护成本相对较低，节能环保上也有优势，该工业机器人适用于中国的许多汽车零部件生产企业。工业机器人项目在均胜电子销售额中所占比重不大，2013 年销售额仅 2.4 亿元。

第三节　效果及影响

一、专家观点

招商证券研究院汪刘胜称，IMA 和德国普瑞同为全球工业机器人细分领域领先企业，通过对 IMA 的收购和整合，均胜电子将进一步完善在机器人业务方面的产业链和产品布局，实现优势互补和资源共享，产生协同效应，并更好地开拓中国市场。汪刘胜认为，"工业机器人在中国有巨大的发展潜力，随着中国人口红利消失以及工业机器人的成本下降，中国将迎来工业机器人高速成长期。公司明确提出以德国普瑞的机器人业务为基础，抓住国内制造业产业升级机遇，大力发展工业机器人项目，在细分领域要做到全球领先，中国市场是未来发展的重点所在。"

业内专家认为，工业机器人项目尽管在均胜电子目前的销售额中所占的比重不大，但是为均胜电子发展的一个战略方向，随着汽车产业逐步向智能化、轻型化、节能化和环保化方向发展，中国制造业"机器换人"的趋势将越来越明显，均胜普瑞的工业自动化生产线也将更具竞争力。

二、后续影响

以德国普瑞的创新自动化生产线为基础，均胜电子进军工业机器人领域，实现在细分市场的技术先进和市场领先。而对 IMA 的收购正是其持续发展战略实施的又一关键步骤。通过对 IMA 的收购和整合，进一步促进公司从战略层面完善产业链与产品布局，显著增强了在工业机器人领域的综合实力。均胜电子将加快把普瑞和 IMA 工业机器人的先进技术引入国内，形成核心竞争力，也会产生技术外溢效应，对国内工业机器人产业产生积极的影响。均胜电子具有突出的并购经验和实力，其在 2013 年年报中说明"通过内生和外延并重的发展模式积极拓展汽车行驶安全产品系，以期与现有的驾驶控制系统形成合力"。未来，均胜公司仍将采用并购等方式推动企业的快速发展，以促进公司业绩和估值的进一步提升。

第二十五章　智能制造成为关注重点

第一节　主要情况介绍

一、背景

近年来，新一代信息技术与制造业的融合发展催生智能制造，引领着新工业革命的推进，美、德等发达工业化国家正围绕智能制造展开战略部署，全球制造业竞争格局面临结构性变革。在此背景下，如何立足国情与我国制造业发展实际，务实推进智能制造发展，抢占新一轮产业竞争的制高点，实现由制造业大国向强国迈进的"制造强国梦"，成为兼具历史意义和实践价值的重要课题。

二、内容

智能制造是将先进自动化技术、传感技术、控制技术、数字制造技术以及物联网、大数据、云计算等新一代信息技术相结合，实现工厂和企业内部、企业之间和产品全生命周期的实时管理和优化的新型制造系统，能最大限度地降低生产成本、减少能源资源消耗、缩短产品开发周期，有效提高生产效率，推动生产方式向定制化、分散化、服务化转变。

智能制造涵盖以智能互联为特征的智能产品、以智能工厂为载体的智能生产、以信息物理系统为关键的智能管理以及以实时在线为特征的智能服务。智能制造系统涵盖了产品设计、生产规划、生产执行、售后服务等制造业的全部环节。信息物理系统是智能制造的基础，智能工厂则是实现智能制造的关键。

智能制造可分为三个阶段：一是工厂和企业范围内的纵向集成，即将生产过程的各个阶段互联，在各个制造环节的"信息孤岛"间架起桥梁，并加以集成，从而使数据在整个工厂中得以共享。机器收集的数据和人类智能的结合将推进工厂优化，改进企业管理绩效，大幅增加经济效益，提高工人操作安全性，并促进环境可持续发展。二是企业之间的横向集成，过高性能计算平台将不同工厂和企业的数据源进行连接，将工厂的特定信息和供应链连接起来，从原材料供应、客户需求到产品发货。三是面向个性化需求的端对端系统工程，通过贯穿整个价值链的工程化数字集成，实现基于价值链与不同企业之间的整合，从而最大限度地实现个性化定制，根本改变传统的商业模式和消费者的购物行为。

智能制造将带来生产组织方式和商业模式的三大转变：一是定制化，企业以用户为中心，就产品设计、制造与用户进行实时互动，为大量用户定制产品和服务。二是分散化，在全球范围内迅速发现和动态调整合作对象，整合各企业之间的优势资源，在产品研制、生产物流等产业链各环节实现全球分散化。三是融合化。制造企业与互联网企业的边界正在打破，生产企业与服务企业的边界也日益模糊。

第二节　关键时间事件

一、智能制造成为推进两化深度融合的主攻方向

2014年12月22日，全国工业和信息化工作会议明确指出：以智能制造为突破口，大力推动两化深度融合。研究论证实施国家级智能制造重大工程，先期组织实施3年专项行动计划，实施智能制造试点示范专项行动。大力发展工业互联网，研究出台互联网与工业融合创新指导意见，研究制定鼓励车联网发展的政策措施。研究制定服务型制造发展的指导意见，建设一批国家级工业设计中心，制定工业云、工业大数据创新发展指导意见。推进两化融合管理体系标准的研制、发布和国际化，推动出台支持两化融合的财税、金融以及产用结合等方面的特殊政策和急需标准，推进网络通信设备与工业设备互联互通。[1]

二、《2015年智能制造试点示范专项行动实施方案》发布

2015年3月9日，工业和信息化部印发《关于开展2015年智能制造试点示范专项行动的通知》，并下发《2015年智能制造试点示范专项行动实施方案》：坚持立足国情、统筹规划、分类施策、分步实施的方针，以企业为主体、市场为

---

[1]　《装备制造：2015新常态下的装备制造——聚焦全国工业和信息化工作会议》。

导向、应用为切入点，持续推进试点示范。在试点示范中注重发挥企业积极性、注重点面结合、注重协同推进、注重基础与环境培育，形成有效的经验与模式，在制造业各个领域推广与应用。自 2015 年起，紧密围绕制造活动关键环节的智能化，在基础条件好、需求迫切的重点地区、行业和企业中，选择试点示范项目，分类开展流程制造、离散制造、智能装备和产品、智能制造新业态新模式、智能化管理、智能服务等六大试点示范专项行动。2015 年启动 30 个以上智能制造试点示范项目，2016 年边试点边总结经验、边推广应用，2017 进一步扩大试点示范的范围，全面推广有效的经验和模式。

第三节　效果及影响

一、专家观点

中国工程院院士李伯虎：目前，我国制造业产品研发、产品服务、产品质量和基础、制造业信息化水平等环节都有待提高，智能制造是两化深度融合的突破口和主攻方向，推动智能制造具有重要意义。我国从制造大国迈向制造强国过程中涉及产品从跟踪向自主创新最终实现超越、从传统模式向数字化、网络化、智能化的转变、从粗放型向质量效益型转变、从高污染高能耗向绿色制造转变、从生产型向"生产＋服务"型转变。在这转变的过程中，智能制造是重要手段。智能制造包含很多模式，但最基础的是制造业数字化、网络化、智能化发展，即把制造技术、智能科学技术、新一代信息技术、专业应用技术融合应用于制造领域全生命周期里。智能制造的最终目的是使企业的竞争能力得到提高，而企业的竞争能力体现在产品研制周期短、创新程度高、质量高、成本低、服务好、能源利用率高、对环境友好。从宏观上看，智能制造是全盘的、复杂的，要根据中国国情循序渐进地推进。

北京机械工业自动化研究所首席专家蒋明炜：要做好智能制造的推进工作，不仅仅是试点示范已经做出来的企业，而且还要鼓励正在努力去做、去实现智能制造的企业。要站在更高水平、按照最新的理念和思想构建智能化工厂。《实施方案》中提到了离散制造业的数字化车间等，是分开讲智能制造的，例如这个厂可能实现了智能产品，那个厂可能建成了数字化车间等，都列入了示范行动范围。而没有从智能化工厂的高度来打造全面的智能制造。一个全面的智能工厂，需包含智能的产品、智能的管理、智能的研发、智能的营销等等。如果从智能工厂角度来做示范试点，可能做出的示范会更具有代表性。

赛迪智库装备工业研究所所长左世全：实施方案瞄准了6个实施方向。第一是针对生产过程的智能化，即在钢铁、石化等数字化程度较高的流程制造中做智能工厂的示范。第二是在汽车、家电等离散制造中推进智能化车间。工厂是智能制造的载体，需要从研发设计、生产制造、管理营销等全方位推进智能制造。第三是智能化产品。将芯片、传感器、仪表、软件系统等智能化产品嵌入智能装备中去，实现互联互通，以便于数据采集和分析，提升智能化程度。第四是针对新业态新模式的智能示范，例如电子商务、个性化定制等。企业不仅仅可以自己做智能平台推广产品，也可以借助第三方平台。第五是针对智能化管理，集中在物流信息化、供应链管理信息化方面。生产过程智能化做得再好，也要和管理有机结合，以更好地降低物流成本。现在智能制造提出"两降三升"，包括降低生产成本、能源材料消耗，提高生产效率、缩短产品开发周期等，能否实施高效的管理，使这些方面得到提升，是智能制造的一个重要方面。第六是将智能服务作为方向，例如在线服务、在线维修，目的是拓展传统制造企业业务的宽度，让企业为客户做好服务。

二、后续影响

推进智能制造得到了研究专家及业界的一致认可，目前国家正在组织研究论证智能制造重大工程，将进一步助推我国智能制造发展。在《2015年智能制造试点示范专项行动实施方案》发布后，各地方积极响应，众多企业积极申报试点示范，预计通过试点示范形成经验和模式后，将加快我国智能制造发展进程，助推我国由制造业大国向制造业强国转变。

第二十六章　南北车实现成功合并

第一节　主要情况介绍

一、背景

　　近年来，世界各国纷纷加大基础设施建设力度。为了加快更新和升级老化基础设施并刺激经济快速复苏，欧美发达国家正陆续推出规模庞大的基础设施建设计划。2013 年英国政府出台《国家基础建设规划》，提出 2025 年前英国基建投资将达到 3830 亿英镑，为摆脱基础实施落后的发展瓶颈，东南亚、非洲等发展中国家也正加大基础设施投资建设力度。与此同时，区域经济一体化正不断深化，跨区域互联互通基础设施的需求正日益增长，欧洲国家正在积极实施"连接欧洲设施计划"，非洲国家正在深入推进《非洲基础设施发展规划》。2014 年，世界银行发起组建"全球基础设施基金"，亚太经合组织（APEC）北京峰会提出"通过公私伙伴合作关系及其他渠道加强亚太经合组织经济体基础设施融资"，二十国集团（G20）领导人第九次峰会达成"全球基础设施倡议"并同意成立全球基础设施中心。《国际商业监测》预测，到 2030 年，全球基础设施投资需求将达57 万亿美元。根据目前各国公布的规划，全球高铁规划总里程可达 4.2 万公里，总投资将达 2.3 万亿美元。

　　高铁已经成为中国装备"走出去"的"明信片"。通过集成世界先进高速铁路技术以及在不同地质条件下、不同气候环境下建设和运营高速铁路的经验积累，目前，我国已成为世界上高铁系统技术最全、集成能力最强、运营里程最长、运行速度最快、运载人次最多、在建规模最大的国家。自 2009 年提出高铁"走出去"

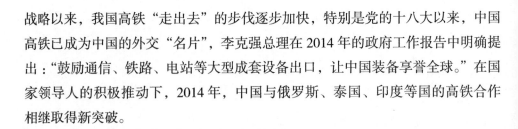

战略以来，我国高铁"走出去"的步伐逐步加快，特别是党的十八大以来，中国高铁已成为中国的外交"名片"，李克强总理在2014年的政府工作报告中明确提出："鼓励通信、铁路、电站等大型成套设备出口，让中国装备享誉全球。"在国家领导人的积极推动下，2014年，中国与俄罗斯、泰国、印度等国的高铁合作相继取得新突破。

二、内容

当前，我国轨道交通装备产业已取得快速发展，然而，与西门子等发达国家的轨道车辆制造商相比，以中国南车、中国北车为代表的轨道交通企业，原始创新能力还有待进一步提升，信息化水平有待进一步提高，产品安全性、可靠性和使用寿命依然存在较大差距，产业标准体系建设亟待完善，国际市场特别是发达国家市场还需进一步开拓，企业品牌价值仍然有较大的提升空间。此外，在高铁"走出去"的过程中，我国轨道交通装备行业管理混乱的问题正变得日益突出，2011年的土耳其机车项目招标、2013年的阿根廷电动车组采购招标都出现了中国南车与中国北车相互压价、恶性竞争的局面，而在铁路工程建设领域同样存在这一问题，这不仅直接造成了企业的经济损失，而且对于我国高铁的整体影响力也产生了极大的负面作用。

第二节　关键时间事件

2014年9月3日，财新网报道称，国资委正在力推南北车重新整合为一家公司。据报道，2014年9月底，在国务院领导的督导下，南北车合并筹备小组成立，组长为北车董事长崔殿国，副组长为南车董事长郑昌泓，并确定由中金公司具体负责整合方案。2014年10月27日，南北车均发布股票停牌公告。据媒体报道，南北车上报了各自整合方案，南车方案是北车退市，南车通过增发吸收合并北车；北车方案是南北车成立新集团，下辖两个上市公司。2014年12月初，南北车合并方案初稿完成，初步决定采纳南车方案。2014年12月30日，南北车发布合并预案公告，明确"技术上采取中国南车吸收合并中国北车的方式进行合并"，同日，南车发布监事会决议公告，明确"合并后新公司中文名称为'中国中车股份有限公司'，中文简称'中国中车'"。2015年1月21日，南北车发布合并报告书（草案）摘要，进一步明确了合并后新公司的股权结构。

第三节　效果及影响

当前,我国正积极倡导建设"新丝绸之路经济带"和"21世纪海上丝绸之路","一带一路"战略已上升为国家战略。2014年以来,我国相继参与发起设立了金砖银行、亚洲基础设施投资银行、丝路基金等金融机构,势必将进一步激发"一带一路"沿线国家建设高铁的发展意愿。面对这一历史机遇,我国轨道交通产业不仅要及时总结中国北车、中国南车合并中的经验,积极发挥其示范引领作用,而且要整合行业力量,积极构建与国际接轨的高速动车组技术标准体系,同时要加强轨道交通行业管理,在"走出去"的过程中,不断丰富与优化抱团"走出去"的合作方案,为加快开拓国际市场打下良好的基础。

南北车合并为中国中车后,中国中车领导层的人事安排势必将提上日程,目前,南北车总共有19位副总裁级别以上的高管,如何安排中国中车的新一届领导层需要上级主管部门国资委的整体把握与掌控。为有效提升核心竞争力,打造高铁竞争新优势,合并后的中国中车如何整合南北车的研发资源与供应链,克服重复建设和避免资源浪费;如何妥善处理与下属子公司的业务关系,优化现有产业布局;如何优化产品组合,实现产品谱系化、标准化和模块化发展,都将考验中国中车新一届领导层的智慧。中国高铁已成为中国产业由制造走向创造、从探索走向突破、从追赶走向引领的标志性成就,然而,中国中车要想成为世界级知名企业还有很长的路要走,这既要加快构建可持续技术研发体系,提升自身原始创新能力,又要完善产品检验监督、试验验证体系,用高质量、高品质打造世界品牌,同时要不断完善高铁人才国际化培养体系,此外,还需重视高铁"走出去"过程中的国际合作。

目前,我国在积极实施高铁"走出去"的同时,核电装备、民用航空等具有相对优势的装备产业"走出去"步伐也在加快,高铁"走出去"所面临的恶性竞争等问题具普遍性,在其他领域也会出现,南北车合并案本身及其后续的整合运作等实施经验,势必会对这些产业的发展壮大以及又好又快"走出去"带来一定的借鉴意义,同时,未来中国中车在高铁"走出去"中的表现也将会对其他装备"走出去"产生积极的示范作用。

展望篇

第二十七章　主要研究机构预测性观点综述

第一节　机械行业预测

一、全球机械行业预测

（一）工业机器人将持续稳步增长

据 Allied 市场研究公司最新报告，全球工业机器人市场从 2013 年到 2020 年期间将以 5.4% 的复合年增长率发展，到 2020 年其销售额将达到 411.7 亿美元。2013 年，麦肯锡全球研究所发布的《引领全球经济变革的颠覆性技术》报告中，将先进机器人列入物联网、云技术、下一代基因技术、3D 打印、新材料、可再生能源等 12 项颠覆性技术中的第 5 项。预计到 2025 年，机器人每年将为全球带来 1.7 万亿至 4.5 万亿美元的经济规模。

作为衡量一个国家科技创新和高端制造业水平的重要标志，机器人产业发展越来越受到世界各国的高度关注，主要经济体纷纷将发展机器人产业上升为国家战略，并以此作为保持和重获制造业竞争优势的重要手段。2013 年，美国发布了机器人发展路线报告，将现今的机器人与上世纪互联网定位于同等重要的地位。2014 年，欧盟启动了全球最大民用机器人研发计划——"SPARC"，计划到 2020 年投入 28 亿欧元，创造 24 万个就业岗位。另外，德国为保持其制造业领先地位提出的工业 4.0 计划，也将智能机器人和智能制造技术作为迎接新工业革命的切入点。近观亚洲，日本和韩国也把机器人作为经济增长战略的重要支柱。

（二）3D 打印有望大幅增长

市场研究公司 Gartner 发表报告预测称，到 2018 年全球 3D 打印机市场将增长至 134 亿美元（约合人民币 820 亿元）。2015 年全球 3D 打印机出货量将达 21.735 万台，高于 2014 年的 10.8151 万台，2015 年到 2018 年期间，3D 打印机出货量每年皆呈倍增，预计到 2018 年将超过 230 万台。Gartner 认为，3D 打印机市场正处于转折点，自 30 年前 3D 打印机发明以来，单位出货量每年增长率都在个位数到十位数之间的低档，但 2015 年起即可望大幅增加，主要推升力道包括价格逐步低廉、性能稳步提升，且在全球各地都买得到。

二、国内机械行业预测

（一）机械工业整体进入中高速增长期

中国机械工业联合会预测，"2015 年，尽管机械工业的增长速度仍将继续下行，但底部已临近，下行不会失控。预计 2015 年我国机械工业的工业增加值和主营收入增长速度将在 8% 左右，利润增长速度将在 10% 左右，出口创汇增幅将在 6% 左右。新常态下，我国机械工业运行进入中高速增长期，市场需求结构出现新变化，产业结构调整面临新课题，创新驱动成为新引擎，国际化经营渐成大趋势"。同时提出了相关建议："行业企业要认识新常态、适应新常态，推进增长方式由规模速度型向质量效益型转变，推进发展动力由要素驱动向创新驱动转变，推进产业结构由传统制造向服务型制造和智能、绿色制造转变，推进市场运作由以国内为主向'两个市场'并重转变。"

（二）工业机器人将保持快速增长态势

在机器人领域，国际机器人联合会 (IFR) 指出，中国在机器人使用密度方面目前还是远远落后更加工业化的国家，按 1 万名工人为基数，中国拥有 30 台机器人。相比之下，韩国拥有 437 台机器人，日本为 323 台，德国为 282 台，而美国则为 152 台。由于在汽车和电子制造行业中大力推行自动化生产，再加上中国用工成本的上升蚕食中国劳动竞争力，到 2017 年中国工业机器人将增长一倍多，达到 42.8 万台，高居全球第一。

针对机器人领域，国际模具及五金塑胶产业供应商协会预测，到 2022 年，制造业从业人口将下降 2200 万，再加上知识结构原因，估计将有 4000 万人口退出制造业，按 1 台机器人顶替 4 名产业工人计算，8 年内中国将可能有 1000 万台机器人服役，机器人周边配套和系统集成的市场有望达到 12 万亿元。

工信部提出了一系列扶持工业机器人产业的举措，目标是到 2020 年形成完善的工业机器人产业体系,使国产机器人在高端市场的占有率达到45%以上份额。到2014年,中国已有30个在建或已建成的机器人工业园区,到2020年将投资800亿美元,培育3至5家具有国际竞争力的龙头企业和8至10个配套产业集群。

(三)机床工具行业分化将进一步加剧

从机床工具行业来看,中国机床工具工业协会认为,2014年是机床工具行业承受下行压力的一年,也是行业结构调整深入的一年,行业主体仍未走出下行区间,但下行幅度已明显趋缓。2015年国内宏观经济环境预计不会发生大的变化,但由于行业近几年的调整逐步到位,同时2015年国内投资状况有可能改善,释放部分需求,因此预计行业2015年有可能走出下行区间,但2015年行业内部结构的分化会进一步加剧。对此,中国机床工具工业协会认为我国机床工具企业要做好以下几项工作:一是要在细分领域具有比较优势的地方要争取成为绝对优势;二是要做好现有市场,着力提升产品可靠性;三是服务要有一致性,完善售前、售中、售后、长期跟踪服务;四是企业要有稳定性,管理要规范化;五是要开拓新领域。此外,还要积极学习外资企业开发创新服务用户、服务社会等方面的理念和做法。

第二节 汽车行业预测

一、全球汽车行业预测

(一)全球汽车市场稳步增长

法国思迈汽车信息咨询公司(IHS Automotive)认为全球汽车行业将会稳步发展,汽车制造商与供应商普遍应用灵活的全新车型平台将会推动短期增长。全球经济的复苏将为汽车行业注入新的活力。IHS统计显示,2015年的全球新车销量预计将比2014年增长2.4%,增至8860万辆。全球的新车销售在2008年雷曼危机后大幅下滑,之后一直持续复苏,不过受中国和东南亚经济减速影响,增速将会放缓。预计欧洲也将受俄罗斯经济恶化影响增长乏力。依赖北美销量增长的情况将持续下去。

从各地区来看,预计2015年中国将增长7%,增至2520万辆。继2014年之后,多功能运动车(SUV)的销量将继续增长,在所有车型中所占比重预计将提高2个百分点至28%。高档车价格将呈下跌趋势，该领域的销量有望出现增长。欧洲方面，备受期待的原油价格下跌的利好将被俄罗斯经济减速所抵消。俄罗斯的新车销量将减少27%，减至180万辆，西欧也将仅增长3%。预计2015年北美市场销量将增长2.5%，增至2000万辆。

此外，IHS Automotive公司预测称，自动驾驶车有望占据全球汽车销量9%份额，时间大约在2035年。2025年前后自动驾驶车将投放到市场，大部分自动驾驶车将在美国、西欧和日本等成熟市场售出。根据预测，2025年自动驾驶车全球销量大约只有23万辆，届时全球车市年销量在1.15亿辆左右，因而所占份额不到1%。2035年自动驾驶车全球销量将大幅攀升至1180万辆，占据全球车市1.29亿辆年销量的9%比重。

（二）发达国家汽车市场逐渐回暖

韩国汽车产业研究所(KARI)分析，预计2015年"金砖四国"（中国、俄罗斯、巴西和印度）的汽车需求量将达2862万辆，同比增长3.7%。但除印度外，其他三国汽车需求量均呈现减少的态势。2014年俄罗斯的汽车需求量同比减少10.3%，为249.1万辆，跌势最为迅猛。中国的汽车需求量也同样走下坡路，需求量同比增幅由2013年的16.5%下滑至2014年的10.7%，预计今年的需求量增幅可能会跌至8.0%。2015年巴西的汽车需求量将为334万辆，同比增幅仅为0.2%。在金砖四国中，唯有印度保持稳定增长，预计2015汽车需求量同比增幅由上年的3.3%提升至7.8%。

相反，欧美市场的汽车需求量呈现逐渐回升的态势。2013年欧洲汽车需求量为1375万辆，同比减少1.6%，但2014年增至1458万辆，同比增幅由负转正，增幅达到6.0%，预计2015年将同比增长3.4%，达1508万辆。美国的汽车需求量也逐渐提升。得益于美国经济复苏强劲、失业率下降和油价大跌等各方面利好因素，2014年美国汽车需求量创下近10年以来新高。据普华永道预测，未来2—3年，美国汽车市场有望迎来"春天"。美日等跨国汽车公司纷纷退出海外生产，将生产基地转移到本国。美国福特汽车2014年3月将墨西哥工厂部分卡车产能转移至美国，日本日产汽车也计划将位于美国田纳西州的SUV车型Rogue的产能转移至日本福冈工厂。据波士顿咨询公司预测，随着机器人自动化制造体系日趋发展，新兴经济体所扮演的"世界工厂"角色将逐渐变弱，发达国家的制造业竞争力将会大幅上升，今后跨国公司的"回岸"现象将会更加凸显。

（三）电动汽车将在 2020 年普及

普华永道预计从 2015 年到 2020 年间，将有多达 520 多种电动车上市，虽然这只是代表了制造商产品组合的一小部分，但电动车类型的范围却覆盖轻度混合、完全混合、插电式混合动力及纯电力汽车。调查显示，到 2020 年电动车（包括混合型）年产量将达到 600 万辆，为 2020 年轻型车产量的 5%—6%。按照预测区间的高值计，产量将是目前水平的 2 倍左右。

在电动车开发方面，产品技术、制造技术、车辆整合技术不断进步。电池、电控、电机占据了纯电动汽车 40% 的制造成本，预计 2020 年这些成本会下降 40%—50% 左右。纯电动汽车和混合动力汽车的成本附加在 2020 年将会分别下降至 5000 美元和 3000 美元左右。充电基础设施正在系统建设当中，预计到 2020 年，美国大约有 427000 公共的充电桩，与此同时在中国和欧洲的充电桩数量将分别达到 407000 和 381000 个。

二、国内汽车行业预测

（一）汽车市场增长趋缓

波士顿咨询公司认为，与西方国家和日本等更加成熟的经济体相比，中国汽车市场仍然极具吸引力。根据国家统计局发布的《2014 年国民经济和社会发展统计公报》，扣除三轮汽车和低速货车，2014 年末全国民用汽车保有量达到 14475 万辆，千人保有量首次超过百辆，达到 105.83 辆/千人。相比之下，美国的千人保有量多达近 800 辆。自 2000 年以来，中国汽车市场每四年增长近一倍，远远超过了美国汽车市场的增长水平。然而，中国汽车市场的发展热潮正在逐渐消退。在未来四年里，中国汽车市场的增长预期将放缓至 6%—9%。到 2020 年，年增长率预计将降至 2%—3%。在 2000 年时，年销量过千的车型大约只有 80 款，而现在这个数字已经激增至近 500 款。

（二）客户忠诚度将成为争夺市场的关键

波士顿咨询公司预测，中国汽车市场上的新一轮争夺战将围绕客户忠诚度展开。到 2020 年，中国仍有可能是汽车企业争夺首次购车者的热门市场。但是汽车企业能否在中国市场取得成功，将越来越多地取决于他们能否有能力留住现有客户并赢得竞争对手的客户。对于那些在不同价格区间拥有多个汽车品牌的企业而言，其最终目标应该是建立牢固的客户忠诚度，这些企业不但能够赢得客户的青睐，而且还能在客户由低价位汽车向高端品牌汽车的迁徙过程中牢牢抓住客户，避免重复争取相同的客户群。对于少数几家在中国市场享有稳固声誉和客户忠诚度的汽车企业而言，"品牌大迁徙"是其在不断增长的中国市场中提高市场占有率的绝佳机遇。然而，其他大多数汽车企业则必须大幅提升自身实力，以期赢得日趋白热化的客户忠诚度争夺战。而国内自主品牌面对的压力尤为沉重，许多自主品牌在中国市场的占有率已日渐萎缩，国内自主品牌必须提高在产品质量和性能上的声誉，还需大力开展营销活动，将所取得的进步转化为出色可靠的品牌形象。

（三）汽车后市场处于爆发期

德勤咨询公司认为，近年来在国家相关政策的鼓励下，中国汽车产业以及汽车消费市场得到了快速发展，中国汽车市场迎来了金融危机后的又一个稳步增长期。根据我国当下汽车后市场的发展阶段，我国汽车后市场处于爆发性成长期。在这个阶段，增长具有可测性。由于受不确定因素的影响较少，行业的波动也较小。此时，投资者蒙受经营失败而导致投资损失的可能性大大降低，因此，他们分享行业增长带来的收益的可能性大大提高。

我国汽车后市场起步较晚，参考美日等成熟市场，国内后市场还有很大的发展空间，潜力巨大。中国汽车经销商的收入结构中，二手车收入占比相对较小，相比成熟市场还有很大的发展空间。随着中国汽车市场一线城市的成熟与限购政策的陆续出台，以及二三线城市的旺盛的消费需求，几乎所有汽车厂商的未来网络扩张重点都将放在二三线城市，加大营销资源的投入，加快渠道下沉的速度，二三线城市将成为未来10年中支撑中国汽车市场不断前行的主战场。

（四）车联网产业将快速发展

车联网的内涵不仅包含人、车与互联网、车与路、车与车的连接，还包括车与外部环境之间的实时联网和信息互联互通。近年来，随着新兴技术革命的推进和与传统产业的深度融合，全球车联网产业驶入快速发展之路。在中国，车联网的发展受到了政府的多方面关注，各部门纷纷从自身职责范围出台政策，支持车联网产业的发展。比如：2012年交通运输部发布《2012—2020年中国智能交通发展战略》，提出要"重点支持交通数据实时获取、交通信息交互、交通数据处理、智能化交通安全智能化组织管控等技术"的创新和应用。2014年7月，交通运输部、公安部、国家安监总局联合制定的《道路运输车辆动态监督管理办法》进入实施阶段，其中规定客车及危险车辆等出厂前必须安装卫星定位装置，否则不予发放或审验《道路运输证》。

车联网产业链涵盖汽车整车制造商、零部件生产商、车载芯片厂商、软件平台商、内容提供商、网络服务商等多个领域。德勤咨询公司认为，由于产业链条长、结构丰富、覆盖面宽，车联网具有巨大的产业拉动性，并给传统产业和通信产业的双重升级创造了机遇。在车联网信息服务产业链上，车载互联网作为移动互联网的新兴入口场景，是网络服务提供商和互联网、智能手机巨头未来竞争的重点，各公司都在加强有关技术布局。车联网的出现成功聚合了众多车企、科技类公司、通信运营商和设备提供商，带来的是巨大的产业融合效应，将催生出许多全新的商业模式。未来，通过建设统一、开放的信息服务云平台，基于车联网的大数据存储、处理和管理将成为中国车联网行业近期和中期的发展重点。

（五）产业开始梯度向中西部转移

从 20 世纪中期汽车业起步开始，我国着力打造了长春、上海、武汉 3 大产业基地，分别拉动东北、华东、华中市场。但随着涌入的外资和不断扩张的汽车产能，汽车产业版图正在迅速地被改写。2014 年重庆以总产量 260 万辆排名第一，上海以 240 万辆排名第二。国内汽车产业现已逐渐演变成六大产业集群，分别为：长三角地区（上海和江苏领头），环渤海地区（北京和天津领头），华南地区（珠江三角洲领头），东北地区（长春领头），中部地区和西南地区。

中国汽车生产主要集中在东部地区，如北京、上海、江苏、广东、浙江等地，2013 年东部地区的汽车产量占全国总产量的 50% 以上，而中部和西部地区各占了 25% 左右。这是由于东部地区经济发达、技术领先、消费能力强等因素导致的。然而近年来，随着中西部地区经济的发展、低投资成本以及一线城市汽车消费的逐渐饱和、政策限制、产能过剩、成本上升，各大中外车企开始向中西部地区进行布局和转移，如一汽大众成都工厂、上海大众新疆工厂、神龙汽车成都工厂、上汽通用五菱重庆生产基地等等，同时奔驰、宝马、奥迪等高端品牌都已经在西部设立区域管理机构。中国汽车产业向中西部地区的转移已经势在必行。

第三节　航空行业预测

一、全球航空行业预测

（一）全球民机交付市场巨大

40 年来，全球航空运输业的一大特色就是一直保持着强劲的增长态势。尽管全球航空运输体系时遭破坏，但事实证明航空运输业能够抵御外部冲击，始终保持正常的增长水平。巴西航空工业公司预测，未来 20 年里，全球年客公里（RPK）将同比增长 4.8%。其中，中东将成为增长最快的地区，年均增速将达到 7.1%；中国紧随其后（6.8%）；其次为拉美地区（6.0%）；亚太地区（5.4%）；非洲地区（5.3%）和独联体（CIS）地区（5.2%）。发达经济体由于市场已趋成熟，增速相对较缓，欧洲地区为 3.9%，北美洲地区为 2.7%。

预计到 2033 年，世界航空运输需求将增加 2.6 倍，总客公里将达到 13.6 万亿客公里。其中，亚太和中国地区将成为全球最大的航空运输市场，占全球客运总周转总量的 40%。而欧洲和北美洲地区将占全球航空运输需求总量的 36%。

巴西航空工业公司预计，至 2033 年，全球市场对 70 至 130 座级全新喷气飞机的需求将达到 6250 架，市场价值总额为 3000 亿美元。其中 44% 的新飞机将组成新增机队用于支持市场的增长，余下的 56% 的飞机将用于老旧飞机的更新换代。预计全球市场对 70 至 90 座级喷气飞机的需求将为 2300 架，以保持轮辐式航线网络的运营效率，因为这类客机能够将许多低密度市场与主要的枢纽中心连接起来，支持新兴国家发展支线航空。90 至 130 座级喷气飞机既能以较低的风险开发新市场，亦能够对当前窄体客机的运营起到很好的补充作用。未来 20 年，全球市场对 90 至 130 座级喷气飞机的需求将达到 3950 架。短程点对点航班运营将拉动对 70 座级以上涡桨客机的需求，到 2033 年，全球对该类别客机的需求将达到 2,050 架，其中 30% 将用于支持市场增长，70% 将用于替换老旧飞机。预计涡桨客机的平均航程未来将会增加，同时由于使用喷气客机执飞中等和远程航线的效率更高，未来涡桨客机将几乎只会用于短程航线。到 2033 年，全球将交付 18500 架窄体客机，其中 50% 将用于替换老旧飞机。大型飞机仍将是市场关注的焦点。

波音预测，未来 20 年内在全球范围内将需要近 36770 架新民用飞机，总价值达 5.2 万亿美元。

表 27-1　2014—2033 年全球新飞机交付预测

飞机型号	座级	交付总量	价值（美元）
支线喷气机	90 座及以下	2490	0.1 万亿
单通道飞机	90—230 座	25680	2.56 万亿
小型宽体机	200—300 座	4520	1.14 万亿
中型宽体机	300—400 座	3460	1.16 万亿
大型宽体机	400 座及以上	620	2400 亿
合计		36770	5.2 万亿

资料来源：波音官网，2015 年 4 月。

波音预测，未来 20 年，包括中国在内的亚太地区市场将在飞机交付总量方面继续引领全球。

表 27-2　2014—2033 年全球各地区新飞机交付预测

地区	飞机交付数
亚太	13460
北美	7550
欧洲	7450
中东	2950
拉美	2950
俄罗斯/独联体国家	1330
非洲	1080
合计	36,770 架

资料来源：波音官网，2015 年 4 月。

（二）公务机将保持强劲增长态势

根据最新的《2015 年全球公务机市场预测报告》，全球公务机行业将以 6.86%（复合年增长率）的速度增长，到 2020 年底，行业总值可达 338 亿美元。美国联邦航空管理局（FAA）预测，未来 20 年公务机机队将呈现强劲增长势头，但同时活塞式飞机数量会稍有减少。尽管增长速度略低于 2014 年的预测值，但是受到企业利润增加和全球范围 GDP 增长的驱动，从长远看公务机销售将仍然保持强劲增长态势。一直以来对航空安全、航班延误的担心使得公务航空相对于商业航空更有吸引力。活塞式飞机的飞行也主要服务于公务出行。FAA预测通用航空飞机中用于公务出行的需求会比私人、娱乐需求增长速度更快。涡轮螺旋桨飞机需求的增长也会促进涡轮飞机机队的发展、飞行时间的增加。

FAA报告称，2014年至2035年公务机数量平均年增长率为2.8%，2035年将达到20815架。通用航空机队将会以年均0.4%的速度增长，从2014年的198860架增加到2035年的214260架。固定翼涡轮飞机数量预计平均每年增长2.2%，固定翼活塞式飞机数量预计平均每年减少0.6%，旋翼飞机数量预计平均每年增长2.5%。

FAA报告称，通用航空飞行总时间预计平均每年增长1.4%，从2014年的2310万小时增加到2035年的3060万小时。固定翼飞机飞行时间预计每年将增长2.9%，而固定翼活塞式飞机飞行时间预计以每年3%的速度下降。FAA称，由于固定翼涡轮飞机数量的增加、单发和多发活塞式飞机利用率的提高，2023年后飞行时间将会有一个更快的增长。中期内，飞行小时数增长的较大比例反映了旋翼飞机和涡轮喷气飞机数量的强劲增长。另外，燃油价格下降将减缓中短期活塞式飞机飞行小时数的降低。

（三）直升机需求将保持稳定

霍尼韦尔航空航天集团在2015年4月14日发布了第17期涡轮动力民用直升机采购展望报告中文版，预测在2015至2019年期间，全球民用直升机交付量将达到4750到5250架。总体而言，全球市场五年内对涡轮动力民用直升机的需求保持稳定。新机采购计划呈现温和增长态势，抵消了大型机队运营商由于能源价格较低和市场波动而产生的短期不确定性。

霍尼韦尔报告指出，在五年期全球直升机采购总量中，美国和加拿大凭借强劲的北美采购计划增长了近八个百分点，所占份额达34%。包含拉丁美洲在内的西半球五年期需求占53%，欧洲所占份额为24%，亚洲和大洋洲占14%，中东及非洲地区则占9%。尽管2014年的交付量略有下滑，而且市场一直对能源领域存在担忧，但近期直升机采购需求仍然保持稳定。由于直升机利用率提升和机队更新周期延长，培训、旅游、消防和司法执行领域的近期采购需求保持稳定。另外，多个新平台将在未来几年内投入使用，也将拉动直升机的总体采购需求。

2015年2月亚翔航空（ASG）发布了2014年亚太区直升机机队报告。报告显示，2014年，亚太地区现役民用活塞和涡轮直升机总量增加9%，达到2463架。其中，中国的增量最多，为29%（149架），数量飙升至655架。目前，日本的机队规模最大，为800架，但其2014年增量仅为3%。据2014年订单数量预测，2015年中国将成为亚太地区民用直升机需求量最大的国家，且数量可能超过日本。ASG表示，宽松的空域法规、对基础设施建设的支持，以及飞行员短缺导致的训练机队需求，是中国成为潜在市场的主要原因。相比之下，其他国家更倾向购买用于执法、消防、搜救、支持石油和天然气等资源开发的重型直升机。轻型活塞式直升机占亚太区机队总量的20%。

此外，据ASG统计，空客直升机为亚太地区最大的直升机供应商，其市场份额达35%（874架），其次为贝尔直升机公司，占22%（535架），罗宾逊直升机公司占17%（430架），阿古斯塔·韦斯特兰占8%（199架），西科斯基飞机公司占6%（143架）。在整个亚太区直升机机队中，82架（占比3%）为私人所有，285架（占比12%）为企业法人所有，用于企业日常交通。

二、国内航空行业预测

（一）民用飞机市场前景广阔

波音预测，中国未来20年将需要6020架新飞机，总价值达8700亿美元，在交付量和市场价值上都将占到全球总量的16%以上。到2033年，中国航空公司的新飞机需求量将占亚太区总需求量的近45%。

表27-3 2014—2033交付中国的飞机预测

机型	座位数	总交付量	价值（美元）
支线喷气机	90及以下	200	100亿
窄体机	90—230	4340	4300亿
小型宽体机	200—300	780	2000亿
中型宽体机	300—400	640	2100亿
大型宽体机	400及以上	60	200亿
总量		6020（占世界总量16.4%）	8700亿(占世界总价值16.7%)

资料来源：波音官网，2015年4月。

波音认为中国航空运输市场正在发生巨大的变化，航空租赁公司、低成本航空公司等新兴商业模式、新一代高效飞机的涌现以及消费者不断演进的消费方式正在驱动新的增长以及未来的航空发展趋势，即更多点对点的直飞航线。由于新兴航空公司及低成本航空的不断涌现，次级市场的直飞航线得以增加，从而刺激了空中交通的增长，让更多的人选择航空出行。受国内和亚洲内旅游业的拉动，单通道飞机市场的需求非常旺盛，到2033年总交付量将达到4340架。

与此同时，中国大型航空公司不断拓展国际航线——从北京、上海、广州以外的其他城市出发直飞海外的航线日益增加。这一国际航线业务的增长将带动市场对新型高燃油效率双通道飞机的需求，这也反映出航空市场的需求继续从超大型宽体机向高效的小型及中型宽体机型转移。中国的航空公司在激烈的国际长航线市场竞争中更加注重发展新的商业模式、增加新的目的地、提升运力并扩大资源，这些趋势决定了未来市场需求将更加倾向于拥有高燃油效率、低运营成本、先进环保技术以及最优乘客体验的机队组合。

（二）支线飞机将持续增长

巴西航空工业公司预计，未来20年中国航空运输年均增速将达6.8%，中国航空市场前景广阔。

表 27-4　巴西航空工业公司关于中国新飞机数量的预测

		预计交付量	在役机队数量预测	
	座级	2014—2033	2013	2033
喷气式飞机	50座	0	40	0
	70—90座	300	10	300
	90—130座	720	80	720
	70—130座合计	1020	90	1020
	50—130座	1020	130	1020
	130—210座窄体客机	2750	1700	2790
	喷气式飞机合计	3770	1830	3810
	涡桨飞机合计	40	30	60
	中国飞机数量总计	3810	1860	3870

资料来源：巴西航空工业公司，2015年4月。

到2033年，中国地区将有1020架新飞机交付使用。70至130座级喷气飞机机队飞机数量将从2013年的90架增至2033年的1020架。其中87%新交付的飞机将支持市场增长，13%用于替换老一代飞机（包括50座级喷气飞机）。到

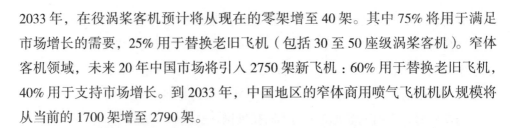

2033 年，在役涡桨客机预计将从现在的零架增至 40 架。其中 75% 将用于满足市场增长的需要，25% 用于替换老旧飞机（包括 30 至 50 座级涡桨客机）。窄体客机领域，未来 20 年中国市场将引入 2750 架新飞机：60% 用于替换老旧飞机，40% 用于支持市场增长。到 2033 年，中国地区的窄体商用喷气飞机机队规模将从当前的 1700 架增至 2790 架。

（三）无人机迎来发展的黄金时期

无人机已经应用在了很多生产和生活领域，由于无人机行业还处在一个快速发展的阶段，其应用范围不断地扩大，很多原来人们想不到的领域都出现了无人机的应用。根据相关机构预测，全球民用无人机产业已经形成大约 1000 亿美元的市场规模，未来民用无人机产业的市场空间绝不亚于目前比较热门的智能机器人产业。根据中信建设证券研究发展部的分析，未来 10 年中，每年的民用无人机市场有 20 亿美元净增长空间。

目前我国约有 150 多家民用无人机生产单位，初步估计已生产 15000 余架无人机。涉足无人机业务的上市公司包括洪都航空、山东矿机、山河智能等 15 家公司。据预测，我国民用无人机的市场规模在 2020 年将会超过 60 亿元。在未来 20 年，我国的民用无人机需求将达到 460 亿元的规模。

第四节　船舶行业预测

一、全球船舶行业预测

（一）全球造船市场将在十年后复苏

日本造船工业协会（SAJ）认为，目前全球造船产能约为 6000 万修正总吨，而市场需求只有 3000 万修正总吨，产能过剩矛盾依旧严重。据 SAJ 预测，随着全球经济的发展，到 2020 年，国际海运贸易量将达到 116.5 亿吨，到 2035 年将达到 163.1 亿吨。受此推动，国际造船市场需求将从 2020 年开始出现增长，在 2025—2035 年的增速有望恢复到 2000—2010 年的水平，到 2030—2035 年有望达到 6000 万修正总吨。到 2020 年之前，产能过剩矛盾会持续影响大部分造船企业。由于市场需求不足，船企在这期间承接的订单大多为低价船订单。目前许多船企正积极采取措施应对市场疲软，如开发更加节能环保的船型、进军海洋工程装备和海上风电领域等。据克拉克松公司预测，2016—2023 年，全球年均新船订单量为 4790 万修正总吨。到 2019 年，全球造船产能将缩减至 5170 万修正总吨。

中船重工经济研究中心预计，散货船、油船、集装箱船三大主流船型市场需求未来增速较慢，但由于市场规模较大，仍在国际造船市场中占据主导地位。在散货船方面，2012—2035 年，全球散货海运量会保持 2.1% 的增速，到 2035 年将达到 60 亿吨，与之对应的运力需求为 8.89 亿载重吨，与目前相比将新增近 2 亿载重吨的运力需求。在油船方面，到 2035 年，全球原油海运量将达到 37.5 亿吨，将新增 1.2 亿载重吨的运力需求。在集装箱船方面，到 2035 年，全球集装箱海运量将达到 5.5 亿 TEU，与之对应的运力需求为 3970 万 TEU，届时将新增 2300 万 TEU 的运力需求。

（二）超大型油轮（VLCC）将现整合潮

沙特阿拉伯国家航运公司（Bahri）预测，未来十年内 VLCC 市场可能将出现一波整合浪潮，预计将像目前的大型集运联盟一样，打造超大型油船船东联盟，使得小型船东难以生存。该公司认为 VLCC 市场仍然较为分散，目前全球 VLCC 船队共有 635 艘在营船舶以及 85 艘在建新船，一共约 720 艘，全球五大 VLCC 船东仅占据全球油船船队 25% 的运力，前 10 大 VLCC 公司仅占据 41% 的运力。在油船市场整合之后，五大 VLCC 船东将很快占据全球 41%—48% 的运力。2014 年 Euronav 从马士基油轮处收购 15 艘 VLCC，DHT Holdings 收购 Samco Shipholding 旗下 7 艘船的船队，就是 VLCC 市场整合的表现。当 Tanker International 和 Frontline 整合之后，这两家公司旗下的船舶将超过 67 艘船舶。

（三）海洋装置拆解市场机遇和挑战共存

根据韩国海洋水产开发院（KMI）的分析，虽然海洋装置拆解市场存在一些挑战，但同时也是逐步扩大市场规模的机会。存在的挑战主要有拆解成本的上升、新拆解方法的开发和专业性人才的缺乏。北海的大型平台拆解费用从 10 年前的 750 万英镑上升至 2015 年的 3000 万英镑，拆解费用持续呈现上涨趋势。而且，在油价下降趋势下，拆解市场的不确定性进一步提升，油价走低导致企业资金状况恶化，将会影响到拆解市场的下滑。另外，海洋装置的深水化及大型化趋势已成全球大势，拆解工作量从浅水转移到深水，开发新的拆解方法成为必要。还有，拆解工作需要运营多种装备，尤其需要克服安全事故及环境污染等问题，拥有技术能力的专业性人才比较匮乏。

韩国海洋水产开发院（KMI）的分析，拆解市场按国家地区来看，墨西哥湾拆解市场已经建立供应链，完备严格规范。从 2009 年至 2013 年，墨西哥湾拆解市场规模年均达到 15 亿美元，在 5 年间共达到 90 亿美元。根据美国安全和环境执法局（BSEE）估计，2014 年，墨西哥湾拆解市场规模约为 15 亿美元，尤其是，2015 年 1 月份，墨西哥湾拆解市场的浅水和深水规模分别为 180 亿美元、80 亿美元，共达到 260 亿美元。还有，北海地区拆解市场是仅次于墨西哥湾的成熟市场。不过，截至目前，拆解工作量仅占整个安装工作量的 7%。据估计，未来 15年，年均有 15—25 座平台进行拆解工作，而且，将到 2045 年之前，仅在英国共478 座平台进行拆解工作。Shell 公司估计，每个油井拆解费用或为 270 万英镑，在此基础下，未来 30 年间，英国的拆解市场规模或为 350 亿英镑。最后，亚太地区拆解市场与上述两个市场相比，眼下还是规范轻松、供应链还未成熟的市场。

（四）液化天然气船（LNG）过剩仍将持续

德国复兴信贷银行旗下的伊佩克斯银行 2014 年 11 月称，全球船厂 LNG 船手持订单量为 135 艘，占现有船队的 36%，大约有三分之一将于 2017 年以前交付，且尚未获得租船合同。伊佩克斯银行预测，到 2015 年底，LNG 船市场运力过剩最多可以达到相当于 60 艘船，这一市场最早能在 2016 年以前开始逐渐恢复正常。不过，预计到 2020 年以前 LNG 供给每年将增长约 50%，这可能将完整吸收目前的手持订单。

（五）深水船舶需求将大幅增长

道格拉斯—韦斯特伍德（Douglas-Westwood，DW）预计，未来几年深水船舶市场需求年均复合增长率将提高到 7%。2015 年至 2019 年期间，全球深水船舶营运开支将达到 1220 亿美元。2015 年到 2019 年间，油田开发领域年均复合增长率有望达到 10%，船舶需求超过 184000 天，资本总支出达 450 亿美元。同期，IRM 需求增长超过 39%；海上基础设施建设和海上基础设施安装活动不断增长，所需要的高规格船舶需求年均复合增长率将达 9.5%。

亚洲将成为深水船舶需求最大的市场，在未来五年内占全球开支的 20%，主要是浅水 IRM 和铺管安装市场的增长驱动。墨西哥湾深水区、西非和巴西区域将占全球开支的 40%。非洲将占 16%，主要是安哥拉、尼日利亚、莫桑比克和坦桑尼亚等几内亚湾传统深水油气田开发市场。同期澳大利亚将成为增速最快的地区，年均复合增长率将达 21%。

二、国内船舶行业预测

（一）船用钢材市场将保持常态

根据中国船舶工业行业协会分析，2014 年，受需求拉动的影响，我国船用钢材采购量比 2013 年有较大幅度增长，约为 1300 万吨，同比增长 18.2%。其中，造船板需求为 1000 万吨，同比增长 11% 左右。随着新接订单量的大幅增长，开工船舶逐步增多，我国船舶企业造船用钢需求量也在同步增长。根据 2014 年年底船企手持订单的统计数据，我国未来几年的造船完工量和开工船舶量将保持在 4500 万—5000 万载重吨。因此，造船用钢消耗量将在 1300 万 ~ 1400 万吨低位运行，并保持常态。

（二）国内拆船业将持续低迷

据初步统计，2014 年，国内拆船企业成交国内外各类废船 251 艘 193 万轻吨（约合 830 万载重吨），同比下降 22.4%。其中，成交国内废船 108 万轻吨，同比增长 111.8%；成交进口废船 85 万轻吨，同比下降 57.2%。

中国拆船协会认为，从废船供应市场分析，近几年国内外航运业仍然在低迷中徘徊，运力过剩状况难以扭转，加上香港公约、欧盟拆船法案、船舶能效设计指数（EEDI）的生效以及新船交接等因素的影响，国际老旧船舶继续退出市场的脚步不会停止。在我国，加速老旧运输船舶淘汰等政策的继续实施，使 2015 年依旧会有大量的废船面临淘汰或拆解。不过，从国内拆船下游市场分析，情况则不甚乐观。目前世界大宗商品（如铁矿石）价格大幅下跌，国内生产价格指数（PPI）与居民消费价格指数（CPI）背离且长时间停留在"负时代"，加上产能过剩、制造业低迷、内需拉动乏力、通缩风险加大、国内废钢价格与国际废钢价格倒挂等因素叠加，国内废钢及拆船下游市场供求关系虽会依据国内经济发展变化而有所起伏，但在新的一年里发生根本性转变的可能性不大。综上所述，预计国内拆船业 2015 年废船拆解量仍将继续呈现下滑的态势，回落幅度将在 20% 以上。

第二十八章　2015年中国装备工业发展形势展望

第一节　整体展望

一、生产规模平稳增长

受总体需求偏弱、投资增速放缓、融资环境较差等诸多因素影响，2015年，我国装备工业下行风险仍在，形势仍然严峻。与此同时，发达国家经济将加快复苏，新兴经济体发展有望好转，国内稳增长的政策效果将进一步显现，特别是在国家保持经济中高速增长和向中高端迈进的总体目标下，《中国制造2025》等国家制造业发展纲领性文件将发布实施，下游行业转型升级将不断深入，装备工业发展内生动力逐渐增强，将加快向创新驱动和出口拉动转变，我国装备工业进入中高速增长的新常态。2015年全年装备工业仍将平稳发展，工业增加值增速有望保持在9.5%左右。

二、出口增速有望加快

当前，我国经济增速有所放缓，发展进入新常态，2014年国内生产总值同比增长7.4%，投资增长乏力，新的消费热点不多，发展中深层次矛盾凸显，经济下行压力还在加大，2015年形势不容乐观。尽管我国经济总体向好、稳中有进的基本面没有改变，但经济结构和增长动力正在发生深刻变化。今后发展，要保持"双中高"的目标，一是要靠大众创业、万众创新，靠中小微企业解决国内就业和市场活力问题；二是要大力支持大型企业包括民营企业跨国发展，加快消费、出口、投资"三驾马车"的拉动作用，带动装备走出去。特别是，目前广大中东欧、中亚、东盟、非洲、南美等地区国家对我国优势装备有巨大需求，甚至国内已经淘汰的水泥、平板玻璃、钢材等生产线在这些国家和地区也有很大的市场。

尽管国际经济形势深刻变化，全球经济复苏曲折而复杂。但经过多年的快速发展，我国已成为世界第二大经济体及全球第一大货物贸易国，中国经济对国际市场的影响和带动作用日益增强，2014 年我国实现对外直接投资 1029 亿美元。与此同时，"一带一路"、周边互联互通规划、中非"三网一化"、中巴及孟中印缅经济走廊等重大区域合作战略开始实施，中国与冰岛、瑞士、海合会、以色列及中美、中欧、中国—东盟、亚太等多双边自贸区谈判和建设不断推进升级，亚洲基础设施投资银行、金砖国家开发银行开始发挥作用，亚太经济合作组织、中非合作论坛、上海合作组织作用日益增强，均为我国加快装备走出去奠定了良好的基础。2015 年，中国装备走向世界的步伐将明显加快。

三、转型升级效果更为明显

2015 年，"十二五"末期各项政策、规划将进入收官总结阶段，新的促进产业结构调整和战略性新兴产业发展的政策酝酿出台，在经济发展方式转变的大方向下，大型飞机备科技重大专项、高档数控机床与基础制造装备科技重大专项、民机科研计划、高技术船舶科研项目、智能制造装备发展专项、中央国有资本经营预算产业转型升级与发展专项以及新能源汽车、航空装备等战略性新兴产业创新工程等效果将不断显现，加上新一轮产业变革与技术革命及国内外市场倒逼、政府大力推动的作用和影响，新兴产业发展指导意见或规范条件等政策有望陆续出台，装备工业将加快向绿色化、智能化和高端化方向发展，装备工业企业将进一步提高生产效率、降低资源消耗。

四、智能制造装备发展迅速

2015 年，各国更加重视数字化、智能化产品生产的趋势将迫使我国加快装备智能化发展。从国内来看，国家增材制造发展推进计划、智能制造试点示范专项等政策正在有序推进，互联网＋行动计划等系列政策即将出台，新一代信息技术与制造技术加快深度融合等，将推动我国装备产品不断向个性化、高端化发展。同时，随着工业云、大数据的应用，互联网＋在装备工业领域的发展成为趋势，装备企业在产品、研发设计、生产制造、在线服务以及商业模式等方面将不断创新；越来越多的企业将通过 O2O 搭建起与采购者之间线上线下的双向互通平台，建立起以服务为核心的产品设计服务及整体解决方案，依托互联网拓展在线实时监测、工控系统安全监控、远程故障诊断与维护等，衍生出信息系统咨询设计、开发集成、运维服务等专业性信息服务能力，"众筹＋预售＋定制"等互联网化的生产方式将不断得到应用，生产销售方式将发生深刻变革。未来装备工业将通过信息技术的深度应用和信息资源的深度开发，不断提高设计、研发、生产、装备、产品及经营、管理、决策的效率和水平，我国装备工业将逐步实现从制造到智造的跨越发展。

第二节　子行业展望

一、机械

（一）行业增速仍将下行

2015年，我国机械工业由于受到诸多不利因素的影响，行业增速将有可能持续下行。固定资产投资需求仍将延续2014年的放缓态势，投资额会有较大幅度下滑，这将对我国机械工业产生较为严重影响，机械产品订单将出现明显回落，产成品库存将逐月攀升，应收账款处于高位，加之财务成本不断增长，利息支出不断攀升，企业资金周转压力有增无减。预计2015年机械工业的发展将呈前低后稳态势，全年预计仍可实现中速区间的增长，但增速较今年略低。此外，受到社会投资取向影响，不同行业以及同行业中不同企业之间的分化将进一步加剧。

（二）智能化机械快速发展

在我国由于社会老龄化的到来以及企业用工成本不断攀升，智能装备正越来越多地成为制造业企业的选择，未来将在更多领域得到应用，发展空间巨大。国内许多制造企业已实现自动化或半自动化生产，信息化系统ERP已应用到供应链管理中，物联网、大数据、实时监控系统等也逐渐应用到企业的售后服务中。在汽车、电子电气、铸造、橡胶及塑料制品和食品等行业，工业机器人应用愈发普及，我国已超越日本成为全球第一大机器人市场，2015年，智能化机械产品将会有较快发展。虽然如此，我国与德、美、日等工业发达国家的智能化水平还有较大差距，制造水平距实现"工业4.0"还有较长的路要走。

(三)"一带一路"战略拉动机械装备"走出去"

中央经济工作会议明确提出重点实施"一带一路"重要战略,明确以交通基础设施为突破,实现亚洲地区的互联互通,我国出资 400 亿美元成立的丝路基金,重点支持邻国的铁路、公路项目的部署,通过互联互通为亚洲邻国提供更多公共产品,此举无疑将带动我国机械装备"走出去"。未来,我国与"一带一路"沿线国家将在轨道交通、电力、公路、农业、油气勘探等诸多领域进行合作,这将带动我国轨道交通装备、核电设备、火电设备、风力发电设备、工程机械、农业机械、油气装备等产品的出口。

二、汽车

(一)产销增速将小幅回落

2015 年,我国将继续对经济实施宏观调控,延续总体稳健、局部灵活的货币政策,经济增长将基本保持 2013—2014 年的态势;同时,汽车消费仍将受到限制,限购政策存在进一步蔓延的可能,短期内汽车产销不存在快速增长的动力。预计 2015 年,我国汽车产销增速将较 2014 年增速小幅下滑,产销增速在 6% 左右。

(二)进出口量增长仍将两极分化

2015 年,国外的技术壁垒、环保壁垒、贸易摩擦和激烈的国际竞争仍是我国汽车整车产品出口的主要障碍,整车出口市场仍以拉美、西亚及非洲的发展中国家为主,由于部分出口目的国的政局不稳,汽车产品市场需求波动的风险加大,有可能导致整车出口遇挫。外加美元升值的影响,全年整车出口有望遏制住下滑趋势;进口方面,受汽车反垄断调查及上海自贸区提出"平行进口"试点的影响,进口整车价格出现松动将刺激市场需求的增长,整车进口量有望保持 20% 的增长。

(三)新能源汽车产销延续高速增长态势

根据《关于继续开展新能源汽车推广应用工作的通知》的要求,到 2015 年,特大型城市、重点区域新能源汽车各自累计推广量目标为 10000 辆,其他城市或区域各自累计推广量不低于 5000 辆。随着国家扶持政策的逐步落实,地方政府补贴、限购单列配额等细则的陆续出台,新能源汽车可靠性的提高和上市速度的加快,将拉动和刺激新能源汽车消费,预计 2015 年新能源汽车产销仍将爆发性增长。

（四）汽车与互联网产业的相互渗透持续加速

随着各大互联网企业围绕推进互联网与汽车产业融合计划的实施与逐步落实，互联网和汽车产业的相互融合将进入一个新的阶段。预计2015年，在营销层面，更多的汽车企业将转变销售方式，加快互联网营销服务平台的建设，"线上购车、线下交付"的销售方式将在汽车行业广泛兴起，并逐步实现互联网营销平台对"看、选、买、用、卖"整个汽车生命周期的五个阶段全覆盖；车载终端和应用方面，更多以用户体验为导向的产品将以更短的周期投放市场。

（五）汽车租赁高速增长

2015年，限购限行政策的持续和自驾游的兴起仍将推动汽车租赁市场的快速增长，同时，随着《关于全面推进公务用车制度改革的指导意见》和《中央和国家机关公务用车制度改革方案》的落实，公务租赁将迎来发展良机。综合以上因素，2015年我国租车市场规模增速将达到20%左右。

三、航空

（一）通用航空发展将取得突破

随着我国政策放开和市场的完善，我国通用航空发展潜力十分巨大。一方面，国民经济稳步增长和社会消费升级为通用航空产业创造了巨大的需求。国际经验表明，人均GDP达4000美元是通用航空产业进入快速发展通道的标志。在这一阶段，美国、加拿大等国家的经验提供了很好的证明，美国30年年均增长10%，加拿大8%，巴西也达到了6%。而我国人均GDP已超6000美元，北京、上海等8个城市人均GDP超1万美元。并且，我国居民消费能力及观念不断升级，2014年中国10亿富豪人数190人，仅次于美国，亿万富豪总数6.7万人，对通用航空所产生的消费类需求如公务飞行、私人娱乐和旅游等迅速增长，市场自发需求作用所占比重已上升至60%以上。此外，与美国、加拿大、澳大利亚、巴西等国土面积大致相同的国家相比，我国通用航空市场空间巨大。有机构预测，未来十年全国将需要各类通用航空飞机约1万架，通航产业市场需求将超过6400亿元。另一方面，国家和地方政策的大力支持为通用航空产业发展带来了重大机遇。国家和地方政策支持是推动通用航空产业发展的关键。当前，国家已在战略上重视通航产业的发展规划、宏观布局和政策导向，已从国务院、中央军委及相关部委层面出台了诸多政策，不仅支持通用航空制造，而且大力支持通用航空运营和服务，不断放宽空域等管制，鼓励发展通用航空产业。

表28-1　近几年发布的通用航空产业相关政策

时间	政策	发布主体	主要内容
2010	关于深化我国低空空域管理改革的意见	国务院、中央军委	确立我国空域改革总体目标，将改革进程分为试点、推广和深化三个阶段
2012	通用机场建设规范	民航局	规范了通用机场建设标准
2012	关于促进民航业发展的若干意见	国务院	明确了我国民航业发展方向，提出到2020年我国通用航空飞行总量达200万小时，年均增长19%
2012	"十二五"国家战略性新兴产业发展规划	国务院	提出新型通用飞机、民用直升机发展和应用实现全面突破，通用航空实现产业化发展
2012	通用航空发展专项资金管理暂行办法	民航局、财政部	通用航空发展专项资金将用于通用航空作业补贴、通航飞行员培训补贴以及完善通用航空设施设备等方面
2013	民用航空工业中长期发展规划（2013—2020）	工业和信息化部	通用飞机国内市场占有率大幅度提高
2013	促进民航业发展重点工作分工方案	国务院	要求多部委协同起来大力发展通用航空
2013	通用航空飞行任务审批与管理规定	总参谋部、民航局	首次明确非涉军飞行活动由民航局审批
2014	政府核准的投资项目目录(2014本)	国务院	6吨/9座以下通用飞机和3吨以下直升机制造项目、新建通用机场项目由省级政府核准
2015	无人驾驶航空器系统频率使用事宜	工业和信息化部	规划840.5—845MHz、1430—1444MHz和2408—2440MHz频段用于无人驾驶航空器系统

数据来源：赛迪智库，2015年4月。

　　2014年11月，全国低空空域管理改革会议召开，对2015年在全国全面推开低空空域改革、深化发展作出了工作部署，总体思路包括：将已有的改革试点串联成线，进一步设定低空空域范围，实施管制空域、监视空域、报告空域的分类管理，经审批后可以进入管制空域飞行，经备案后可以进入监视区域飞行，并划定12条低空目视航线。在涉及十四个省区市的沈阳、广州管制区及唐山、西安、青岛、杭州、宁波、昆明、重庆等管制分区的"两大区、七小区"进一步开放低空空域范围，加快试点推广，为全面推广做准备。2015年4月，工业和信息化部、

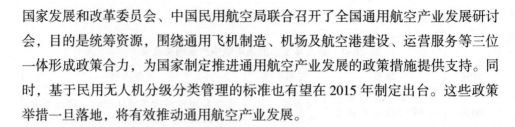

国家发展和改革委员会、中国民用航空局联合召开了全国通用航空产业发展研讨会，目的是统筹资源，围绕通用飞机制造、机场及航空港建设、运营服务等三位一体形成政策合力，为国家制定推进通用航空产业发展的政策措施提供支持。同时，基于民用无人机分级分类管理的标准也有望在 2015 年制定出台。这些政策举措一旦落地，将有效推动通用航空产业发展。

（二）技术创新将更上新水平

当前，我国主要航空工业企业通过大力推进重点型号条件建设，从设计工艺、基础设施、试验条件到先进共性技术、试飞适航技术、生产加工技术等方面得到了明显的加强和提高。我国航空工业一批重大设施设备瞄准国际先进水平，在空气动力与飞行控制、机械制造和材料、飞机结构与强度、飞行试验验证、发动机及机载设备系统、地面空管保障等领域都取得了较为明显的突破，大大增强了航空工业的自主创新能力。

随着我国大型飞机重大科技专项的实施、民机科研计划对产业化示范的支持及"中国制造 2025"、"互联网 +"行动计划的制定，大数据、云计算、互联网与传统制造业结合的要求日益迫切，智能制造成为推动两化深度融合的主攻方向。国家也将重点聚焦深化体制机制改革加快实施创新驱动发展战略，深入实施军民融合发展战略等，大量先进的技术将推动航空产业技术创新、应用及扩散，使航空技术向数字化、智能化、敏捷化等方向发展。

（三）国际化步伐将进一步加快

近年来，我国航空工业企业积极开拓国际市场，广泛开展国际经济与技术合作，主动融入世界航空产业体系，航空产品出口、国际合作研制及航空转包生产获得了大幅提升。已先后向十多个国家出口了自主研制生产的支线飞机和小型发动机，新舟 60、运 12 飞机以其优良的性能均实现了批量出口，运 12 系列飞机甚至实现了出口美国的创举。C919 大飞机开创了新型主制造商—供应商商业模式，主要部件均实现国外先进企业的合作生产，从 ARJ21 到 ERJ145，从 S-92 到 AC352 等，我国航空工业国际合作正走向多样化。如与巴西合资生产的 ERJ145 喷气支线飞机，主要采取商业化运作模式，实现共同投资、共担风险、共享市场。中航工业等主要企业与国外知名航空企业建立了稳定的航空零部件转包生产、加工制造的关系。目前，我国生产的航空零部件已成功装配了波音、空客、庞巴迪等世界主要机型，我国正在逐步形成上海大飞机主制造商总装集成、成飞生产机头与舱门、西飞制造机翼、沈飞机生产身尾段、哈飞生产复合材料等优势明显的航空产业基地。

当前，尽管国际航空巨头占据着全球航空产业的绝对市场份额，但在全球一体化的背景下，航空产业已逐步形成全球生产体系，各国在原材料、零部件、机载设备采购以及飞机部装、总装都开始了全球化的布局，各种形式的合作成为增强竞争的重要手段。随着产业竞争的加剧，航空制造企业纷纷加快国际化发展，供应商和服务更加国际化，国际合作范围扩大，转包生产大批化、长期化、规模化发展，向新兴市场的产业转移进程加速，与主系统集成商的研发风险合作逐步加强，合资或收购国际知名企业，构建国际化大企业步伐不断加快。同时，通过加强国际合作，减少贸易摩擦也越来越为国际垄断企业所重视。从我国航空市场来看，随着我国经济的发展，我国已成为全球第二大航空运输市场。空客预测认为，未来 20 年亚太将超越北美和欧洲，成为世界最大航空运输市场。波音预测，未来 20 年全球共需要民用飞机 36770 架，价值 5.2 万亿美元，增长主要集中在亚洲、北美和欧洲，其中中国将需要 5580 架新飞机，总价值达 7800 亿美元。中航工业预测，未来 20 年我国共需要新增民用客机 5288 架。中国商飞预测，未来 20 年，我国预计接收 5357 架新机，价值约为 6470 亿美元，其中双通道喷气客机约为1029 架，单通道喷气客机约为 3602 架，涡扇支线客机为 726 架。同时，据预测，未来 20 年，我国发动机需求为 6000—7000 台，总值约 600 亿—700 亿美元（商飞预测全球为 15878 台，总价值 7752 亿元）；2020 年，我国机载设备市场规模约 1000 亿美元，航电设备市场价值 440 亿美元。此外，按照 C919 已有订单推算，大飞机结构件及航空材料等未来 20 年需求将超过 500 亿元。随着复合材料在飞机上的广泛运用，2020 年全球复合材料的需求将达 50 亿美元。航空制造市场整个空间巨大。因此，随着我国航空市场的不断增长，国际航空产业向我国转移的步伐将不断加快。

四、船舶

（一）我国船舶行业发展将保持稳定

2014 年全球船舶市场延续低位运行态势，全球造船市场、航运市场也在起伏不定中呈现好转的态势。但船舶行业和世界经济形势和能源产业结构等因素息息相关，根据各国统计数据，预计2015年美国经济将缓慢复苏，欧洲经济将持续低迷，日本经济将连续下滑，中国经济将步入新常态，全球经济复苏仍然任重道远，全球航运市场供求矛盾短期内难以有效改观，船舶、海工市场在高性能、低船价和投机资本等多种因素作用下，经历从谷底的爬升后，增速明显放缓。与此同时，世界原油价格大幅下跌，带来了全球能源供需格局的新变化。预计2015年新船成交量可能降至8000万载重吨水平。受油价走低的影响，全球海洋工程装备市场需求将进一步萎缩，产业结构面临升级压力。

从我国船舶行业2014年运行情况来看，2014年，中国船舶业保持了积极的发展态势，但市场需求前高后低，发展后劲略显不足。2014年全年新船订单近6000万载重吨，总体保持高位，但各季度成交量分别为2584、1496、1168和747万载重吨，呈递减趋势。产生这个现象的主要原因是一方面，世界经济复苏放缓，国际航运市场供过于求的基本矛盾没有根本解决，导致订单量逐渐缩减；另一方面，国际油价的大幅下降也抑制了节能型船舶的生产需求，同时船东对老旧船舶拆解的周期延长，与此同时，船东普遍提高了航运船只的航速，增加了船只运力，降低了对新订购船只的迫切需求。此外，妨碍企业发展盈利难、产能过剩等问题没有得到根本解决。国际油价大幅下跌导致的海工市场逐步萎缩，同时面临国际新规频繁出台等挑战，诸多问题依然摆在船舶行业面前。预计2015年，中国船舶工业主要经济指标将不会有太大的增长，总体保持平稳，新接单总量有可能小幅下跌，但市场份额有望保持现有水平，造船完工量将高于2014年水平，约达4300万载重吨，手持订单量将保持在1.3亿载重吨左右。

（二）航运船舶运力将仍然过剩

1.散货船市场

预计2015年海运铁矿石的周转量增速维持在相对较高水平；煤炭受需求因素的影响可能出现增速下滑态势；粮食受高基数因素的影响而可能出现增速放缓，因此2015年国际干散货航运市场将呈现供需增速双降的局面，运力增速大于贸易量增速。

2.液货船市场

2014年原油运输需求主要来自中国、印度和其他亚洲发展中国家，且由于长距离运输占比增加，对运力消耗较大。未来一年内，这一供求关系基本保持不变,对大型油船是利好消息。中国炼油产能提升导致中国成品油的进口需求减少,而国内市场的成品油需求又呈下降趋势,预计出口增长、进口减少的趋势会进一步加强。预计 2015 年原油船市场整体上将维持 2014 年下半年新船订单量回暖的态势,而成品油船市场或许仍将逊色于原油船市场。

对于气体运输船市场,2015—2019 年间多个 LNG 二期项目启动,使 LNG 运输船的资本性支出将较过去 5 年增加 1/3,LNG 船市场迎来新一轮快速发展期。LPG 船市场受能源革命的影响短期运力出现大幅度增长,2015 年 LPG 船市场的新船完工量将达到 255.4 万载重吨,同比增长 132%。

3. 集装箱船市场

对于集装箱运输市场,随着全球经济复苏,中国出口欧美贸易恢复,经济复苏以及油价下跌均有利于集装箱运输市场的复苏,2015 年集装箱运输市场将延续 2014 年集装箱贸易量增速超过运力增速的局面。从细分市场看,受巴拿马运河拓展、航运经济性、班轮公司联盟等影响,大型化趋势仍将持续,但由于运力投放的增幅巨大以及经济复苏程速度仍较为缓慢而制约大型/超大型集装箱船新船的发展速度;经济性支线集装箱船受区域内贸易的影响可能会有所表现;传统的巴拿马型市场仍将表现较弱。

(三)海洋工程装备需求将进一步萎缩

由于油价持续下跌,石油钻井市场低迷,海洋工程装备市场需求将进一步萎缩。预计 2015 年海工装备建造市场将延续 2014 年下半年的低迷态势,全年成交金额可能低于 400 亿美元,较 2014 年进一步下滑 20% 左右,与 2010 年基本持平。从具体产品来看,按照 2014 年下半年的成交情况,2015 年全年钻井平台、生产平台和海工船市场可能分别进一步萎缩 40%、15% 和 20%,各类装备价格也将进一步小幅下滑。但是与此同时,随着越来越多海工新项目被搁置,老旧海工装备升级与维修的需求或将有所提振,对 2015 年海工装备市场将形成一定支撑。

目前我国的深海钻井装备还非常缺乏,海工装备面临浅海装备等方面的结构性过剩,深海的开发仍然不足。此外,我们在深海钻井装备的核心技术方面没有优势。虽然眼下油价持续走跌,开发成本高的深海油气开采承受压力,但由于 70% 的油气资源蕴藏于深海,加大深海海洋工程装备发展进程势在必行。

（四）国际竞争将会加剧

过去十几年，我国造船业经历了快速发展过程，在这个过程中，恰好赶上国际市场散货船需求巨大的历史机遇。但也正因为如此，我国造船业忽略了多样化发展，过多专注于散货船。而根据预测，2015年散货船运力仍然过剩。相对而言，2015年世界范围内集装箱运输将基本达到供需平衡。从世界范围来看，韩国在集装箱船舶制造等领域的优势短期内难以撼动，我国若想化解散货航运市场的过剩产能，势必大力发展集装箱船舶的研发生产制造，这将会造成与韩国等船舶业强国在国际市场的竞争加剧。我国船舶行业正面临人力成本逐渐提高等问题，成本优势逐渐削弱，与世界船舶行业强国的竞争态势比较严峻。

（五）产业结构升级将持续进行

2015年是国务院《船舶工业加快结构调整促进转型升级实施方案（2013—2015年）》的最后一年，面临国际金融危机的深层次影响，国际航运市场持续低迷，新船订单不足，新船价格走低等因素的影响，我国船舶行业的结构转型升级将在该实施方案的指导下持续进行。

该方案主要针对我国船舶行业产能过剩、技术水平相比国际最高水准有一定差距、自主装船率较低、产能利用率较低等问题提出了一系列发展纲要，目前已经取得了过剩产能得到遏制、金融融资渠道得到创新、企业技术进步和升级得到发展等成效，但是产能过剩问题仍然存在，金融融资成本仍然较高，自主装船率和产能利用率相比国际最高水准仍有一定差距，海工行业面临结构性调整，深海装备的发展滞后于浅海装备等问题仍然摆在我国船舶海工企业的面前。在《船舶工业加快结构调整促进转型升级实施方案（2013—2015年）》实施的最后一年，我国船舶产业的结构转型升级仍将加大力度持续进行。

附 录

附录一　国家增材制造产业发展推进计划
（2015—2016年）

为落实国务院关于发展战略性新兴产业的决策部署,抢抓新一轮科技革命和产业变革的重大机遇,加快推进我国增材制造（又称"3D打印"）产业健康有序发展,制定本推进计划。

一、发展现状及面临的形势

增材制造是以数字模型为基础,将材料逐层堆积制造出实体物品的新兴制造技术,体现了信息网络技术与先进材料技术、数字制造技术的密切结合,是先进制造业的重要组成部分。当前,增材制造技术已经从研发转向产业化应用,其与信息网络技术的深度融合,或将给传统制造业带来变革性影响。加快增材制造技术发展,尽快形成产业规模,对于推进我国制造业转型升级具有重要意义。

经过多年的发展,我国增材制造技术与世界先进水平基本同步,在高性能复杂大型金属承力构件增材制造等部分技术领域已达到国际先进水平,成功研制出光固化、激光选区烧结、激光选区熔化、激光近净成形、熔融沉积成形、电子束选区熔化成形等工艺装备。增材制造技术及产品已经在航空航天、汽车、生物医疗、文化创意等领域得到了初步应用,涌现出一批具备一定竞争力的骨干企业。但是,我国增材制造产业化仍处于起步阶段,与先进国家相比存在较大差距,尚未形成完整的产业体系,离实现大规模产业化、工程化应用还有一定距离。关键核心技术有待突破,装备及核心器件、成形材料、工艺及软件等产业基础薄弱,政策与标准体系有待建立,缺乏有效的协调推进机制。

当前,新一轮科技革命和产业变革正在孕育兴起,与我国工业转型升级形成历史性交汇。世界工业强国纷纷将增材制造作为未来产业发展新的增长点加以培育,制定了发展增材制造的国家战略和具体推动措施,力争抢占未来科技和产业制高点。与此同时，我国加快转变经济发展方式和产业提质增效升级，亟须采用包括增材制造技术在内的先进技术改造提升传统产业。不断释放的市场需求将为增材制造技术带来难得的发展机遇和广阔的发展空间。为此，应把握机遇，整合行业资源，营造良好发展环境，努力实现增材制造产业跨越式发展。

二、总体要求

（一）指导思想

以邓小平理论、"三个代表"重要思想、科学发展观为指导，深入贯彻习近平总书记重要讲话精神，把培育和发展增材制造产业作为推进制造业转型升级的一项重要任务，以直接制造为增材制造产业发展的主要战略取向，兼顾增材制造技术在原型制造和模具开发中的应用，面向航空航天、汽车、家电、文化创意、生物医疗、创新教育等领域重大需求，聚焦材料、装备、工艺、软件等关键环节，实施创新驱动，发挥企业主体作用，加大政策引导和扶持力度，营造良好发展环境，促进增材制造产业健康有序发展。

（二）基本原则

需求牵引与创新驱动相结合。面向重点领域产品开发设计和复杂结构件生产需求，以技术创新为动力，着力解决关键材料和装备自主研发等方面的基础问题，不断提高产品和服务质量，满足用户应用需求。

政府引导与市场拉动相结合。发挥政策激励作用，聚焦科技和产业资源，根据技术、市场成熟度，实施分类引导，同时发挥市场对产业发展的拉动作用，营造良好市场环境，不断拓展应用领域，促进增材制造大规模推广应用。

重点突破和统筹推进相结合。结合重大工程需求，在航空航天等涉及国防安全及市场潜力大、应用范围广的关键领域和重要产业链环节实现率先突破。兼顾个性化消费、创意产业等领域，形成产品设计、材料、关键器件、装备、工业应用等完整的产业链条。

增材制造和传统制造相结合。加快培育和发展增材制造产业，不断壮大产业规模。加强与传统制造工艺的结合，扩大在传统制造业中的应用推广，促进工业设计、材料与装备等相关产业的发展与提升。

（三）发展目标

到 2016 年，初步建立较为完善的增材制造产业体系，整体技术水平保持与国际同步，在航空航天等直接制造领域达到国际先进水平，在国际市场上占有较大的市场份额。

1．产业化取得重大进展。增材制造产业销售收入实现快速增长，年均增长速度 30% 以上。进一步夯实技术基础，形成 2—3 家具有较强国际竞争力的增材制造企业。

2．技术水平明显提高。部分增材制造工艺装备达到国际先进水平，初步掌握增材制造专用材料、工艺软件及关键零部件等重要环节关键核心技术。研发一批自主装备、核心器件及成形材料。

3．行业应用显著深化。增材制造成为航空航天等高端装备制造及修复领域的重要技术手段，初步成为产品研发设计、创新创意及个性化产品的实现手段以及新药研发、临床诊断与治疗的工具。在全国形成一批应用示范中心或基地。

4．研究建立支撑体系。成立增材制造行业协会，加强对增材制造技术未来发展中可能出现的一些如安全、伦理等方面问题的研究。建立 5—6 家增材制造技术创新中心，完善扶持政策，形成较为完善的产业标准体系。

三、推进计划

（一）着力突破增材制造专用材料

依托高校、科研机构开展增材制造专用材料特性研究与设计，鼓励优势材料生产企业从事增材制造专用材料研发和生产，针对航空航天、汽车、文化创意、生物医疗等领域的重大需求，突破一批增材制造专用材料（专栏 1）。针对金属增材制造专用材料，优化粉末大小、形状和化学性质等材料特性，开发满足增材制造发展需要的金属材料。针对非金属增材制造专用材料，提高现有材料在耐高温、高强度等方面的性能，降低材料成本。到 2016 年，基本实现钛合金、高强钢、部分耐高温高强度工程塑料等专用材料的自主生产，满足产业发展和应用的需求。

专栏1 着力突破增材制造专用材料		
类 别	材料名称	应用领域
金属增材制造专用材料	细粒径球形钛合金粉末（粒度20μm—30μm）、高强钢、高温合金等。	航空航天等领域高性能、难加工零部件与模具的直接制造。
非金属增材制造专用材料	光敏树脂、高性能陶瓷、碳纤维增强尼龙复合材料（200℃以上）、彩色柔性塑料以及PC-ABS材料等耐高温高强度工程塑料。	航空航天、汽车发动机等铸造用模具开发及功能零部件制造；工业产品原型制造及创新创意产品生产。
医用增材制造专用材料	胶原、壳聚糖等天然医用材料；聚乳酸、聚乙醇酸、聚醚醚酮等人工合成高分子材料；羟基磷灰石等生物活性陶瓷材料；钴镍合金等医用金属材料。	仿生组织修复、个性化组织、功能性组织及器官等精细医疗制造。

（二）加快提升增材制造工艺技术水平

积极搭建增材制造工艺技术研发平台，建立以企业为主体，产学研用相结合的协同创新机制，加快提升一批有重大应用需求、广泛应用前景的增材制造工艺技术水平（专栏2），开发相应的数字模型、专用工艺软件及控制软件，支持企业研发增材制造所需的建模、设计、仿真等软件工具，在三维图像扫描、计算机辅助设计等领域实现突破。解决金属构件成形中高效、热应力控制及变形开裂预防、组织性能调控，以及非金属材料成形技术中温度场控制、变形控制、材料组份控制等工艺难题。

专栏2 加快提升增材制造工艺技术水平		
类别	工艺技术名称	应用领域
金属材料增材制造工艺技术	激光选区熔化（SLM）	复杂小型金属精密零件、金属牙冠、医用植入物等。
	激光近净成形（LENS）	飞机大型复杂金属构件等。
	电子束选区熔化（EBSM）	航空航天复杂金属构件、医用植入物等。
	电子束熔丝沉积（EBDM）	航空航天大型金属构件等。

非金属材料增材制造工艺技术	光固化成形（SLA）	工业产品设计开发、创新创意产品生产、精密铸造用蜡模等。
	熔融沉积成形（FDM）	工业产品设计开发、创新创意产品生产等。
	激光选区烧结（SLS）	航空航天领域用工程塑料零部件、汽车家电等领域铸造用砂芯、医用手术导板与骨科植入物等。
	三维立体打印（3DP）	工业产品设计开发、铸造用砂芯、医疗植入物、医疗模型、创新创意产品、建筑等。
	材料喷射成形	工业产品设计开发、医疗植入物、创新创意产品生产、铸造用蜡模等。

（三）加速发展增材制造装备及核心器件

依托优势企业，加强增材制造专用材料、工艺技术与装备的结合，研制推广使用一批具有自主知识产权的增材制造装备（专栏3），不断提高金属材料增材制造装备的效率、精度、可靠性，以及非金属材料增材制造装备的高工况温度和工艺稳定性，提升个人桌面机的易用性、可靠性。重点研制与增材制造装备配套的嵌入式软件系统及核心器件，提升装备软、硬件协同能力。

专栏3 加快发展增材制造装备及核心器件	
类 别	名 称
金属材料增材制造装备	激光/电子束高效选区熔化、大型整体构件激光及电子束送粉/送丝熔化沉积等增材制造装备。
非金属材料增材制造装备	光固化成形、熔融沉积成形、激光选区烧结成形、无模铸型以及材料喷射成形等增材制造装备。
医用材料增材制造装备	仿生组织修复支架增材制造装备、医疗个性化增材制造装备、细胞活性材料增材制造装备等。
增材制造装备核心器件	高光束质量激光器及光束整形系统、高品质电子枪及高速扫描系统、大功率激光扫描振镜、动态聚焦镜等精密光学器件、阵列式高精度喷嘴/喷头等。

（四）建立和完善产业标准体系

一是研究制定增材制造工艺、装备、材料、数据接口、产品质量控制与性能评价等行业及国家标准。结合用户需求，制定基于增材制造的产品设计标准和规范，促进增材制造技术的推广应用。鼓励企业及科研院所主持或参与国际标准的制定工作，提升行业话语权。

二是开展质量技术评价和第三方检测认证。针对目前用户对增材制造产品在性能、质量、尺寸精度、可靠性等方面的疑虑，就航空航天、汽车、家电、生物医疗等对国家和人民生活安全有重大影响的行业使用增材制造技术直接制造产品，开展质量技术评价和第三方检测认证，确保产品的各项指标满足用户需求，促进增材制造技术的推广应用。

（五）大力推进应用示范

一是组织实施应用示范工程。依托国家重大工程建设，通过搭建产需对接平台，着重解决金属材料增材制造在航空航天领域应用问题，在具备条件的情况下，在国防军工其他领域予以扩展。在技术相对成熟的产品设计开发领域，发展增材制造服务中心和展示中心，通过为用户提供快速原型和模具开发等方式，促进增材制造的推广应用。对于创意设计、个性化定制等领域，通过搭建共性服务平台，支持从事产品设计开发、文化创意等领域的中小型服务企业采用网络化服务模式，提高专业化服务水平。完善个性化增材制造医疗器械在产品分类、临床验证、产品注册、市场准入等方面的政策法规。

二是支持建设公共服务平台。在具备优势条件的区域搭建公共服务平台，发展增材制造创新设计应用中心，为用户提供创新设计、产品优化、快速原型、模具开发等应用服务，促进增材制造技术的推广应用。加大对增材制造专用材料、装备及核心器件研发基地建设的支持力度，加快形成产业集聚发展，尽快形成产业规模。

三是组织实施学校增材制造技术普及工程。在学校配置增材制造设备及教学软件，开设增材制造知识的教育培训课程，培养学生创新设计的兴趣、爱好、意识，在具备条件的企业设立增材制造实习基地，鼓励开展教学实践。

四、政策措施

（一）加强统筹协调。国家工业管理、发展改革、财政等部门应加强统筹协调，强化顶层设计，研究制定增材制造发展路线图。建立增材制造专家咨询委员会，对产业发展的重大问题和政策措施开展调查研究，进行论证评估，提出咨询建议。组建产学研用共同参与的行业组织，跟踪国内外产业发展情况及趋势，发布增材制造年度报告，制定年度研发及推广应用目录，加快科研成果产业化。

（二）加大财税支持力度。通过国家科技计划（基金、专项等）支持增材制造技术的研发工作。在智能制造装备有关领域的专项中研究支持增材制造发展的政策。落实好增材制造设计及工艺控制软件的税收支持政策。对增材制造领域国家支持发展的装备适时纳入重大技术装备进口税收政策支持范围。对符合条件的增材制造装备纳入重大技术装备首台套保险政策范围，支持应用推广。

（三）拓宽投融资渠道。采取政策引导和市场化运作相结合的方式，吸引企业、金融机构以及社会资金投向增材制造产业。在风险可控、商业可持续的前提下，引导银行业金融机构加大对增材制造产业的信贷支持力度，支持融资担保机构对增材制造企业提供贷款担保。鼓励符合条件的增材制造企业通过境内外上市、发行非金融企业债务融资工具等方式进行直接融资。

（四）加强人才培养和引进。依托已有的增材制造优势高校和科研机构，建立健全增材制造人才培养体系，积极开展高校教师的增材制造知识培训，支持在有条件的高校设立增材制造课程、学科或专业，鼓励院校与企业联合办学或建立增材制造人才培训基地。利用国家千人计划，从海外引进一批增材制造高端领军人才和专业团队。建立和完善人才激励机制，落实科研人员科研成果转化的股权、期权激励和奖励等收益分配政策。

（五）扩大国际交流合作。支持和鼓励高等院校、科研机构和企业加强国际交流与合作，举办国际交流会议或活动。鼓励国内企事业单位积极参与国际增材制造行业标准制定，推动我国领先领域的国内标准成为国际标准。鼓励国内企业积极走出去开展国际合资合作，引导国外企业在华设立研发基地或研发中心，带动国内增材制造研发水平的整体提升。

五、实施保障

各地工业管理、发展改革、财政等部门要加强沟通，密切配合，切实做好有关指导和服务工作，按照本推进计划确定的目标、任务和政策措施，加强组织领导，结合自身条件制定支持增材制造发展的具体政策措施，抓好工作落实，合理规划布局，引导和推进增材制造产业健康有序发展。

附录二　工业和信息化部关于推进工业机器人产业发展的指导意见

工业机器人是集机械、电子、控制、计算机、传感器、人工智能等多学科先进技术于一体的自动化装备，代表着未来智能装备的发展方向。推进工业机器人的应用和发展，对于改善劳动条件，提高产品质量和劳动生产率，带动相关学科发展和技术创新能力提升，促进产业结构调整、发展方式转变和工业转型升级具有重要意义。

经过30余年的发展，我国工业机器人产业已形成了较为完善的产业基础，在制造领域、应急救援、野外勘测、资源开发、国防军工等领域都发挥了重要作用。但与发达国家相比，我国工业机器人产业仍存在较大差距。一是产业基础薄弱，关键零部件仍严重依赖进口。二是公共服务平台、标准、人才等产业体系尚待完善。三是自主品牌工业机器人市场影响力弱，推广应用难。四是市场竞争不断加剧，重复建设隐忧显现。为加强行业管理，推进我国工业机器人产业有序健康发展，提出以下指导意见：

一、发展目标

开发满足用户需求的工业机器人系统集成技术、主机设计技术及关键零部件制造技术，突破一批核心技术和关键零部件，提升量大面广主流产品的可靠性和稳定性指标，在重要工业制造领域推进工业机器人的规模化示范应用。

到 2020 年，形成较为完善的工业机器人产业体系，培育 3—5 家具有国际竞争力的龙头企业和 8—10 个配套产业集群；工业机器人行业和企业的技术创新能力和国际竞争能力明显增强，高端产品市场占有率提高到 45% 以上，机器人密度（每万名员工使用机器人台数）达到 100 以上，基本满足国防建设、国民经济和社会发展需要。

二、主要任务

（一）围绕市场需求，突破核心技术。选择汽车、船舶、电子、民爆、国防军工等重点领域，根据用户需求，开展工业机器人系统集成、设计、制造、试验检测等核心技术研究，攻克伺服电机、精密减速器、伺服驱动器、末端执行器、传感器等关键零部件技术并形成生产力。

（二）培育龙头企业，形成产业集聚。建立以工业机器人主机企业、系统集成企业为牵引，零部件及产业服务企业协同发展的产业发展格局，实现工业机器人全产业链的可持续发展。大力培育具有国际竞争力的工业机器人骨干企业，积极发展创新型中小企业，形成具有较强竞争力的工业机器人产业集群。

（三）突出区域特色，推进产业布局。引导各地方根据自身条件，合理确定工业机器人产业发展模式和规模，依托现有科研制造能力、应用基础、产业园区等特点和优势，科学谋划，因地制宜，有序推进工业机器人区域差异化发展。

（四）推动应用示范，促进转型升级。积极利用工业机器人技术改造提升传统产业，提高生产和运行效率，推进节能减排，保障安全生产，促进工业领域的产业升级。抓好一批效果突出、带动性强、关联度高的典型应用示范工程，在工业机器人用量最大的汽车及其零部件行业，在劳动强度大的纺织、物流行业，在危险程度高的国防军工、民爆行业和对产品生产环境洁净度要求高的制药、半导体、食品等行业开展自主品牌工业机器人的应用示范。

（五）加强总体设计，完善标准体系。强化统筹协作，依托跨部门、跨行业的标准化研究机制，协调推进工业机器人标准体系建设。按照急用先立、共性先立原则，加快基础共性标准、关键技术标准和重点应用标准的研究制定。鼓励和支持国内机构积极参与国际标准化工作，提升自主技术标准的国际话语权。

（六）强化公共服务，创新服务模式。不断完善产业公共服务体系，集中人才、技术和实验条件等资源，建立和完善创新能力强、运行机制灵活、能为产业提供强有力技术支撑的工业机器人设计、研发、检测、试验验证、认证认可等公共服务平台，推进第三方检测认证体系的建立和完善。

（七）推进国际合作，提升行业水平。加强工业机器人技术的国际交流与合作，引导国内企业与国际优势企业在工业机器人关键技术、关键部件、主机及系统集成等方面进行研发合作，充分利用国际创新资源带动自主品牌工业机器人的发展。支持国内企业参与全球工业机器人市场竞争，推动我国自主技术和标准走出去。

三、保障措施

（一）加强统筹协调。建立跨部门、跨行业、跨区域、军地之间的工业机器人发展统筹协调机制，研究重大问题，协调制定政策措施和行动计划，形成资源共享、协同推进的工作格局。加强工业机器人相关规划、产业化专项等的衔接协调，积极支持工业机器人重大应用示范和产业化项目，强化产业链配套和区域分工合作。

（二）营造良好发展环境。建立健全有利于工业机器人创新激励、推广应用、有序竞争的政策体系。建立产需对接的长效机制，通过发布供需信息、供需现场对接、工艺技术培训等工作，推动自主品牌工业机器人的市场应用。研究制定工业机器人产品推荐目录，鼓励用户采用自主品牌机器人，提升自主品牌的市场认知度。研究建立鼓励多元资本公平进入、平等竞争的工业机器人市场准入机制。

（三）加强财税政策支持。利用现有高档数控机床与基础制造装备科技重大专项、智能制造装备专项、技术改造专项等资金渠道和重大技术装备进口税收政策，并积极开拓新的政策和资金渠道，鼓励和引导企业加大工业机器人关键核心技术研发和产业化投入，提升自主品牌工业机器人的质量和可靠性。

（四）发挥行业组织作用。充分利用行业协会、产业联盟在行业协调、行业自律、信息交流、政策研究、咨询评估、国际交流与合作等方面的优势，维护自主品牌工业机器人企业在国际竞争中的合法权益，完善公平竞争规则，推动行业健康发展。及时掌握行业动态和发展趋势，解决行业发展中出现的新问题。

（五）加强人才队伍建设。建立多层次多类型的工业机器人人才培养和服务体系。支持相关高校和科研院所加强多学科交叉整合，加快培养工业机器人相关专业人才。依托国家重大专项、科技计划、示范工程和重点企业，培养工业机器人高层次人才和领军人才。加快引进工业机器人高层次人才，完善配套服务，鼓励海外专业人才回国或来华创业。

各地可按照本意见要求，结合实际研究制定适合本地区工业机器人发展的具体实施方案、行动计划和配套政策措施，加强沟通协调，抓好措施落实，确保取得实效。

工业和信息化部

2013 年 12 月 22 日

附录三　关于加快新能源汽车推广应用的指导意见

为全面贯彻落实《国务院关于印发节能与新能源汽车产业发展规划（2012—2020 年）的通知》（国发〔2012〕22 号），加快新能源汽车的推广应用，有效缓解能源和环境压力，促进汽车产业转型升级，经国务院批准，现提出以下指导意见：

一、总体要求

（一）指导思想

贯彻落实发展新能源汽车的国家战略，以纯电驱动为新能源汽车发展的主要战略取向，重点发展纯电动汽车、插电式（含增程式）混合动力汽车和燃料电池汽车，以市场主导和政府扶持相结合，建立长期稳定的新能源汽车发展政策体系，创造良好发展环境，加快培育市场，促进新能源汽车产业健康快速发展。

（二）基本原则

创新驱动，产学研用结合。新能源汽车生产企业和充电设施生产建设运营企业要着力突破关键核心技术，加强商业模式创新和品牌建设，不断提高产品质量，降低生产成本，保障产品安全和性能，为消费者提供优质服务。

政府引导，市场竞争拉动。地方政府要相应制定新能源汽车推广应用规划，促进形成统一、竞争、有序的市场环境。建立和规范市场准入标准，鼓励社会资本参与新能源汽车生产和充电运营服务。

双管齐下，公共服务带动。把公共服务领域用车作为新能源汽车推广应用的突破口，扩大公共机构采购新能源汽车的规模，通过示范使用增强社会信心，降低购买使用成本，引导个人消费，形成良性循环。

因地制宜，明确责任主体。地方政府承担新能源汽车推广应用主体责任，要结合地方经济社会发展实际，制定具体实施方案和工作计划，明确工作要求和时间进度，确保完成各项目标任务。

二、加快充电设施建设

（三）制定充电设施发展规划和技术标准。完善充电设施标准体系建设，制定实施新能源汽车充电设施发展规划，鼓励社会资本进入充电设施建设领域，积极利用城市中现有的场地和设施，推进充电设施项目建设，完善充电设施布局。电网企业要做好相关电力基础网络建设和充电设施报装增容服务等工作。

（四）完善城市规划和相应标准。将充电设施建设和配套电网建设与改造纳入城市规划，完善相关工程建设标准，明确建筑物配建停车场、城市公共停车场预留充电设施建设条件的要求和比例。加快形成以使用者居住地、驻地停车位（基本车位）配建充电设施为主体，以城市公共停车位、路内临时停车位配建充电设施为辅助，以城市充电站、换电站为补充的，数量适度超前、布局合理的充电设施服务体系。研究在高速公路服务区配建充电设施，积极构建高速公路城际快充网络。

（五）完善充电设施用地政策。鼓励在现有停车场（位）等现有建设用地上设立他项权利建设充电设施。通过设立他项权利建设充电设施的，可保持现有建设用地已设立的土地使用权及用途不变。在符合规划的前提下，利用现有建设用地新建充电站的，可采用协议方式办理相关用地手续。政府供应独立新建的充电站用地，其用途按城市规划确定的用途管理，应采取招标拍卖挂牌方式出让或租赁方式供应土地，可将建设要求列入供地条件，底价确定可考虑政府支持的要求。供应其他建设用地需配建充电设施的，可将配建要求纳入土地供应条件，依法妥善处理充电设施使用土地的产权关系。严格充电站的规划布局和建设标准管理。严格充电站用地改变用途管理，确需改变用途的，应依法办理规划和用地手续。

（六）完善用电价格政策。充电设施经营企业可向电动汽车用户收取电费和充电服务费。2020年前，对电动汽车充电服务费实行政府指导价管理。对向电网经营企业直接报装接电的经营性集中式充电设施用电，执行大工业用电价格；对居民家庭住宅、居民住宅小区等非经营性分散充电桩按其所在场所执行分类目录电价；对党政机关、企事业单位和社会公共停车场中设置的充电设施用电执行一般工商业及其他类用电价格。电动汽车充电设施用电执行峰谷分时电价政策。将电动汽车充电设施配套电网改造成本纳入电网企业输配电价。

（七）推进充电设施关键技术攻关。依托国家科技计划加强对新型充电设施及装备技术、前瞻性技术的研发，对关键技术的检测认证方法、充电设施消防安

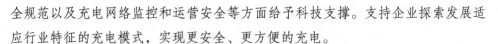

全规范以及充电网络监控和运营安全等方面给予科技支撑。支持企业探索发展适应行业特征的充电模式，实现更安全、更方便的充电。

（八）鼓励公共单位加快内部停车场充电设施建设。具备条件的政府机关、公共机构及企事业等单位新建或改造停车场，应当结合新能源汽车配备更新计划，充分考虑职工购买新能源汽车的需要，按照适度超前的原则，规划设置新能源汽车专用停车位、配建充电桩。

（九）落实充电设施建设责任。地方政府要把充电设施及配套电网建设与改造纳入城市建设规划，因地制宜制定充电设施专项建设规划，在用地等方面给予政策支持，对建设运营给予必要补贴。电网企业要配合政府做好充电设施建设规划。

三、积极引导企业创新商业模式

（十）加快售后服务体系建设。进一步放宽市场准入，鼓励和支持社会资本进入新能源汽车充电设施建设和运营、整车租赁、电池租赁和回收等服务领域。新能源汽车生产企业要积极提高售后服务水平，加快品牌培育。地方政府可通过给予特许经营权等方式保护投资主体初期利益，商业场所可将充电费、服务费与停车收费相结合给予优惠，个人拥有的充电设施也可对外提供充电服务，地方政府负责制定相应的服务标准。研究制定动力电池回收利用政策，探索利用基金、押金、强制回收等方式促进废旧动力电池回收，建立健全废旧动力电池循环利用体系。

（十一）积极鼓励投融资创新。在公共服务领域探索公交车、出租车、公务用车的新能源汽车融资租赁运营模式，在个人使用领域探索分时租赁、车辆共享、整车租赁以及按揭购买新能源汽车等模式，及时总结推广科学有效的做法。

（十二）发挥信息技术的积极作用。不断提高现代信息技术在新能源汽车商业运营模式创新中的应用水平，鼓励互联网企业参与新能源汽车技术研发和运营服务，加快智能电网、移动互联网、物联网、大数据等新技术应用，为新能源汽车推广应用带来更多便利和实惠。

四、推动公共服务领域率先推广应用

（十三）扩大公共服务领域新能源汽车应用规模。各地区、各有关部门要在公交车、出租车等城市客运以及环卫、物流、机场通勤、公安巡逻等领域加大新能源汽车推广应用力度，制定机动车更新计划，不断提高新能源汽车运营比重。新能源汽车推广应用城市新增或更新车辆中的新能源汽车比例不低于30%。

（十四）推进党政机关和公共机构、企事业单位使用新能源汽车。2014—2016年，中央国家机关以及新能源汽车推广应用城市的政府机关及公共机构购买的新能源汽车占当年配备更新车辆总量的比例不低于30%，以后逐年扩大应用规模。企事业单位应积极采取租赁和完善充电设施等措施，鼓励本单位职工购买使用新能源汽车，发挥对社会的示范引领作用。

五、进一步完善政策体系

（十五）完善新能源汽车推广补贴政策。对消费者购买符合要求的纯电动汽车、插电式（含增程式）混合动力汽车、燃料电池汽车给予补贴。中央财政安排资金对新能源汽车推广应用规模较大和配套基础设施建设较好的城市或企业给予奖励，奖励资金用于充电设施建设等方面。有关方面要抓紧研究确定2016—2020年新能源汽车推广应用的财政支持政策，争取于2014年底前向社会公布，及早稳定企业和市场预期。

（十六）改革完善城市公交车成品油价格补贴政策。城市公交车行业是新能源汽车推广的优先领域，通过逐步减少对城市公交车燃油补贴和增加对新能源公交车运营补贴，将补贴额度与新能源公交车推广目标完成情况相挂钩，形成鼓励新能源公交车应用、限制燃油公交车增长的机制，加快新能源公交车替代燃油公交车步伐，促进城市公交行业健康发展。

（十七）给予新能源汽车税收优惠。2014年9月1日至2017年12月31日，对纯电动汽车、插电式（含增程式）混合动力汽车和燃料电池汽车免征车辆购置税。进一步落实《中华人民共和国车船税法》及其实施条例，研究完善节约能源和新能源汽车车船税优惠政策，并做好车船税减免工作。继续落实好汽车消费税政策，发挥税收政策鼓励新能源汽车消费的作用。

（十八）多渠道筹集支持新能源汽车发展的资金。建立长期稳定的发展新能源汽车的资金来源，重点支持新能源汽车技术研发、检验测试和推广应用。

（十九）完善新能源汽车金融服务体系。鼓励银行业金融机构基于商业可持续原则，建立适应新能源汽车行业特点的信贷管理和贷款评审制度，创新金融产品，满足新能源汽车生产、经营、消费等各环节的融资需求。支持符合条件的企

业通过上市、发行债券等方式，拓宽企业融资渠道。鼓励汽车金融公司发行金融债券，开展信贷资产证券化，增加其支持个人购买新能源汽车的资金来源。

（二十）制定新能源汽车企业准入政策。研究出台公开透明、操作性强的新建新能源汽车生产企业投资项目准入条件，支持社会资本和具有技术创新能力的企业参与新能源汽车科研生产。

（二十一）建立企业平均燃料消耗量管理制度。制定实施基于汽车企业平均燃料消耗量的积分交易和奖惩办法，在考核企业平均燃料消耗量时对新能源汽车给予优惠，鼓励新能源汽车的研发生产和销售使用。

（二十二）实行差异化的新能源汽车交通管理政策。有关地区为缓解交通拥堵采取机动车限购、限行措施时，应当对新能源汽车给予优惠和便利。实行新能源汽车独立分类注册登记，便于新能源汽车的税收和保险分类管理。在机动车行驶证上标注新能源汽车类型，便于执法管理中有效识别区分。改进道路交通技术监控系统，通过号牌自动识别系统对新能源汽车的通行给予便利。

六、坚决破除地方保护

（二十三）统一标准和目录。各地区要严格执行全国统一的新能源汽车和充电设施国家标准和行业标准，不得自行制定、出台地方性的新能源汽车和充电设施标准。各地区要执行国家统一的新能源汽车推广目录，不得采取制定地方推广目录、对新能源汽车进行重复检测检验、要求汽车生产企业在本地设厂、要求整车企业采购本地生产的电池、电机等零部件等违规措施，阻碍外地生产的新能源汽车进入本地市场，以及限制或变相限制消费者购买外地及某一类新能源汽车。

（二十四）规范市场秩序。有关部门要加强对新能源汽车市场的监管，推进建设统一开放、有序竞争的新能源汽车市场。坚决清理取消各地区不利于新能源汽车市场发展的违规政策措施。

七、加强技术创新和产品质量监管

（二十五）加大科技攻关支持力度。通过国家科技计划，对新能源汽车储能系统、燃料电池、驱动系统、整车控制和信息系统、充电加注、试验检测等共性关键技术以及整车集成技术集中力量攻关，不断完善科技创新体系建设。

（二十六）组织实施产业技术创新工程。加快研究和开发适应市场需求、有竞争力的新能源汽车技术和产品，加大研发和检测能力投入，通过联合开发，加快突破重大关键技术，不断提高产品质量和服务能力，降低能源消耗，加快建立新能源汽车产业技术创新体系。

（二十七）完善新能源汽车产品质量保障体系。新能源汽车产品质量的责任主体是生产企业，生产企业要建立质量安全责任制，确保新能源汽车安全运行。支持建立行业性新能源汽车技术支撑平台，提高新能源汽车技术服务和测试检验水平。建立新能源汽车产品抽检制度，通过市场抽样和性能检测，加强对产品的质量监管和一致性监管。研究建立车用动力电池准入管理制度。

八、进一步加强组织领导

（二十八）加强地方政府的组织推动作用。各有关地方政府要切实加强组织领导，建立由主要负责同志牵头、各职能部门参加的新能源汽车工作联席会议制度，结合本地实际制定细化支持政策和配套措施，形成多方合力。要加强指标考核，建立以实际运营车辆和便利使用环境为主要指标的考核体系，明确工作要求和时间进度，确保按时保质完成各项目标任务。

（二十九）加强部门间的统筹协调。节能与新能源汽车产业发展部际联席会议及其办公室要及时协调解决新能源汽车推广应用中的重大问题，部门间要加强协同配合，提高工作效率。要加强对各地区的督促考核，定期在媒体公开各地区任务完成情况。财政奖励资金要与推广目标完成情况、基础设施网络配套及社会使用环境建设等挂钩，建立新能源汽车推广城市退出机制。要及时总结成功经验，在全国组织推广交流活动，促进各地相互学习借鉴、共同提高。

（三十）加强宣传引导和舆论监督。各有关部门和新闻媒体要通过多种形式大力宣传新能源汽车对降低能源消耗、减少污染物排放的重大作用，组织业内专家解读新能源汽车的综合成本优势。要通过媒体宣传，提高全社会对新能源汽车的认知度和接受度，同时对损害消费者权益、弄虚作假等行为给予曝光，形成有利于新能源汽车消费的氛围。

国务院办公厅

2014 年 7 月 14 日

附录四　海洋工程装备工程实施方案

一、总体思路和工程目标

（一）总体思路

按照"市场为牵引，创新为驱动、总装为龙头、配套为骨干"的发展思路，面向国内国际两个市场，充分发挥企业市场主体作用和政府引导推动作用，重点突破深远海油气勘探装备、钻井装备、生产装备、海洋工程船舶、其他辅助装备以及相关配套设备和系统的设计制造技术，加强创新能力建设和工程示范应用，促进第三方中介服务机构发展，全面提升我国海洋工程装备自主研发设计、专业化制造及系统配套能力，实现海洋工程装备产业链协同发展。

（二）工程目标

到 2016 年，我国海洋工程装备实现浅海装备自主化、系列化和品牌化，深海装备自主设计和总包建造取得突破，专业化配套能力明显提升，基本形成健全的研发、设计、制造和标准体系，创新能力显著增强，国际竞争力进一步提升。深海半潜式钻井平台、钻井船等形成系列化，深海浮式生产储卸装置（FPSO）、半潜式生产平台等实现自主设计和总承包，水下生产系统初步具备设计制造能力；升降锁紧系统、深水锚泊系统、动力定位系统、大型平台电站等实现自主设计制造和应用；深海工程装备试验、检测平台初步建成。

到 2020 年，全面掌握主力海洋工程装备的研发设计和制造技术，具备新型海洋工程装备的设计与建造能力，形成较为完整的科研开发、总装建造、设备供应和技术服务的产业体系，海洋工程装备产业的国际竞争能力明显提升。

二、主要任务

（一）加快主力装备系列化研发，形成自主知识产权

通过引进消化吸收再创新，开展物探船、半潜式钻井 / 生产 / 支持平台、钻

井船、浮式生产储卸装置（FPSO）、海洋调查船、半潜运输船、起重铺管船、多功能海洋工程船等主力装备的系列化设计研发，着力攻克关键技术，加强技术标准制定，注重研发全过程的知识产权分析，形成具有自主知识产权的品牌产品，扩大国际市场占有率。

（二）加强新型海洋工程装备开发，提升设计建造能力

通过集成创新和协同创新，加强浮式钻井生产储卸装置（FDPSO）、自升式钻井储卸油平台、浮式液化天然气储存和再气化装置（LNG-FSRU）、立柱式平台（SPAR）、张力腿平台（TLP）等装备开发，逐步提升研发设计建造能力。

积极开展原始创新，加强海上大型浮式结构物（VLFS）、深海工作站、海上浮动电站、大洋极地调查及深远海海洋环境观测监测和探测装备、海底矿物开采和运载装备的设计建造关键技术研发，做好技术储备。

（三）加强关键配套系统和设备技术研发及产业化，提升配套水平

重点开展升降锁紧系统、深水锚泊系统、动力定位系统、单点系泊系统、大型平台电站、燃气动力系统、自动控制系统、信息管理系统、环境检测/监测系统、钻井包、海洋工程起重机、脐带缆、柔性立管、水下生产设备及系统、水下安装/检测/维护系统、物探设备、测井/录井/固井系统、铺管/铺缆设备、钻/修井设备、防喷漏油装备以及其他特种设备、系统和应用材料等技术研发，积极推动配套装备产业化。

（四）加强海洋工程装备示范应用，实现产业链协同发展

支持由用户牵头，联合油气勘探开采企业、装备制造企业、设备配套企业、研发设计、高等院校等单位建立产业联盟，加强产学研用合作，推动本土研制的海洋工程装备的应用，开展关键配套系统和设备的示范，为全面形成产业化能力奠定基础。

（五）加强创新能力建设，支撑产业持续快速发展

在整合利用现有创新平台的基础上，依托骨干企业、重点科研院所和大学，围绕海洋工程核心装备及其配套系统设备的共性技术、关键技术，建立一批国家级企业技术中心、工程研究中心、工程实验室；围绕关键设备和系统，建设若干深海试验、检测平台，推动建立海洋工程装备鉴定、认证体系；围绕海洋环境观测与监测、深海探测等基础技术、前瞻技术，建设一批科研试验设施。

三、组织方式

根据我国海洋工程装备产业工程目标、当前面临的主要任务和国际竞争环境，"海洋工程装备工程"通过三个途径组织实施，一是深海油气资源开发装备创新发展；二是深海油气资源开发装备应用示范；三是深海油气资源开发装备创新公共平台建设。

（一）深海油气资源开发装备创新发展

1.发展目标

顺应海洋工程装备产业发展趋势，面向国内国际两个市场，全面掌握设计、建造关键技术，提高海洋工程装备及配套设备和系统的研发、设计和制造水平，形成总包建造和本土化配套能力，实现我国海洋工程装备产业化、规模化、品牌化。

2.实施原则

一是订单优先，对已获得工程订单的装备和设备研制，优先安排。二是技术先进，对市场急需、水平先进的装备和设备重点支持。三是自主配套，对配套设备与系统本土化率高的装备加大投入力度。四是发挥优势，在鼓励产学研用联合研发的原则下，重点支持有基础、有实力的企业集团、研发机构、高校和用户。

3.实施重点

● 掌握物探船、工程勘察船、自升式钻井平台、半潜式钻井／生产／支持平台、钻井船、浮式生产储卸装置（FPSO）、海洋工程船等装备的自主设计和建造技术，具备概念设计、基本设计、详细设计能力。

● 突破浮式钻井生产储卸装置（FDPSO）、自升钻井储卸油平台、浮式液化天然气储存和再气化装置（LNG-FSRU）、立柱式平台（SPAR）、张力腿平台（TLP）、海上大型浮式结构物（VLFS）和海上浮动电站等装备的研发设计和建造技术，形成总装建造能力。

● 开展升降锁紧系统、深水锚泊系统、动力定位系统、单点系泊系统、大型平台电站、钻井包、海洋工程起重机、水下生产设备及系统中的部分设备、水下安装／检测／维护系统、铺管／铺缆设备、钻／修井设备等关键配套设备和系统的集成设计技术、系统成套和检测技术研究，逐步具备研制能力。

（二）深海油气资源开发装备示范应用

1.发展目标

充分发挥油气勘探开采企业市场牵引作用和装备制造企业技术创新的主体作

用，通过示范工程实施，实现深海油气开发首台（套）重大关键装备、系统和设备的应用，推动科研成果向工程化、产业化转化，促进总装及配套产业协调发展。

2. 实施原则

一是急用先上，即将我国海洋油气开发急需的勘探开采装备项目作为示范工程。二是技术先进，将有科研开发基础，可迅速提升设计与建造能力，有望达到国际水平的项目作为示范工程。三是带动配套，对于配套设备本土化具有较大拉动作用的项目优先示范。四是实力优先，即由国内技术实力、资金实力、工程经验较好的企业承担，可采用建设—经营—移交（BOT）等多种方式组织实施。

3. 实施重点

● 对自主研发设计的主力装备、新型装备和独立配套设备进行应用示范，由海洋石油勘探开采企业、装备制造企业、科研机构联合实施，重点在深水钻井船、半潜式钻井平台上进行动力定位、钻井包等关键系统和设备的示范应用；支持油气田建设和开发工程使用国产水下系统和设备，努力突破TLP平台、深水FPSO等深水工程示范；在边际油田形成自有的完整工程解决方案的基础上进行工程示范。

● 对区块油气田系统工程建设，由海洋石油勘探开采企业或具有工程建设目标示范的相关资质的工程公司、关键装备使用单位牵头，科研设计单位和装备制造企业配合，形成集规划、研制、实施、使用、服务为一体的产学研用联盟，在工程规划实施方案的基础上，共同研制工程化系统装备，进行系统工程示范。

（三）深海油气资源开发装备创新公共平台建设

1. 发展目标

针对我国海洋工程装备基础共性技术薄弱，关键设备与系统发展滞后，检测、认证等技术服务发展迟缓等问题，盘活和优化现有科技资源，支持国内有实力的企业集团、研究和第三方中介机构开展研发能力、试验能力和关键设备测试、鉴定、认证能力建设，提高自主研制的海洋工程装备的质量、安全性和可靠性。通过加强体制创新和机制创新，提高研发活动的效率和效果，形成布局合理的海洋工程装备产业技术创新体系，增强产业创新能力和可持续发展能力。

2. 实施原则

一是统筹规划，对我国深海油气资源开发装备创新公共平台建设进行通盘考虑，在充分论证的基础上，合理布局创新平台。二是盘活存量，充分利用已有科研条件和资源，进行优化整合，为全行业服务。三是创新机制，建立有效激励和互惠互利的创新机制和体制，激发海洋工程装备的创新活力，保障技术创新顺利进行。

3. 实施重点

● 鼓励海洋油气勘探开采企业、装备制造企业、科研机构或专业机构等联合组建海洋工程装备产业联盟，开展本土化油气开采装备和配套设备的研制、产品"孵化"和推广。

● 支持科研机构、大学、企业和用户紧密合作，充分利用已有观测与监测基础，补充必要设施，开展海洋资源探测、海洋环境观测与监测等领域的基础研究。

● 加强海洋工程装备设计建造的试验、检测与鉴定能力建设，依托现有基础和资源，筹划建立深海试验、检测平台，开展关键设备和系统的测试和鉴定。加强海洋工程装备技术检验与认证能力、技术指导能力和规范研究能力建设，扩大对外技术交流和对内技术指导的作用，增强其在认证方面的国际性与权威性。

（四）实施周期

2014—2016 年。

四、保障措施

（一）鼓励企业加大对创新成果产业化的研发投入，对企业为开发新技术、新产品、新工艺发生的研发费用，按照有关税收法律法规和政策规定，在计算应纳税所得额时实行加计扣除。此外，对国内企业为生产国家支持发展海洋工程装备而确有必要进口的关键零部件及原材料，免征关税和进口环节增值税。

（二）鼓励总装建造企业、配套企业及设计单位与国外知名设计公司、工程总包商等开展合作，引进国外专业公司或机构，在国内合资设立海洋工程装备研发设计机构，建立海洋工程装备配套产品设计制造基地等，推动提升研发、设计、自主配套以及总承包能力。

（三）支持科研机构、总装制造企业、配套系统和设备企业、油气开发企业等发挥各自优势，共同构建产业创新联盟。推动建立知识布局与产业链相匹配的知识产权集群管理模式，加强知识产权保护，促进第三方中介服务机构的形成和发展。建立全过程的知识产权分析评议制度，加强知识产权分析和预警，充分发挥知识产权的支撑导航作用。

（四）推动建立使用国产首台（套）产品的风险补偿机制。针对已经有销售、有订单、有用户的首台（套）产品，运用政府采购首购、订购政策积极予以支持。引导企业建立首台（套）产品投保机制。

（五）鼓励创业投资、股权投资投向海洋工程装备制造企业，有效拓宽海洋工程装备制造企业及中小型专业化配套企业融资渠道。鼓励金融机构灵活运用多种金融工具，支持信誉良好、产品有市场、有效益的海洋工程装备企业加快发展。

（六）支持有条件的企业充分利用中央和地方的人才引进计划和相关支持政策，加强海洋工程装备技术、管理、商务、法律等领域的高层次人才和团队引进，创新企业人才制度和薪酬制度。依托国家工程（技术）研究中心、工程（重点）实验室等研究机构以及测试认证中心的建设，加强海洋工程装备领域的专业人才培养。鼓励有条件的高等院校加强海洋工程学科建设，推动海洋工程学科与材料、电子、机械、计算机等基础学科的融合发展。

附录五 关于开展首台（套）重大技术装备保险补偿机制试点工作的通知

　　根据十八届三中全会关于全面深化改革、加快完善现代市场体系的总体要求，为推动重大技术装备创新应用，财政部、工业和信息化部、中国保险监督管理委员会决定开展首台（套）重大技术装备保险补偿机制试点工作。现将有关问题通知如下：

　　一、重大技术装备是关系国家安全和国民经济命脉的战略产品，是国家核心竞争力的重要标志。由于其技术复杂，价值量大，且直接关系用户企业生产经营，在创新成果转化过程中存在一定风险，面临市场初期应用瓶颈。建立首台（套）重大技术装备保险补偿机制，在用户订购和使用此类装备的风险控制和分担上做出制度性安排，是发挥市场机制决定性作用、加快重大技术装备发展的重要举措，对于促进装备制造业高端转型、打造中国制造升级版具有重要意义。

　　二、首台（套）重大技术装备是指经过创新，其品种、规格或技术参数等有重大突破，具有知识产权但尚未取得市场业绩的首台（套）或首批次的装备、系统和核心部件。其中首台（套）装备是指在用户首次使用的前三台（套）装备产品；首批次装备是指用户首次使用的同品种、同技术规格参数、同批签订合同、同批生产的装备产品。

　　三、首台（套）重大技术装备保险补偿机制坚持"政府引导、市场化运作"原则。由保险公司针对重大技术装备特殊风险提供定制化的首台（套）重大技术装备综合险（以下简称"综合险"），承保质量风险和责任风险。装备制造企业投保，装备使用方受益，中央财政对符合条件的投保企业保费适当补贴，利用财政资金杠杆作用，发挥保险风险保障功能，降低用户风险，加快首台（套）重大技术装备推广应用。同时，鼓励保险公司创新险种，扩大保险范围，为促进重大技术装备发展提供保险服务。

四、试点期间，鼓励保险公司自主组成共保体按照示范条款开展"综合险"承保业务，风险共担、收益共享。制造企业可与共保体中的保险公司签订投保合同，保险赔款由出单公司先行支付。符合要求的保险公司也可单独承保，但应统一使用"综合险"示范条款，示范条款另行发布。参加试点的保险公司信息在中国保险监督管理委员会、财政部、工业和信息化部门户网站上公布。开展首台（套）重大技术装备保险试点工作的指导意见由中国保险监督管理委员会另行发文。

五、"综合险"承保的质量风险，主要保障因产品质量缺陷导致用户要求修理、更换或退货的风险；承保的责任风险，主要保障因产品质量缺陷造成用户财产损失或发生人身伤亡风险。对于飞机、船舶及海工装备、核电装备等单价金额巨大的重大技术装备，由投保企业与保险公司双方自主协商，可以选择按国际通行保险产品条款进行承保。

六、试点期间重点支持列入《首台（套）重大技术装备推广应用指导目录》（以下简称《目录》）的装备产品保险工作，该《目录》由工业和信息化部另行制定，并根据重大技术装备发展情况适时进行调整。凡生产《目录》所列装备产品的制造企业均可自主投保首台（套）重大技术装备综合险。

七、对于制造《目录》内装备，且投保"综合险"或选择国际通行保险条款（需为本通知第五条列明的装备）投保的企业，中央财政给予保费补贴。实际投保费率按 3% 的费率上限及实际投保年度保费的 80% 给予补贴，补贴时间按保险期限据实核算，原则上不超过 3 年。

八、申请保费补贴的企业应为从事《目录》所列装备产品的制造企业，并应具备以下条件：

（一）中华人民共和国境内注册的独立法人；

（二）具有较强的设计研发和生产制造能力；

（三）具备专业比较齐全的技术人员队伍；

（四）具有申请保费补贴的装备产品的核心技术和知识产权；

（五）申请保费补贴的装备产品应符合《目录》规定的有关要求。

九、自本通知发布之日起至 2015 年 4 月 30 日期间投保的制造企业，于 2015 年 5 月 1 日至 5 月 15 日提交申请保费补贴文件（申请材料要求见附件 1、2）。其中，地方企业通过所在地方省级工业和信息化主管部门向工业和信息化部提交申请文件；中央企业通过集团公司向工业和信息化部提交申请文件。省级工业和信息化主管部门、中央企业集团公司对申请材料核实后，应于2015年5月底前向工业和信息化部报送核实意见和企业申请文件。

2015年4月30日以后投保的制造企业，于每年9月1日至9月15日申请保费补贴，省级工业和信息化主管部门、中央企业集团公司于每年9月底前将核实意见连同企业申请文件一并报送工业和信息化部。

十、工业和信息化部会同财政部、中国保险监督管理委员会委托相关行业协会和专家对制造企业申请保费补贴的重大技术装备是否符合《目录》进行评定，并出具建议意见后，由工业和信息化部向财政部提出推荐建议。财政部按照预算管理规定安排并下达保费补贴资金。

十一、参与试点工作的各保险公司应认真贯彻执行有关文件要求，加强改进保险服务，建立由总公司直接领导的首台（套）重大技术装备保险专业团队，深入制造企业提供保险服务，建立理赔快速通道，积累有关保险数据，加强基础研究和分析，不断优化保险方案和服务。

十二、各级财政部门、工业和信息化主管部门、保险监管部门要高度重视，加强组织协调和政策宣传，积极鼓励重大技术装备制造企业投保，共同推进首台（套）重大技术装备保险试点工作的顺利开展。

附件：1.首台（套）重大技术装备保费补贴资金申请材料要求
2.首台（套）重大技术装备保费补贴资金申请表

财政部　工业和信息化部　保监会
2015年2月2日

附件1：

首台（套）重大技术装备保费补贴资金申请材料要求

申请材料包括申请表及有关证明材料（各一式3份）。其中，申请表须附电子版文件，有关证明材料为原件或加盖有效印章的复印件。具体证明材料包括：

1.企业营业执照或事业单位法人证书副本复印件；

2.首台（套）重大技术装备制造方和用户方所签订的正规合同复印件；

3.保单及保险费发票复印件；

4.产品知识产权的相关证明文件（若涉及多个单位，应提交与产品技术归属及权限的相关证明文件）；

　　5.省级以上产品质量管理部门认可机构出具的产品检测报告；

　　6.本领域国家一级资质机构出具的产品查新报告；

　　7.其他需要补充的有关证明材料。

附件２：

首台（套）重大技术装备保费补贴资金申请表

单位基本情况	单位名称			
	单位性质		法人代表	
	注册地		注册资本	
	股权结构			
	主营业务			
	通讯地址			
	联系人		联系电话	
	手　机		电子邮箱	
	员工总人数		研发人员数	
	年主营收入（万元）		研发经费占比（％）	
	境内研发中心	有□无□	境内制造基地	有□无□
投保装备情况	投保装备名称			
	投保装备用户名称		投保装备数量（台／套）	
	保费金额（万元）		保险费率（％）	
	承保企业名称			
	保险时间	年　月　日至　年　月　日		
	投保装备主要技术指标			
	核心技术与知识产权情况			
	投保装备研制、交付情况			
	对应《首台（套）重大技术装备推广应用指导目录》编号			

申报单位盖章　年　月　日

275

附录六 2015年智能制造试点示范专项行动实施方案

根据工业和信息化部关于2015年组织开展"6+1"专项行动的总体部署，为切实做好智能制造试点示范专项行动，制定本实施方案。

一、总体思路

坚持立足国情、统筹规划、分类施策、分步实施的方针，以企业为主体、市场为导向、应用为核心，持续推进试点示范，在试点示范中注重发挥企业积极性、注重点面结合、注重协同推进、注重基础与环境培育，形成有效的经验与模式，在制造业各个领域推广与应用。

自2015年起，聚焦制造的关键环节，在基础条件好和需求迫切的重点地区、行业，优先从基本达到两化融合管理体系标准要求的企业中选择试点示范项目，分类开展流程制造、离散制造、智能装备和产品、智能制造新业态新模式、智能化管理、智能服务等6大试点示范专项行动。连续实施3年后，根据试点示范情况，再做相应的调整和深化。

二、目标

2015年启动30个以上智能制造试点示范项目，2016年边示范、边总结经验、边推广应用，2017年进一步扩大试点示范的范围，全面推广有效的经验和模式。通过试点示范，关键智能部件、装备和系统自主化能力大幅提升，产品、生产过程、管理、服务等智能化水平显著提高，智能制造体系和公共服务平台初步成形。试点示范项目实现运营成本降低20%，产品研制周期缩短20%，生产效率提高20%，产品不良品率降低10%，能源利用率提高4%。

三、重点行动

（一）以智能工厂为代表的流程制造试点示范

在石化、化工、冶金、建材、纺织、食品等流程制造领域，选择有条件的企业，推进云计算、大数据、物联网等新一代信息技术与制造技术的融合创新，开展智能工厂、数字矿山试点示范项目建设，实施关键工序智能化、关键岗位机器人替代，通过供应链优化、生产过程智能优化控制、运用大数据分析技术进行关联性分析与预测，全面提升企业的资源配置优化、操作自动化、实时在线优化、生产管理精细化和智能决策科学化水平。

（二）以数字化车间为代表的离散制造试点示范

在机械、汽车、航空、船舶、轻工、家用电器及电子信息等离散制造领域，组织开展数字化车间试点示范项目建设，推进装备智能化升级、工艺流程改造、基础数据共享、在线检测、远程诊断维护等试点应用，推动关键岗位机器人替代，推动行业信息技术应用公共服务平台和产用合作联盟建设，开展产用对接活动，实现网络化技术、智能技术、智能制造系统等在企业的集成应用。

（三）以信息技术深度嵌入为代表的智能装备和产品试点示范

加快推进高端芯片、新型传感器、智能仪器仪表与控制系统、工业软件、机器人等智能装置的集成应用，提升工业软、硬件产品的研发能力，在高档数控机床、工程机械、大气污染与水治理装备、文物保护装备等领域开展智能装备的试点示范。推进软件系统、互联网络等信息技术在消费品中的集成应用，开展增材制造（3D打印）、智能网联汽车、可穿戴设备、智能家用电器等智能产品的试点示范。

（四）以个性化定制、网络协同开发、电子商务为代表的智能制造新业态新模式试点示范

在家用电器、汽车等行业，开展个性化定制试点示范，推动需求数据深度挖掘、个性化需求订单批量分解以及模块化、柔性化制造。在电力装备、航空装备等行业，开展异地协同开发、云制造试点示范，推动云制造平台建设、企业间产业链全流程无缝衔接、综合集成。在钢铁、石化、家用电器、食品、药品、稀土、危险化学品等行业，开展电子商务及产品信息追溯试点示范，推动电子商务平台建设和服务模式创新。

（五）以物流信息化、能源管理智慧化为代表的智能化管理试点示范

开展物流信息化试点示范，加快无线射频识别（RFID）、自动导引运输车（AGV）、

自动识别、自动分拣等技术的推广应用。在钢铁、石化、有色、建材、轻工等行业，组织开展能源智能管理试点示范，推动企业能源的供给、调配、转换和使用等环节管理的智慧化，改进和优化能源平衡。

（六）以在线监测、远程诊断与云服务为代表的智能服务试点示范

在工程机械、输变电、家用电器等行业，开展在线监测、远程诊断、云服务及系统解决方案试点示范，应用大数据分析、智能化软件等技术，加快推动产品运行与应用状态报告的自动生成与推送服务，形成企业智能服务生态系统。培育一批面向制造业的信息服务企业。开展以提升安全管理、应急救援和公共服务能力为目的的智能制造示范区试点。

四、2015年重点任务及进度安排

（一）制定智能制造试点示范要素条件

2015年2—3月，开展试点示范要素条件调研，编制并发布《智能制造试点示范要素条件》。

（二）开展智能制造综合标准化体系建设

2015年1—3月，成立智能制造综合标准化工作组，制订智能制造综合标准化体系框架，启动重点领域基础及通用标准制修订工作，12月底前，发布《智能制造综合标准化体系建设指南》。

（三）启动2015年度智能制造试点示范项目

2015年3—5月，在各地工业和信息化主管部门、中央企业推荐上报的项目中组织遴选。6月底前，确定30个以上试点示范项目，其中：在流程制造领域选择5个以上智能工厂建设试点示范项目，在离散制造领域选择5个以上数字化车间建设试点示范项目，选择10个以上智能装备和产品的集成应用项目，选择10个以上智能化管理、智能化服务及智能制造新业态新模式试点示范项目。

（四）组织论证智能制造重大工程

2015年1—12月，与有关部门组织开展国家智能制造重大工程的论证工作。

（五）开展智能制造网络安全保障能力建设

2015年3月，启动工业控制系统网络安全信息共享平台、仿真测试平台建设；3—12月，开展重点企业工业控制系统、装备网络安全风险评估；4月，启动工业控制系统网络安全管理要求、测评规范等2项标准草案编制工作。

（六）开展智能制造战略研究

2015年1—8月，与中国工程院联合开展《智能制造中长期发展战略》深化研究，9月完成研究报告初稿，12月底前征求意见修改完善后，形成研究成果。

（七）组织召开2015年世界机器人大会

2015年11月，与中国科协共同举办2015世界机器人大会，搭建机器人产学研用创新平台，加强国际交流与合作。

（八）开展智能制造试点示范项目评估与总结

2015年10—11月，各牵头司局开展智能制造典型案例经验交流和模式推广，12月底前完成专项行动年度检查与效果评估，完成专项行动工作总结。

五、保障措施

（一）加强组织领导

成立由部领导牵头，相关司局及部有关直属机构组成的专项行动领导小组，负责专项行动的组织实施和协调。加强部省合作，协同推进智能制造试点示范工作。

（二）研究落实促进智能制造发展政策

落实中央领导关于"制定特殊政策"的相关批示精神，研究提出促进智能制造发展的特殊政策建议。探索设立按市场化方式运作的智能制造发展基金。研究推动符合条件的智能制造企业纳入相关软件政策的支持范围。

（三）搭建公共服务平台

加快智能制造网络基础设施建设，加强工业互联网IPV6地址资源管理，推动下一代互联网与移动互联网、物联网、云计算融合发展。鼓励成立跨界融合、协同发展的智能制造产业联盟。搭建工业企业云服务平台、大数据服务平台、通用开发应用平台。充分发挥行业协会等社会组织的积极作用，搭建产业供需对接平台及信息服务平台。

（四）大力推进国际合作

加强在智能制造标准制定等方面开展国际交流与合作，不断拓展合作领域。支持国内外企业及行业组织间开展专业交流与合作。鼓励跨国公司、国外机构等在华设立智能制造研发机构、人才培训中心，建设智能制造示范工厂。

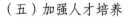

（五）加强人才培养

组织实施智能制造人才培养计划，培养企业信息化高端人才。支持高校开展智能制造学科体系和人才培养体系建设，建立知识与人才开放共享平台。支持职业院校采取与企业合编教材、开展实训等方式，培养满足智能制造发展需求、具有实际技术操作能力的技能人才。

后　记

　　《2014—2015年中国装备工业发展蓝皮书》，全书共计30余万字，8篇28章，是在我国转变经济发展方式、行业结构调整和转型升级日渐加速、装备工业"由大变强"的关键时期完成的一本专著。

　　本书由王鹏担任主编。具体分工为：左世全总体负责并负责德国"工业4.0"和智能制造热点分析，卢月品负责综合篇全球装备工业发展情况、区域篇东部地区发展部分及农业机械子行业发展情况分析，金伟负责中国装备工业发展情况及展望、航空行业分析及展望、主要研究机构预测性观点综述、低空开放与通用航空发展热点、园区篇阎良航空产业基地及企业篇中航通飞有关章节，张艳负责机械行业发展情况及展望、西部地区及沈阳机床有关章节，王松负责行业篇汽车行业发展情况及展望、仪器仪表和电工电器等机械子行业发展情况、新能源汽车和工业机器人热点、上海嘉定汽车园及上汽集团有关章节，王影负责船舶行业发展情况及展望、北辰经济技术开发区有关章节，冷单负责中部地区和中集来福士等发展情况分析，刘晨曦负责园区篇沈阳经济技术开发区和湖南长沙经济技术开发区有关章节，许斌负责政策篇全篇有关章节及南车北车合并热点部分。实习生贺英、张琛等也负责完成了部分章节，为本书的编写出版做了大量的工作。金伟对全书进行了统稿和修改完善，左世全、王影、王凤丽等对全书进行了审校。工业和信息化部装备工业司主要领导为本书的编撰也提供了大力支持及宝贵的修改完善意见。

　　本书遵循理论与实践紧密结合、数据和事实唯一基准的原则，运用探索性研究、描述性研究、数量分析与系统总体归纳相结合的科学研究方法，反复斟酌，力求起到对我国装备工业发展成就进行系统记录和研究的作用。

研究，还是研究
才使我们见微知著

信息化研究中心	工业化研究中心	规划研究所
电子信息产业研究所	工业经济研究所	产业政策研究所
软件与信息服务业研究所	工业科技研究所	财经研究所
信息安全研究所	装备工业研究所	中小企业研究所
无线电管理研究所	消费品工业研究所	政策法规研究所
互联网研究所	原材料工业研究所	世界工业研究所
军民结合研究所	工业节能与环保研究所	工业安全生产研究所

编 辑 部：赛迪工业和信息化研究院
通讯地址：北京市海淀区万寿路27号电子大厦4层
邮政编码：100846
联 系 人：刘颖 董凯
联系电话：010-68200552 13701304215
　　　　　010-68207922 18701325686
传　　真：010-68200534
网　　址：www.ccidthinktank.com
电子邮件：liuying@ccidthinktank.com

思想，还是思想
才使我们与众不同

《赛迪专报》 《两化融合研究》 《装备工业研究》
《赛迪译丛》 《互联网研究》 《消费品工业研究》
《赛迪智库·软科学》 《信息安全研究》 《工业节能与环保研究》
《赛迪智库·国际观察》 《电子信息产业研究》 《工业安全生产研究》
《赛迪智库·前瞻》 《软件与信息服务研究》 《产业政策研究》
《赛迪智库·视点》 《工业和信息化研究》 《中小企业研究》
《赛迪智库·动向》 《工业经济研究》 《无线电管理研究》
《赛迪智库·案例》 《工业科技研究》 《财经研究》
《赛迪智库·数据》 《世界工业研究》 《政策法规研究》
《智说新论》 《原材料工业研究》 《军民结合研究》
《书说新语》

编 辑 部：赛迪工业和信息化研究院
通讯地址：北京市海淀区万寿路27号电子大厦4层
邮政编码：100846
联 系 人：刘颖 董凯
联系电话：010-68200552 13701304215
 010-68207922 18701325686
传　　真：010-68200534
网　　址：www.ccidthinktank.com
电子邮件：liuying@ccidthinktank.com